Rolf Bökemeier/Michael Friedel

Verlorene Menschen

Begegnungen mit Völkern, die es morgen nicht mehr gibt

GEO
Herausgeber: Rolf Winter
Lektorat: Ortwin Fink
Gestaltung: Franz Braun
Bildredaktion: Ursula Carus
Dokumentation: Dr. Reinhard Klopfleisch
Produktion: Druckzentrale G+J
Lithographie und Druck:
Brillant Offset GmbH & Co., Hamburg

1. Auflage 1984
ISBN: 3-570-04742-3

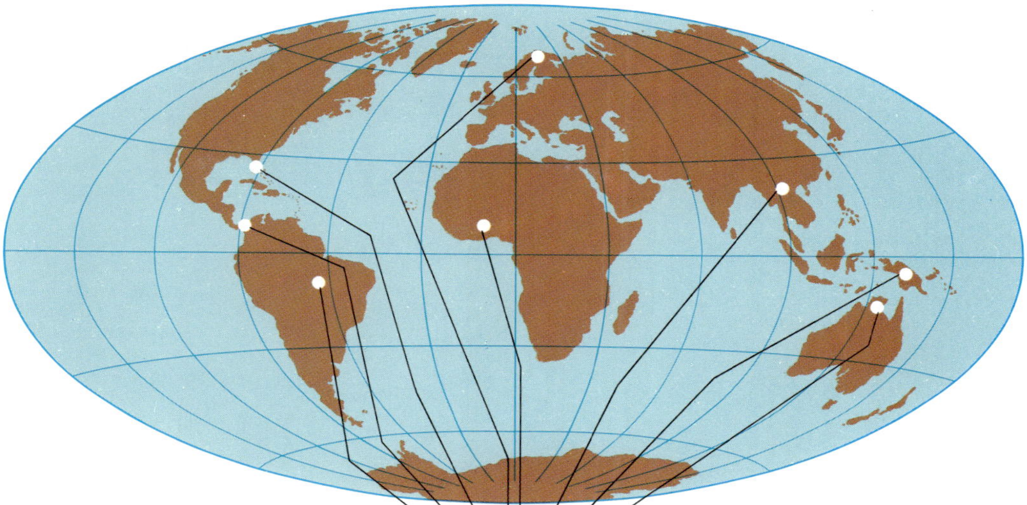

Können die Naturvölker das Jahr 2000 überleben?

Nie ist mir der Tod häßlicher erschienen als im Gesicht des kleinen Mädchens, das wohl vier Jahre alt war und lange und qualvoll in einer kleinen Indianer-Siedlung an einem Fluß in Peru unter den Händen eines verzweifelten Medizinmannes starb. Ich habe die Nacht, in der es geschah, nie vergessen, auch nicht den nächsten heißen und schwülen Tag, an dem der kleine Indianer-Stamm auf eine ebenso würdige wie anrührende Weise trauerte: Damals war mir, als hätte die Handvoll Menschen im peruanischen Urwald im Sterben des kleinen Mädchens ihr eigenes Schicksal vorausgesehen.

Es gibt den Stamm noch. Er siedelt, höre ich, noch immer an derselben Stelle auf einem kleinen Stück Erde zwischen Fluß und wucherndem Urwald. Und doch ist er in den zwanzig Jahren, die vergangen sind, seit die Kleine ihre Augen geschlossen hat, sichtlich dahingeschwunden.

Denn auch in diese entlegene Siedlung am Ende der Welt ist der große Gleichmacher gekommen, die „Zivilisation": das T-Shirt und die billige Armbanduhr, der Händler und das Prinzip des Geldprofits, das Radio und der Geistliche, der Regierungsvertreter und das, was er für Ordnung hält. Verhaltensweisen sind in die kleine Siedlung gekommen, die dort nie bekannt waren und auch jeder natürlichen Regung widersprechen. Was den Menschen an dem kleinen Fluß eigen war, ihre ebenso zweckmäßige wie hübsche Kleidung zum Beispiel, oder ihr Jagdgebaren, ihr überkommenes Weltbild oder die Muße, die nicht Faulheit war, sondern kluge Anpassung an Klima und Umwelt: Die „Zivilisation" räumt damit auf. Mag sein, die kleine Siedlung hält sich noch ein paar Jahre, aber abzusehen ist, daß sie eines Tages nivelliert – und die Menschheit ärmer sein wird.

Sie wird ständig ärmer, denn den kleinen Menschenstamm im peruanischen Urwald gibt es, sozusagen, in allen Erdteilen. Wir sind Zeugen der womöglich letzten und dann endgültig sieghaften Bemühung, einzubürgern, glattzubügeln, zu „zivilisieren", gleichzumachen.

Im Namen des Fortschritts werden überall in der Welt alte Kulturen um ihre Identität gebracht – als ob „Fortschritt" nicht längst ein unanständiges Wort geworden wäre. Im Namen der „Zivilisation" etablieren sich Obrigkeiten und stürzen alte Völker in die Verwirrung des Traditionsentzugs – als ob sich die „Zivilisation" des späten zwanzigsten Jahrhunderts nicht längst und vielfach um ihre Reputation gebracht hätte. Völker werden gemordet, wenn nicht physisch, dann durch die Mittel des Oktroyierens.

Spät, vielleicht zu spät ist dem weißen Mann deutlich geworden, daß er aufhören muß, die Natur als einen Konsumartikel zu verstehen. Spät, vielleicht zu spät hat er damit begonnen, in der Natur zu erhalten, was auszusterben droht. Erfreuliche Initiativen bilden sich, um Alpensteinbock und Biber, Fischotter und Luchs, die Gefleckte Ameisenjungfer und die Gemeine Schiefkopfschrecke zu schützen, die dabei sind, sich aus unserer Welt zu verabschieden. Wenn in Kanada das große Schlachten junger Seehunde beginnt, empören sich Menschen in allen Erdteilen – und keine Empörung darüber, daß Menschenarten verschwinden?

Es gab einmal mindestens zwei, vielleicht aber sechs Millionen Indianer in dem Land, das heute Brasilien heißt. Dann kamen, das war um 1500, die Weißen, und mit ihnen kam der Hochmut und der massenhafte Tod, und heute gibt es noch 200 000 brasilianische Indianer und die Prognose, daß diese Restvölker und jene in anderen Erdteilen das Jahr 2000 nicht mehr erleben werden – hat wirklich niemand ein schlechtes Gewissen?

Das GEO-Magazin hat sich seit seinem Bestehen darum bemüht, seine Leser mit fremden Völkern bekanntzumachen; mehr: Es hat sich in seiner ersten Ausgabe dazu verpflichtet, bei seinen Lesern „Sympathie für das Fremde" zu wecken, und als der GEO-Umweltpreis gestiftet wurde, kam es mir nur folgerichtig vor, daß zuerst, nämlich 1982, Tilman Zülch den Preis erhielt, weil er mit seiner „Gesellschaft für bedrohte Völker" engagiert für eine Sache kämpft, die in dieser Zeit der Egoismen beklagenswert wenig Resonanz findet.

Nun erscheint unter dem Signum GEO dieses Buch, das allen meinen Kolleginnen und Kollegen ganz besonders wichtig ist. Es ist von Rolf Bökemeier und Michael Friedel unter Strapazen erarbeitet, aber ich denke, daß sich die Entbehrungen gelohnt haben: Wir können in diesem Buch in den bedrohten Völkern unsere Nächsten sehen. Wir können, wenn wir in diesem Buch lesen und seine Fotos betrachten, die Verwundbarkeit unseres Nächsten spüren. Wir können etwas für ihn tun.

Es ergibt sich, daß dieses Buch zu den letzten aus der GEO-Bibliothek gehört, für die ich als Herausgeber verantwortlich war. Ich bin froh darüber, daß es noch mit meinem Namen verbunden ist.

Hamburg, im September 1984
Rolf Winter

Nur in der grünen Hölle leben sie

Xingu *Wie ein gigantischer Moosteppich bedeckt der Urwald das Tiefland Brasiliens. Ein grüner Kosmos für fast eine halbe Million Pflanzenarten, eine grüne Hölle aber für den Menschen. Und doch hat sich hier in Jahrtausenden eine Daseinsform entwickelt, die auf Erden nicht ihresgleichen hat: die Kultur der Waldindianer – ein Wunder an humaner Überlebensstrategie. Der Mensch, für den die Schöpfung – so scheint es – keinen Platz vorgesehen hat im Wald, ist ein Teil von ihm geworden. Als gelehrige Schüler des grünen Meisters sind die Indianer Kinder der Natur geblieben: eins mit ihrer Welt, aber unvorstellbar verletzlich gegenüber jeder Störung von außen. Die tödliche Verwundung kam vor fast 500 Jahren mit dem weißen Mann. Die Inbesitznahme Brasiliens durch die Kolonialmacht Portugal brachte die apokalyptischen Reiter ins Land, sandte Hunger, Krieg, Pest und Tod. Von den ursprünglich vier, mag sein sechs Millionen Indianern zwischen den Anden und dem Atlantik sind keine 200 000 übriggeblieben. Diese Naturmenschen überleben jetzt, unablässig auf dem Rückzug vor einer sich brutal bahnbrechenden Zivilisation, als Restvölker in Reservaten. Zum Beispiel im Xingu-Nationalpark im Herzen Brasiliens, wo es gelang, 16 Indianerstämme – kaum 2000 Köpfe – aus zum Teil unterschiedlichen Kulturen „zur Ruhe" zu bringen. Die Yawalapiti, die Mehinaku, die Txucarramãe sind drei von ihnen. Sie sind, als Schützlinge der Regierung, den Umständen entsprechend wohlauf. Doch ihr Dasein entspricht dem eines Dauerpatienten auf der Isolierstation*

wie im Paradies

Mitten im Mato Grosso, dem „dicken Wald", liegt das unzugängliche Indianer-Reservat Xingu. Der gleichnamige Strom, ein Amazonaszufluß, und seine zahlreichen, durch die amphibische Landschaft mäandernden Nebenflüsse sind die Lebensadern der brasilianischen Ureinwohner: Nahrungsspender und Transportwege. Nicht weit vom Ufer, doch stets knapp über der Hochwassermarke der Regenzeit, haben die Indianer ihr Dorf nach immer gleichem Schema errichtet: einen runden Platz mit selten mehr als zwölf Häusern. Die Wege führen zum Fluß und landeinwärts zu den Maniok-Feldern

Noch vor Sonnenaufgang
holen die Frauen und Mädchen vom
Stamm der Yawalapiti das tägliche
Trinkwasser vom Fluß – denn das ist
ihre Sache. Der Rio Tuatuari, ein
Xingu-Zufluß, ist in der kühleren Trok-
kenzeit von Mai bis Oktober
wärmer als die Morgenluft. So ent-
stehen über Nacht Nebelschwaden,
die beim ersten Sonnenstrahl
verschwinden

Auf dem Kopf die etwa 20 Liter fassenden Aluminiumgefäße, ein Geschenk der brasilianischen Indianerstiftung Funai, kehren die Yawalapiti-Frauen ins Dorf zurück. Blätter auf dem Wasser sollen ein Überschwappen mindern. Alles hat seine klare Funktion, auch die Anlage der Siedlung, in deren Mitte sich das öffentliche Leben abspielt. Aus den Häusern kann jeder den Platz überblicken und auch das Geschehen in der etwas abseits gelegenen Versammlungshütte, die keine Wände hat. Die Indianer leben in einer offenen Gesellschaft. Das Häuptlingshaus linksaußen steht exakt in der Linie der zum Dorf führenden Wege: Der Chef will als erster sehen, wer kommt und geht

Sakasidio, die zweite Frau des Yawalapiti-Häuptlings Aritana, backt in einer traditionellen Tonpfanne ein *beiju*. Der dünne Fladen aus Maniokmehl ist, in kleine Stücke gerissen, die tägliche Basisnahrung. Das Häuptlingshaus ist 30 Meter lang, 16 Meter breit und 9 Meter hoch; ein *pindaíba*-Holzgerüst trägt das bis zum Boden reichende Dachgewölbe aus getrocknetem Seidengras. In diesem Haus hängen 23 Hängematten für die Familienmitglieder dreier Generationen. Die gemeinsame Kochstelle liegt im Luftdurchzug zwischen den beiden Eingängen

Häuptling Aritana überragt die beiden Krieger Jakao und Matilaka um einen halben Kopf. Die betont körperbewußten Yawalapiti-Männer kommen vom Schwimmen im Fluß. Ihre mit Keramikperlen, dem begehrtesten Importgut, bestickten Gürtel legen sie erst wieder an, wenn die Haut trocken ist. Die winterliche Trockenzeit gilt den Indianern als die Saison der Spiele. Vom Klima begünstigt, finden jetzt die Feste und sportlichen Kämpfe statt

Das Adamskostüm der roten Männer wird fast allmorgendlich gepflegt. Die Bemalung schützt vor Insektenstichen, UV-Strahlung und Austrocknung. Rot ist die soziale Schminke, die Farbe der Freude und der Feste in Gesellschaft. Wer allein sein will, geht ohne. Der Farbstoff wird in einem aufwendigen Prozeß aus dem Samen der *urucu*-Pflanze gewonnen und mit Wasser zu einem öligen Brei verkocht. *Urucu* kann man nur im Mai und im Juni ernten, daher legt man einen Teil der Paste, zu einem Ball geformt und in ein Bananenblatt gewickelt, für den Rest des Jahres zurück. Es werden zwei Farben angemischt: Scharlach, wie hier, für die Männer, Orange für die Frauen

Der Stamm der Txucarramãe bemalt sich – außer mit *urucu* – zusätzlich mit dem blauschwarzen Farbstoff des *genipap*, eines Baumharzes. Der zum Volk der Jê gehörende Stamm am Unteren Xingu ist einst aus den Savannen Ostbrasiliens an den Urwaldfluß verdrängt worden und hat eine teilweise andere Kultur als seine Nachbarn. Die Ornamente im Gesicht des jungen Mannes halten viele Wochen

Der Ringkampf ist das Herzstück in der Körper-Kultur der Xinguanos. Die Athleten umkreisen einander mit Imponiergehabe und feuern sich mit dem Ruf *huku-huka* an, nach dem der Kampf seinen Namen hat. Dann lassen sie sich auf die Knie fallen und schlagen sich – Zeichen des Angriffs – gegenseitig auf die Handfläche. Sie umfassen die Kniekehlen des Gegners und versuchen, ihn zu Fall zu bringen. Wenn der Druck des Kontrahenten nachläßt, trennt man sich: Man ringt den anderen nicht in den Staub und erspart ihm die Demütigung

Frühmorgens ist auf dem Rio Tuatuari die beste Zeit zum Fischespeeren. Jakao, der erfolgreichste Fischjäger der Yawalapiti, benutzt eine sechs Meter lange Lanze. Sein kleiner Sohn Wahu späht unablässig nach dem Aufblitzen eines Fischleibs. Wairipia, der Paddler, muß das Kanu geräuschlos an die Beute manövrieren. Mit dieser Methode erlegen die Flußindianer ihren Leckerbissen: den Zitterrochen

Die Mehinaku, der Nachbarstamm der Yawalapiti, rüsten sich in einem flußnahen Waldlager zum Kollektivfischen mit Hilfe der giftigen Timbo-Liane. Sie wird von den Bäumen abgeschlagen und in armlang gehackte Bündel geschnürt. In einem abgestauten Flußarm knüppeln die Männer den schaumigen Saft heraus. Die betäubten Fische schwimmen bald bäuchlings an der Oberfläche und werden von den Knaben mit Pfeil und Bogen erlegt: Schießübung für den Nachwuchs. Die Männer, die vom Fang heimkehren, haben waidgerechter mit Speer, Netz oder Schnur gefischt

Die Gesichter der Txucarramãe spiegeln Hoffnungslosigkeit. Der dem vermutlich ältesten Indianervolk Amerikas angehörende Stamm ist in seiner Geschichte viele Male vertrieben und zwangsweise umgesiedelt worden. Die Savannenbewohner von einst und heutigen Waldbeuter können sich nur schwer an das von der Regierung verordnete seßhafte Leben am Unteren Xingu gewöhnen. Sie sind weder Fischer noch Siedler, und bei ihren Jagdzügen geraten sie immer wieder blutig mit weißen Eindringlingen aneinander

Fußball ist ein urindianisches Spiel. Als Mannschaftssport hat seine moderne Form – auf der Woge brasilianischer Massenbegeisterung – Eingang ins Reservat gefunden, wo die Indianer eine Art Xingu-Liga gegründet haben. Im Txucarramãe-Dorf Kretire, dessen Palisadenhäuser sich von den Grashütten der angestammten Indianer unterscheiden, dient die Veranstaltung auch dem Frauen- und Kulturaustausch

Abends sammeln sich die Txucarramãe in Kretire zum Kriegstanz. Häuptling Raoni hält noch zur Tradition des aus Leichtholz angefertigten Lippenpflocks, der von den Jüngeren bereits abgelehnt wird. Er betont, nach dem Glauben des Jê-Volkes, den Mund als Werkzeug der Sprache und damit den Unterschied des Menschen zum Tier. Ein Nebeneffekt ist die Abschreckung von Feinden. Denn die Txucarramãe sind ein kriegerischer Stamm und noch heute von den Siedlern, Nußsammlern, Gummizapfern gefürchtet, die immer wieder illegal ins Reservat eindringen. 1980 töteten Raonis Krieger elf Waldarbeiter

Kretire bereitet sich auf den großen Tanzzyklus im Juli vor, wenn die verwandten Jê-Stämme der Suiá und Krenakroré zu Besuch kommen. Die mit *genipap*-Schwarz ornamentierten Txucarramãe-Frauen teilen – im Unterschied zu den Stämmen am Oberen Xingu – gleichberechtigt das Gemeinschaftsleben der Männer. Sie nehmen zur Verteidigung des Dorfes notfalls auch die Waffe in die Hand. In der Trockenzeit ist das Dorfrund Festspielplatz – bis im November der Große Regen kommt und mit ihm Myriaden Moskitos und die Malaria

Die Körperbemalung mit Holzkohle und dem blauschwarzen *genipap*-Harz ist – neben ihrer Funktion als Hautschutz – für die Txucarramãe auch, was dem weißen Mann die Kleidung bedeutet: eine Camouflage der Nacktheit. Der frisch rasierte Vorderschädel des zwölf Jahre alten Mädchens hat einen praktischen Zweck: Die Haare sollen zwar lang und lose über die Schultern fallen, aber das Sehen nicht beeinträchtigen. Beide Geschlechter rasieren sich gewöhnlich über der Stirn, bei den Männern ist der Brauch jedoch aus der Mode gekommen

Orlando Villas Bôas, der berühmte alte Mann, sitzt auf der Erde und gibt sich einem unwürdigen Geschäft hin. Er, den die Indianer wie einen *pajé*, wie einen großen Schamanen verehren, stapelt Toilettenseife, schichtet Zigarettenpäckchen auf, baut Türmchen aus Zündholzschachteln, scheidet blaue Keramikperlen von roten, gelben und weißen. Seine Lippen formen stumme Zahlwörter, über seine Stirn zieht sich eine Falte, die gerade ist wie ein Bilanzstrich.

Zwei Dutzend Indianer sehen schweigend durch Tür und Fenster zur Hütte herein. Ihre Blicke haften an den Händen des weißen Mannes, der pedantisch wie ein Händler in den Waren kramt. In ihren Gesichtern steht die Begierde, all die schönen Dinge in die eigenen Hände zu nehmen. Doch ihre Augen spiegeln auch die Gewißheit, daß die süße Sucht, zu besitzen, ihren Preis hat. Ihn diktiert immer die notorische Krämerseele des *caraíba*, des weißen Eindringlings.

Sein Bild überlieferte sich den Indianern von Generation zu Generation; es hat sich seit einem halben Jahrtausend nicht gewandelt. Es ist der immer wiederkehrende Fremde mit den „weißen" Augen und dem harten Mund. Der mit doppelter Zunge redet und vor Geiz „auf seinen Händen sitzt". Er handelt dem roten Mann für Tand und Talmi die Güter seiner Kultur ab.

Orlando Villas Bôas, den die Indianer am Rio Xingu auch ihren Vater nennen, braucht diesen Verdacht nicht zu fürchten. Er kann sich von seinen roten Kindern getrost auf die Finger schauen lassen, besonders beim letzten Zähldurchgang von überaus nützlichen Gegenständen: Er häufelt je hundert Angelhaken auf den Lehmboden.

„Tausend", sagt Orlando, „sind ein gutes Geschenk für die Männer der Yawalapiti."

Das eine, das erlösende Wort „Geschenk" wird mit Beifallsgeheul quittiert. Dann entfernt sich das Trappeln nackter Sohlen, und es wird still vor Orlandos Hütte. Denn fast gleichzeitig erstirbt das Gedröhn des Generators, der tagsüber die vier Wohngebäude und das Hospital, die Schulbaracke und die Küche mit Strom und Wasser versorgt.

Es ist Nacht geworden im Posto Leonardo, einer Urwaldstation im Mato Grosso, mitten im brasilianischen Indianerland. Orlando zündet die Petroleumlampe an.

Draußen lodern Feuer auf. Der rote Schein schneidet die Silhouetten sitzender Gestalten aus dem Dunkel. In das Prasseln der Flammen mischt sich Palaver. Die seit drei Tagen anhaltende Spannung macht sich Luft. Endlich ist das Geheimnis, was sich wohl im Gepäck von Orlandos Begleitern verbergen mochte, der Gewißheit gewichen: Die Fremden, die *caraíba*, sind nicht zum Tauschhandel hergekommen wie andere vor ihnen – sie haben Geschenke mitgebracht.

Die fremden Weißen sind Michael und ich. Unsere Ankunft auf dem Posto Leonardo hat, wie zu Sankt Nikolaus im Advent, zwiespältige Erwartungen ausgelöst: Haben wir Gaben im Sack oder die Rute? Auf jeden Fall haben wir für Unruhe gesorgt, denn wir sind seit vielen

Jahren die ersten europäischen Journalisten im Xingu-Nationalpark, dem verschlossensten und am besten gehüteten Indianer-Reservat Brasiliens. Hier leben 2000 Indianer in 16 Stammesgemeinschaften auf einem Waldterritorium von der Fläche Belgiens.

Das kleine, zehnsitzige Flugzeug vom Typ *Bandeirantes* ist kaum auf der Graspiste gelandet, da überschwemmt uns eine Welle heftigen Jubels. Mann für Mann umarmen uns die Indianer: Bewohner der Station und einige Stammesabordnungen aus den nächstgelegenen Dörfern. Wieder und wieder schlagen sie uns die rote Hand ins Kreuz, und ich sehe, über die Schulter eines mich hart zur Brust nehmenden Gesellen hinweg, wie sich Michaels Hemd mit dem öligen Saft der Urucu-Frucht ebenso rot einfärbt wie die nackte Haut der Indianer. Und merkwürdig: Keiner unserer neuen Freunde versäumt, während er uns ans Herz drückt, sich nach der Uhrzeit und unserer Schuhgröße zu erkundigen.

„Armbanduhr und Schuhe gelten ihnen als der begehrteste Fetisch des weißen Mannes", hat uns Orlando gewarnt: „Laßt weder das eine noch das andere aus den Augen."

Kühle Skepsis, als seien sie eher auf die Rute denn auf Gaben gefaßt, begegnet uns in Gestalt von Chico und Joaton. Die beiden Beamten der brasilianischen Indianerbehörde, dem kurz Funai genannten Fundação Nacional do Indio, begrüßen uns nicht bei der Landung. Sie nehmen uns erst später mit einem förmlichen Händedruck vor der Funkbude zur Kenntnis.

„Estrangeiros aterrandos" – „Die Fremden sind gelandet!" meldet Chico knapp über das Funksprechgerät an die Zentrale seiner Behörde in der Hauptstadt Brasilia. „Hospedes", nämlich „Gäste", wäre der brasilianischen Höflichkeit angemessener gewesen, doch Chico spuckt das Wort „Estrangeiros" so distanzierend in den Äther, daß weder seinem Chef in Brasilia noch uns der geringste Zweifel bleibt, wie er über unsere Gegenwart im Posto Leonardo denkt.

Francisco „Chico" de Assis da Silva, 33 Jahre alt, ist der Direktor des Xingu-Reservats und seit 16 Jahren als Indianerschützer aus Passion im Dienst des Funai. Er behandelt – aus schlechter Erfahrung zum Prinzip erhoben – jeden Fremden bei „seinen" Indianern mit Argwohn.

Seiner nicht nachlassenden Wachsamkeit wegen haben ihm die Indianer den Kriegsnamen *kuiuira* gegeben: Der Vogel, der stets auf der Hut ist. Äußerlich läßt Chico mit seinem Stiernakken und seinem prallen Bauch kein Übermaß an Sensibilität vermuten. Doch wir spüren sofort, daß der Xingu-Direktor auf uns nicht gut zu sprechen ist, weil unsere Anwesenheit auf dem Posto Leonardo, nach dem Willen seines Funai-Präsidenten Dr. Leal in Brasilia, auch seinen Aufenthalt zur Folge hat. Darüber wiederum ist Joaton Alves da Silva, der Postenchef, verärgert, weil sich nun außer ein paar lästigen Gästen noch ein vorgesetzter Aufpasser auf der Station befindet. Eine Stange Zigaretten, die wir ihm zustecken, stimmt ihn ein wenig milder und bestätigt zugleich seinen Spitznamen bei den Indianern: *caipá* – Der zuviel raucht.

Orlando Villas Bôas scheint die gespannte Atmosphäre nicht zu bemerken. Er streift sogleich – bis auf eine kurze Hose – das Kleid der Zivilisation ab und fühlt sich, nach eigenem Bekunden, „so frei wie ein Wollaffe im Wald".

Dreißig Jahre hat der Schutzpatron der brasilianischen Ureinwohner und Mitbegründer des Xingu-Nationalparks unter den Yawalapiti, Mehinaku, Waurá und den 13 weiteren Restvölkern des Reservats gelebt wie einer der ihren. Aber das liegt nun schon etwa zehn Jahre zurück, und die bloße Unschuld der Indianer ist, wenn auch nicht längst dahin, so doch hier und da mit Hemd und Hose bedeckt.

Dennoch hält Orlando bei seiner alljährlichen Stippvisite im Reservat unbekümmert seine Hüllenlosigkeit weiterhin für einen Akt der Höflichkeit gegenüber der ursprünglichen Nacktheit seiner Schützlinge. Ich kann ein Gefühl der Scham für den weißen Mann nicht unterdrükken, wenn der 68jährige in unnatürlicher Blöße seinen Altersspeck unter den asketisch straffen Gestalten der Indianer zur Schau stellt. Orlando freilich läßt sich den Genuß paradiesischen Wohlbefindens, das den Naturmenschen zu bewahren sein Lebenswerk geworden ist, nicht nehmen. Lebt er bereits seine eigene Legende?

In der Sache ist er zweifellos realistisch – und auf seinen Vorteil bedacht. Nicht umsonst hat er darauf bestanden, unsere Geschenke, die Eintrittskarten für den Besuch bei verschiedenen

Stämmen, unter den Augen der Indianer Stück für Stück zu zählen, zu begutachten, zu teilen, denn: Was durch seine Hände gegangen ist, werden die Beschenkten auch als etwas von ihm Gegebenes ansehen. Uns kann es recht sein, denn seine Hilfe ist uns wichtig.

Verständnislos sehe ich allerdings zu, wie Orlando die in zehn Hunderterhaufen geteilten Angelhaken zusammenschiebt und in einen Plastikbeutel schüttet. Warum sollen wir morgen den Yawalapiti abermals vorzählen, was bereits so schön übersichtlich aufgeteilt war?

„Nichts belustigt die Indianer mehr", antwortet Orlando spöttisch, „als die Logik des weißen Mannes."

Der Stamm, zu dem wir morgen gehen wollen, so erzählt Orlando, hatte vor Jahren Besuch von der Handelsniederlassung, die es inzwischen – gottlob und dank Orlando – nicht mehr gibt. Es waren drei *caraíba*. Nachdem man lange über dies und das geredet hatte, holte einer der weißen Männer ein Stück Seife aus der Tasche, schnitt es in drei gleiche Teile und bot es höflich dem Häuptling und dessen beiden Söhnen an.

„Er wollte die Seife gegen einen Pfeil tauschen", sagt Orlando, „der ihm in seiner Sammlung von Indianerwaffen noch fehlte."

Der Häuptling war in seine Hütte gegangen und mit feierlichem Gesicht, einen schön gearbeiteten Pfeil in der Hand, wieder herausgekommen. Dann hatte er das Geschoß gemessen in drei gleich lange Stücke gebrochen und sie an die verblüfften *caraíba* verteilt.

„Der Häuptling, dem ihr morgen eure Geschenke zu Füßen legen werdet", erklärt Orlando, „ist einer seiner Söhne."

Als Fußnote zu diesem Lehrstück über die Tauschmoral der Indianer merkt Orlando noch die Erfahrung eines US-Anthropologen an. Der hatte Plastikkügelchen angeboten statt der erwarteten Keramikperlen. Die Indianer waren empört und schossen ihm einen Pfeil in den Hintern.

Wir schweigen betroffen.

Orlando wuchtet, sichtlich befriedigt über die Wirkung seiner Lektion, seinen massigen Leib in die quer zwischen die Hüttenpfosten gespannte Hängematte und senkt schläfrig die Lider hinter den starken Brillengläsern: Der Indianerpapst betrachtet die Audienz als beendet.

Michael und ich stehen auf dem Platz inmitten der Station in der kühl hereingebrochenen Nacht: Zwei *caraíba*, die ausgezogen sind, das Fürchten zu lernen, mit einem Rucksack voller Angelhaken, Keramikperlen, Seife und anderem Kram, der eher zu der Indianerromantik konventioneller Jugendlektüre paßt als in den Alltag von Völkern, die heute vom Aussterben bedroht sind.

Aussterben?

Ich betrachte die Menschen, die da an den Feuern hocken und leise miteinander reden. Sie haben Schalen mit Reis aus der Stationsküche zwischen sich und eine schon zur Hälfte gerupfte Bananenstaude. Jeder hat irgendein Stück aus der Garderobe des weißen Mannes am Leib: Turnhose, T-Shirt, Fußballstutzen. Einer trägt sogar eine Pyjamajacke, die so aussieht, als könnte sie einmal Or-

Orlando Villas Bôas, der Mitbegründer des Xingu-Nationalparks, besucht – trotz seiner fast 70 Jahre – seine indianischen Schützlinge mindestens einmal jährlich. Diesmal hat er seine beiden Söhne mitgebracht. Die Yawalapiti betrachten ihren weißen Freund als ihren Vater, doch sie reden ihn respektvoll mit *capitão* an: Hauptmann oder, besser, Häuptling

lando gepaßt haben. Die Männer scheinen mit ihrem Zustand zufrieden zu sein.

Aber die Frauen! Aus ihren schmutzstarrenden Kleidern sehen welke Arme und Beine hervor, und ihre Gesichter mit den zahnlosen Mündern wirken so alt, als wären sie nicht die Mütter, sondern die Großmütter der Säuglinge, die einige von ihnen im Arm halten. Sie altern schnell unter der Last der Geburten und der ihrem Geschlecht zugewiesenen körperlichen Arbeit. Zudem wird ihre Ernährung während Schwangerschaft und Stillzeit mit verschiedenen Tabus belegt und dabei um wesentliche Aufbaustoffe beschnitten.

Die Stations-Indianer auf dem Posto Leonardo sind, in ihrer physischen Existenz, nicht vom Aussterben bedroht. Aber in ihrer natürlichen Identität sind sie bereits gestorben. Alles, was ihre Seele in Einklang mit der Naturhaftigkeit ihres Kosmos gehalten hat, ist zerstört: Naivität, Sinnenfreude, Stammesbewußtsein, Stolz. Allein ihre Würde haben sie behalten. Würde wohnt, jedem Zugriff entzogen, noch unter dem zerlumptesten Fetzen, zeigt sich sogar noch in der Gebärde des Bettelns.

„Wie kein anderes Naturvolk der Erde", so glaubt Orlando Villas Bôas, „sind die Waldindianer in Südamerika durch die fortschreitende Zivilisation zum Untergang verdammt. Schon die Entdeckung eines Stammes durch den weißen Mann ist in der Regel der Anfang vom Ende."

Man muß sich das vorstellen: Da ist der Wald, *la selva virgen*, eine unberührte grüne Wildnis. Sie bedeckt wie ein gigantischer Moosteppich das Tiefland Zentralsüdamerikas. Leben ist hier nur nach den Regeln möglich, die der Stärkere diktiert. Der Wald erscheint den Weißen unbarmherzig, aber die Indianer haben ihn sich zum Freund gemacht.

Das konnte nur gelingen, weil sie sich bedingungslos unter das Gesetz des Waldes stellten, sich aber zugleich an die Spitze seiner Hierarchie emporarbeiteten. Als Überlebenshilfe boten sich ihnen die weitverzweigten und zugleich engverflochtenen Flußsysteme des Waldes – Lebensadern im wahrsten Sinne. Bei ihrem geringen Gefälle kurven die Wasserläufe gemessen durch die grüne Hölle und schwemmen an

Die Indianer essen, in der Regel, nur einmal am Tag. Ihre Basisnahrung sind gekochter Flußfisch und gebackene Maniokfladen. Diese *wakupe* genannte Mahlzeit birgt die lebensnotwendigen Proteine und Kohlehydrate in konzentrierter Form: eine ballastarme Diät, der die drei Männer vom Stamm der Mehinaku nicht zuletzt ihren athletischen Wuchs verdanken

ihren Innenbögen Sandbänke auf.

Auf solchen waldfreien Landzungen haben sich die Menschen ihr amphibisches Leben eingerichtet. Zwar stehen die Wohnhütten, vor der Sicht vom Wasser aus geschützt, ein paar hundert Meter waldeinwärts auf einer kreisrunden Rodung – aber hier, im Schnittpunkt der Elemente Wald und Wasser, verläuft die Nahtstelle ihrer Existenz.

Ihr Tag, begonnen weit vor Sonnenaufgang, reicht gerade aus, das Überleben des nächsten zu sichern. Die Beschaffung der Nahrung nimmt darin das größte Pensum ein. Dem Wald jagen sie das Fleisch ab, entreißen sie die Früchte, brennen sie Rodungen ins grüne Gewand: für den sporadischen Anbau von Maniok, ihrer einzigen Kulturpflanze. Dem Fluß listen sie den Fisch ab, entlocken ihm Schildkröten, Krebse, Muscheln. Sie fahren mit mühselig ausgehöhlten Einbäumen ins Jagdgebiet, wenn die Regenzeit den Wald überschwemmt und unbegehbar gemacht hat. Die Natur gibt ihnen freiwillig nichts. Selbst das im Überfluß vorhandene Wasser müssen sie täglich ins Dorf schleppen.

Die schöne Vorstellung vom Naturmenschen ist falsch. Der Wald ist alles andere als der Garten Eden, und doch ist er der einzig mögliche Lebensraum der Indianer vom Amazonas bis zum Xingu.

Daß sie die Kinder der ganz und gar nicht barmherzigen Mutter Natur geblieben sind, daß sie – anders als der weiße Mann – keinen Krieg führen gegen die Wildnis, daß sie in Übereinstimmung mit sich selbst und dem sie umgebenden grünen Kosmos leben, ist nichts als das Ergebnis einer uralten Erfahrung: Wenn du dem Wald mehr nimmst, als du zum Leben brauchst, wird er dich töten – langsam, aber sicher.

Die Philosophie kommt aus der Einsicht. Jede Anstrengung, die über das Notwendige hinausgeht, schwächt nicht nur den Menschen, sondern auch seine Ressourcen. Der Fisch, den du heute zuviel fängst, fehlt dir morgen. Die Arbeit, die du in der Ruhezeit tust, zehrt an deiner Kraft. Das Fleisch, das du zuviel ißt, macht dich krank.

Der weiße Mensch mag sich für das Maß aller Dinge halten: Der Indianer ist das Urmaß, die unveränderliche Einheit.

Das sichere Gefühl für ihren Anteil am Universum, ein gleichsam archaisches Verantwortungsbewußtsein, besitzen auch andere Naturvölker: von den Eskimos Grönlands bis zu den Ureinwohnern Australiens. Von ihnen unterscheidet sich der Waldindianer aber in einem tragischen Punkt: Er ist nicht anpassungsfähig. Sein Adaptionsvermögen erschöpft sich mit seiner vollendet auf den Wald abgestimmten Kultur. Sie, ebenso wie das geschlossene Ökosystem des Waldes, duldet nicht den geringsten fremden Eingriff. Ihre Ganzheit macht diese Menschen so verwundbar.

„In dem Augenblick, da sich das Boot eines Missionars auf die Sandbank einer Siedlung schiebt", sagt Orlando, „beginnt schon der Niedergang für das Waldvolk."

Hat denn ein ganzer Stamm nicht genügend Kraft, einem einzigen *caraíba*, der zudem noch in guter Absicht kommt, etwas entgegenzusetzen?

„Ein Stamm", sagt Orlando, „ist in der Regel ein kleines Völkchen. Eine Gruppe von nicht weniger als 30, aber auch nicht mehr als 100 Menschen."

Das ist die der Sandbank und ihrer Umgebung angepaßte Population. Ein weißer Mann, der sich unter das Häufchen Leute mischt, bringt deren Welt sofort aus dem Gleichgewicht. Das beginnt mit seiner technischen Überlegenheit – schon ein Taschenmesser zählt dazu. Das setzt sich fort mit seinem gutgemeinten Eifer, den „armen Wilden" die Anlage größerer Pflanzungen beizubringen, damit sie Vorratswirtschaft betreiben können. Und das kann enden durch die Politik der offenen Hand, die den Indianern schenkt, was ihr Tagewerk erleichtern soll: Äxte, Pfeilspitzen, Angelhaken.

„Gib einem Indianer eine Stahlaxt", sagt Orlando, „und er wird nie wieder ein Steinbeil in die Hand nehmen. Gib ihm ein Motorboot, und er wird verlernen, ein Paddel zu schnitzen. Gib ihm eine Dose gebackener Bohnen, und er wird sein Maniokfeld nicht mehr bestellen."

Im Stadium der Entdeckung der Konservendose befinden sich die Stationsindianer vom Posto Leonardo. Aber warum eigentlich nicht? Warum sollten sie weiterhin die alten Bräuche und Instrumente pflegen, an deren Stelle der weiße Mann etwas so unvergleichlich viel Besseres gesetzt hat? Jedoch: Was ist mit den Indianern draußen im Wald, den Yawalapiti, denen auch wir morgen „Besseres" bringen werden – Angelhaken, Zündhölzer, Zigaretten?

Ich verbringe eine schlaflose Nacht in der Schulbaracke. Sie wird schon lange nicht mehr zum Unterricht benutzt, sondern den seltenen Stationsbesuchern als Unterkunft zugewiesen. Im Dunkel unter und über meiner Hängematte schießen die Fledermäuse, die tagsüber im Dachgebälk schlafen, so hautnah an mir vorbei, daß ich den Luftzug im Gesicht spüre. Von nebenan, aus dem ehemaligen Lehrerzimmer, dringt unablässig das leise Gewimmer eines Kindes herüber. Dort wohnt ein Stationsindianer mit seiner Familie.

Ich muß morgen nach ihnen sehen, vielleicht kann ich helfen. Doch dann wird mir klar, daß ich schon in Missions-Kategorien denke. Wenn es nebenan etwas zu helfen gäbe, würde Chico es bereits getan haben. Oder Joaton. Und Orlando ist schließlich auch noch da.

Um fünf, es ist noch dunkel, weckt uns Chico. Nicht Orlando, sondern der Xingu-Chef wird uns zu den Yawalapiti bringen. Der Indianervater ist mit einem befreundeten Portugiesen, Antonio Carrelhas, den er aus seiner Heimatstadt São Paulo mit ins Reservat gebracht hat, zum Fischen auf den Fluß hinausgefahren. Die Stationsküche ist mit der Verpflegung zusätzlicher Gäste in Verlegenheit geraten.

Über dem Rio Xingu, der hier an seinem Oberlauf Rio Kuluene heißt, wabern weiße Nebelschwaden: Das Wasser hat 25 Grad und ist jetzt wärmer als die Luft, die sich in der Nacht empfindlich abgekühlt hat. Im tropischen Wald – obwohl nur zwölf Breitenkreise südlich vom Äquator – sinkt die Temperatur im Juli, der Mitte der sechsmonatigen Trockenzeit, nachts auf etwa 15 Grad. Schon bald nach der Morgendämmerung freilich heizt die Sonne, die vom ausdauernd blauen Himmel des südlichen Winters hart herabstrahlt, die Luft wieder rasch auf 30 Grad und mehr an.

Es ist die Stunde vor Sonnenaufgang. Unter einer mächtigen Brasilkiefer inmitten der Station steigt dünner Rauch auf. Um ein verglimmendes Feuer hocken drei Männer. Sie haben sich Wolldecken um die Schultern gehängt und halten etwas an trockenen Zweigen in die Glut. Es riecht nach gerösteten Bananen.

Ihre Stammeszugehörigkeit ist nicht festzustellen, denn sie sind unbemalt und tragen Hemd und Hose. Sie hoffen auf einen kostenlosen Flug in einer Maschine des Funai nach Brasilia oder São Paulo. Dafür haben sie sich, mit der unvollständigen Garderobe des weißen Mannes, „inkognito" gemacht – Durchreisende auf dem Weg in die Anonymität der Zivilisation.

„Es sind Waurá", sagt Chico, „sie wollen nach São Paulo, um einen Verwandten im Krankenhaus zu besuchen."

„Ihr laßt sie einfach gehen?" frage ich und sehe auf die nackten Füße der Indianer und ihre armseligen Bündel, in denen nur ein paar Bananen und ein Maniokfladen stecken können.

„Sie würden gehen, auch wenn wir sie zu hindern versuchten", sagt Chico. „Aber sie werden zurückkommen. Sie kommen fast alle wieder, wenn sie das Leben in der Stadt durchschaut haben. Dann bleiben sie für immer, und mit ihnen alle die, denen sie von ihrem Abenteuer erzählen werden."

Von der Station führt ein Trampelpfad in den Wald. Schon nach hundert Schritten hüllt uns grüne Dämmerung ein. Wir marschieren hintereinander: voraus Jonaki, ein zwölfjähriger Junge, den uns die Yawalapiti als Begleiter geschickt haben, dann Michael, schließlich ich und am Schluß Chico. Mein Blick wechselt, so wie ich es von den *sertanista*, den Waldläufern, gelernt habe, unablässig von den Fersen meines Vordermanns hinauf zu den herunterragenden Ästen und herabbaumelnden Lianen. Denn im Wald droht Gefahr in der Regel von oben.

„Wenn du eine Boa entdeckst", sagt Chico belustigt, „werden dich die Yawalapiti zum Ehrenhäuptling ernennen. Riesenschlange haben sie nämlich schon lange nicht mehr gegessen."

Verglichen mit dem arm gewordenen deutschen Wald, der längst nicht mehr seine 6000 ursprünglichen Pflanzenarten beherbergt, ist der brasilianische Urwald, der immer noch die Hälfte des viertgrößten Staates der Erde bedeckt, ein botanischer Kosmos von mehr als 400 000 grünen Spezies. Andererseits findet sich auf einem Quadratkilometer bayrischen Forstes mehr jagdbares Wild als auf dem hundertmal größeren Waldterritorium zwischen dem Posto Leonardo und den Dörfern der Yawalapiti, Mehinaku, Waurá, Kamaiurá, Kalapalo und Matipú.

Nicht nur die Boa constrictor, das große Würgereptil, das sich auf sein Opfer herabfallen läßt, auch ihre klassischen Beutetiere wie Wildschwein, Ameisenbär, Ozelot, Wollaffe sind im südlichen Teil des Reservats selten geworden. In der von Natur aus ohnehin spärlichen Tierwelt, die Insekten ausgenommen, haben die Waldmenschen der sechs um die Station gelegenen Siedlungen gründlich aufgeräumt, weil sie – unter den obwaltenden Reservatsbedingungen – unnatürlich eng beieinander wohnen.

„Der Wald am Oberen Xingu ist leergeschossen", sagt Chico, „aber zum Umsiedeln der Stämme ist es zu spät. Sie haben Wurzeln geschlagen. Das ist wichtiger."

Bereits nach drei Kilometern Marsch durch den um diese Morgenstunde stummen Wald stoßen wir auf die Vorboten einer Siedlung. Es sind Maniokfelder, mit Feuer und Axt aus dem Unterbau des mehrgeschossigen Waldes gerodete Kulturflächen, jeweils nicht größer als ein Tennisplatz. Zwischen den mannshohen, blattreichen Maniokbüschen lodern hier und da Flammen. In ihrem Schein können wir schließlich Menschen erkennen.

Es sind Frauen der Yawalapiti. Sie sind bis auf das *uluri*, die Hüftschnur aus Rindenbast, unbekleidet. Jonaki, der Knabe, ruft sie an. Drei Frauen huschen lautlos aus dem Schein des Feuers, tauchen für einen Augenblick im Waldesdunkel unter und stehen plötzlich vor uns.

Verwundert bemerke ich, wie meine Blicke die verstohlene Wanderung über den nackten Leib mit dem rasierten Schoß verschämt aufgeben und sich auf die darbietenden Hände konzentrieren. Ich nehme das Stück Maniokfladen und schiebe es mir in den Mund.

Automatisch habe ich begriffen. Eine Begrüßung im Wald hat eine Funktion: Du mußt hungrig sein, ich gebe dir zu essen, du bist willkommen. Kauend steht mir die schöne Indianerin, deren Nacktheit vom strammen Busen bis zur wohlgerundeten Hüfte auf einmal angezogener wirkt als ein körperbetonendes Kleid, gegenüber, und wir tauschen ein Lächeln. Nicht länger als ein Wimpernschlag.

„Sie heißt Sakasidio", sagt Chico, „und ist die zweite Frau des Häuptlings."

„Was bedeutet Sakasidio?" frage ich.

„Die am besten kocht", sagt Chico.

Die anderen Feldarbeiterinnen – es sind fünf – sehen den welken, zahnlosen Frauen vom Posto Leonardo zum Verwechseln ähnlich. Doch sie strecken uns nicht, wie jene, bettelnd die Hände entgegen. Sie nehmen nach einem kurzen, verwunderten Kichern die zugespitzten Holzpflöcke wieder auf und graben damit nach den länglichen erdbraunen Knollen der Maniokpflanzen.

Es sind immer die älteren Frauen des Stamms, die Feldarbeit machen müssen. Sie sind wegen der späteren Tageshitze schon seit zwei Stunden, seit vier Uhr, in der Pflanzung, um das Tagespensum an Knollen aus dem Sand zu buddeln. Die Binsenkörbe neben den Feuern, den natürlichen Arbeitsleuchten im Wald, sind fast gefüllt. Sakasidio ist eine noch junge Frau von höchstens zwanzig Jahren. Wenn sie die zweite des Häupt-

Der Gast, der in freundlicher Absicht aus dem Wald ins Yawalapiti-Dorf kommt, wird auch freundlich empfangen. Die 16 Jahre alte Tsimajo, jüngste Frau des Häuptlings, überreicht einen gekochten Fisch, nachdem Aritanas zweite Frau Sakasidio draußen auf den Feldern bereits Maniokfladen angeboten hat. Tsimajos einzige Bekleidung ist das *uluri*, eine Hüftschnur, der während der Monatsblutung ein zweiter, zwischen den Beinen hindurchführender Strang hinzugefügt wird

lings ist, dann hat er wohl nur junge Frauen?

„Die für die Liebe ist noch jünger", lacht Chico.

Wir marschieren weiter. Inzwischen ist die Sonne aufgegangen und verzaubert den Wald in eine grün fluoreszierende Tropfsteinhöhle aus Myriaden funkelnder Tauperlen. Noch eine Viertelstunde, dann sind wir im Dorf der Yawalapiti. Die runde Lichtung von Sportplatzgröße öffnet sich so unvermittelt vor uns, daß ich verwundert innehalte. Kann man, einfach so, in eine fremde Siedlung hineingehen?

Jonaki faßt meine Hand und zieht mich sanft vorwärts. Ich spüre seine kleine Faust in der meinen und fühle mich wieder sicher.

Man erwartet uns bereits. In der Dorfmitte, unter einem Schilfdach auf vier Pfählen, steht eine Gruppe von Männern. Ich zähle acht. Wenn sie unser Empfangskomitee sind, dann ist es das beiläufigste, das ich je erlebt habe. Aber auch das schönste an körperlicher Vollkommenheit.

Die Herren sind bei der Morgentoilette. Sie bemalen sich gegenseitig mit dem roten Urucusaft und bringen das Kunststück fertig, uns herzlich zu begrüßen, dabei eine würdevolle Anmut zu wahren und gleichzeitig in ihrer Kosmetik fortzufahren.

Die Männer der Yawalapiti sind durchweg groß und haben die Statur gestählter Athleten, die ihr tägliches Pensum an Bodybuilding treiben, ohne sich dabei in die knotigen Muskelprotze der Mister-Universum-Bewerber zu verwandeln. In diesen Körpern sitzt Kraft, gepaart mit geschmeidiger Eleganz. Ich mustere unauffällig einen nach dem anderen. Wer mag der Häuptling sein?

Ein Häuptling steht nicht auf dem Dorfplatz, um Fremde zu empfangen. Man muß jemanden in sein Haus schicken und ihn bitten lassen. Jonaki geht. Und dann schlendert Aritana, der Chef der Yawalapiti, angelegentlich herbei, drückt Chico die Hand und sieht Michael und mich an.

Der Direktor stellt uns vor: zwei Journalisten aus Deutschland. Sie möchten eine Weile bei den Yawalapiti wohnen und sehen, wie sie leben.

Ich stehe Aritana auf zwei Meter Distanz gegenüber. Er überragt seine Krieger um einen halben Kopf. Seine muskulöse Gestalt läßt keinen Zweifel daran, daß es im Ringkampf keiner seiner Männer mit ihm aufnehmen kann. Seine Augenhöhlen sind schwarzblau bemalt. Ich habe das Gefühl, als blickte ich in eine dunkle Sonnenbrille, und suche irritiert das Weiße im Augapfel.

„Alemão?" fragt er sinnend. Dann geht ein leichtes Lächeln über sein Gesicht. Es ist ein kluges, ein offenes Gesicht, trotz der angemalten Augenlarve: „Also seid ihr vom Stamm Rummenigges."

„Wie viele Häuser hat euer Dorf?" fragt er dann.

Es ist gleichzeitig die Frage nach der Kopfzahl unseres „Stammes". In einem Indianerhaus wohnen in der Regel ein Dutzend Menschen. Das Yawalapitidorf hat acht Häuser, der Stamm zählt also knapp hundert Menschen. Es gibt 60 Millionen Bundesbürger.

„Tausend", sage ich aufs geratewohl.

„So seid ihr ein großer Stamm", sagt Aritana in makellosem Portugiesisch. Dann reicht er Michael und mir die Hand und drückt uns nacheinander zeremoniell ans Herz. Wir sind akzeptiert. Und nun fallen, wie auf ein Signal, auch die anderen Krieger über uns her und umarmen uns.

Wir lassen uns auf dem umgedrehten, kaputten Kanu nieder, das in der offenen Versammlungshütte der Männer zum Sitzen dient. Schweigen entsteht. Die Krieger blicken auf unsere Rucksäcke: die Geschenke. Jonaki bringt eine Bastmatte. Wir legen Stück für Stück unsere Gaben darauf.

Als die Angelhaken und die Fischleine erscheinen, geht ein anerkennendes Raunen durch die Reihen der Krieger. Es sind inzwischen mehr geworden.

Die Fischerei-Ausrüstung können die Yawalapiti offenkundig gut gebrauchen. Weil sie sich über nützliche Dinge freuen, freuen wir uns mit. Aritana verteilt alle Sachen – Seife, Zigaretten, Zündhölzer, Wäschefarbe, Keramikperlen – nach seinem eigenen, aber augenscheinlich gerechten System an die Männer. Für sich behält er nichts. Er nimmt nur die großen Angelhaken an sich: Sie werden beim Kollektivfischen eingesetzt und gehören der Gemeinde.

„Es ist nicht genug", sagt er dann und schaut scheinbar desinteressiert auf unsere platt am Boden liegenden Rucksäcke.

Ich hole das Überraschungsgeschenk für den Häuptling aus Michaels Kameratasche hervor: einen Fußball und – viel wichtiger – die dazugehörende Luftpumpe.

Die erste Freude über die vom GEO-Team mitgebrachten Geschenke ist gespannter Aufmerksamkeit gewichen. Häuptling Aritana verfolgt, während der Autor die Mitbringsel auflistet, wie einer der Stammesältesten die Angelhaken aufteilt. Die Krönung der nützlichen Dinge ist der Fußball nebst Pumpe. Zigaretten sind für Indianer selbstverständlich: Schließlich haben sie das Rauchen erfunden

Aritanas gemessener Ausruf der Freude geht im Begeisterungsgeheul der Krieger und Kinder unter. Ein neuer, ein richtiger schwarz-weiß gewürfelter Lederfußball ist im ganzen Reservat das Größte!

Das moderne Fußballspiel ist seit einigen Jahren bei fast allen 16 Stämmen des Xingu-Reservats zu Hause. Einen runden Gegenstand spielerisch mit dem Fuß zu bewegen war ohnehin ein uralter Mannschaftssport der Ureinwohner Amerikas. Die roten Männer nehmen es mit Regeln, etwa mit dem Abseits, zwar nicht so genau, dafür sind sie umso mehr auf die Requisiten von König Fußball erpicht: Sportschuhe, Kickerstutzen, Turnhosen, Trikots. Das geht so weit, daß sie sich mitunter Stutzen in den Farben rot und schwarz, ihren traditionellen Körperbemalungen, an die Waden pinseln.

„Ohne das Fußballspiel", sagt Aritana, „wüßte ich bis heute nichts über die Txucarramãe oder die Mehinaku." Und Rummenigge, denke ich.

Die Mannschaften der verschiedenen Stämme haben eine Art Xingu-Liga organisiert. Sie treffen in der trockenen Jahreszeit gelegentlich aufeinander und tauschen dabei auch Waren aus, Informationen – und Frauen.

Das rote Ara-Pärchen zum Beispiel, das im Haus des Häuptlings nicht nur Wohn-, sondern jedes Vorrecht genießt, war die Draufgabe bei einem Frauentausch zwischen den Yawalapiti und den Txucarramãe. Dies verwundert, weil der am Unteren Xingu lebende und einer sehr andersartigen Kultur angehörende Stamm wegen seiner kriegerischen Tradition nicht nur von den Weißen, sondern auch von den seßhaften Indianervölkern des Reservats gefürchtet wird. Wie also kann man – auch wenn es ein paar Papageien extra gibt – den Txucarramãe eine Frau überlassen?

„Sie sind zwar wilde Krieger, und an ihren Keulen klebt Blut", gibt Aritana zu, aber: „Sie behandeln ihre Frauen deswegen nicht schlechter als wir unsere."

Michael und ich haben die Txucarramãe in ihrem Dorf Kretire zuvor aufgesucht. Ich habe das Gellen ihrer markerschütternden Kriegsgesänge noch in den Ohren. Die Txucarramãe gehören zur Sprachgruppe der Jê und sind – nach einer noch nicht schlüssig bewiesenen Theorie – die ältesten Einwohner beider Amerika. Sie stammen ursprünglich aus dem ostbrasilianischen Hochland und wurden aus ihrer baumlosen Savanne, wo sie als nomadisierende Jäger lebten, in den Regenwald des Mato Grosso vertrieben und schließlich am Unteren Xingu angesiedelt.

Die Txucarramãe tun sich mit ihrer an der Steppenjagd orientierten Kultur schwer in ihrem neuen Quartier an einem Urwaldfluß. Noch schwerer aber empfinden sie das Schicksal, das sie zwingt, sich unausgesetzt mit weißen Siedlern, Nußsammlern und Straßenbauern herumzuschlagen, die widerrechtlich in das dem Stamm zugeteilte Reservatsgebiet eindringen und den Wald abholzen.

Im August 1980 war es dem Txucarramãe-Häuptling Raoni und den Seinen zuviel geworden. Die Indianer überfielen einen Trupp brasilianischer Waldarbeiter und schlugen elf von ihnen mit ihren Keulen tot. Die Regierung hatte darauf eilends zugesagt, die von den weißen Siedlern besetzten Gebiete zurückzugeben, doch darauf warten die Indianer immer noch.

„Wenn uns der weiße Mann noch einmal betrügt", hatte uns Raoni versichert, „dann machen wir Krieg. Das ist die einzige Sprache, die der *caraíba* versteht."

Als *caraíba*, als weiße Eindringlinge, haben auch wir uns bei den Txucarramãe gefühlt. Diese Menschen leiden, nach den unendlichen Enttäuschungen bei ihren Begegnungen mit der Zivilisation, an einer tiefen Verzweiflung, die nichts gemein hat mit der heiteren Gelassenheit der Yawalapiti, bei denen wir nun zu Besuch sind.

Das Fahrrad ist, nach der Armbanduhr und dem Transistorradio, neuestes Statussymbol im Xingu. Mawala, der junge Mehinaku, hat seins auf der Station im Tausch erworben. Von dort kommt auch die Zimmertür vor dem Hütteneingang. Name und Nummer an der Tür gelten der Verehrung eines berühmten brasilianischen Fußballstars. Mawala träumt davon, sein Idol eines Tages in São Paulo zu besuchen, notfalls mit dem Fahrrad

Aritanas Horizont reicht, was die Beschaffenheit, was gar den Zustand seiner Rasse angeht, weit über die Grenzen des Reservats hinaus. Der 31 Jahre alte Mann hat nicht nur Städte wie Rio, São Paulo und Manaus gesehen, er war auch 1978 Delegierter seines Volkes auf der allamerikanischen Indianerkonferenz in Mexiko City. Da ging es vor allem um die von Staat zu Staat unterschiedlich gehandhabten Landrechte und um die Organisationsformen von Reservaten. Wie schneidet, in seinen Augen, das Xingu-Reservat ab?

„Wir haben keine Rechte in diesem Staat", sagt der Häuptling. „Wir sind nach brasilianischem Gesetz unmündige Kinder. Ich glaube nicht daran, daß der weiße Mann und sein Gesetz sich jemals ändern werden. Daher ist das, was Orlando für uns gemacht hat, das Beste, was wir in diesem Land erreichen können."

Der Mann, der das so lapidar sagt, der in den Kleidern der Weißen Millionenstädte besucht hat, mit dem Flugzeug gereist ist, in Hotelbetten geschlafen hat, er weiß, wovon er redet. Er gehört offenkundig zu jenen Rückkehrern, auf die Chico seine Zukunftshoffnungen für das Leben im Reservat, für das Überleben der Restvölker setzt.

Restvölker – ein anthropologischer Begriff, der Schreckliches birgt. Wie kommt es zum „Rest" eines Volkes? Ich sehe sie durch dieses Land ziehen, die vier apokalyptischen Reiter: Pest, Krieg, Hunger, Tod. Akkurat diese biblische Schreckensvision vom Untergang der Menschheit – für die Indianer Brasiliens ist sie schon lange Wirklichkeit geworden.

Sie begann, als Menschen mit eben dieser Bibel unter dem Arm ins Land kamen. Der Abgesandte Seiner Allerkatholischsten Majestät von Portugal, der Seefahrer Pedro Alvares Cabral, betrat am 22. April 1500 brasilianischen Boden. Das Land verdankt seine Entdeckung dem gleichen verhängnisvollen Irrtum, dem acht Jahre zuvor schon Columbus unterlag. Auch Cabral wollte nach Ostindien, auf derselben Route wie sein Vorbild Vasco da Gama: um die Südspitze Afrikas herum. Er kam weit vom Kurs ab und landete in Südamerika.

Zu dieser Zeit gab es in der Neuen Welt Portugals etwa vier Millionen Indianer, gegenüber einer Million Menschen im Mutterland der mit Spanien heftig konkurrierenden Kolonialmacht. Die Hälfte jener Indianer lebte an den Flüssen Amazoniens, zu denen auch der Rio Xingu gehört.

Die Indianer Brasiliens bilden vier große Sprachfamilien: Carib, Tupi, Aruak, Jê. Alle diese Gruppen sind als kleine Stammesgemeinschaften im Xingu-Reservat noch heute anzutreffen. Die Yawalapiti gehören wie die Mehinaku und Waurá zu den Aruak, der größten und am weitesten in Lateinamerika verbreiteten Indianerbevölkerung. Auf sie trafen die iberischen Entdekker an der Ostküste Floridas, auf den Antillen, in den Wäldern der mittelamerikanischen Landenge ebenso wie in Venezuela und Amazonien.

Diese weiträumige Verbreitung ist das Ergebnis unablässiger Völkerwanderungen. Sie hatten seit der Ankunft der ersten Menschen aus Asien über die durch Eiszeiten trockengefallene Beringstraße vor etwa 35 000 Jahren nie aufgehört. Die natürliche Fluktuation der Völker wurde mit dem Auftauchen der Europäer zu einer gewaltsamen Bewegung: Flucht, Vertreibung, Umsiedlung. Sie geriet fast zur Ausrottung.

Von den ursprünglich vier Millionen Indianern Brasiliens leben, nach optimistischen Schätzungen, heute noch 200 000. Orlando Villas Bôas dagegen ist sicher, daß es keine 100 000 mehr sind: „Allein in der ersten Hälfte des Jahrhunderts sind noch hundert Stämme ausgerottet worden. Sie verschwanden spurlos, und unbemerkt von der Weltöffentlichkeit, von der Palette der Völker." Die Feststellung deckt sich mit der des Indianerforschers und früheren brasilianischen Kultusministers Darcy Ribeiro, den ich in Rio traf.

„Begonnen hat es in diesem Land mit den *bandeirantes*", hatte Orlando sarkastisch gesagt: „Ihren Namen trägt ausgerechnet jener in Brasilien entwickelte Flugzeugtyp, der nur kurze Rollbahnen braucht und deshalb am besten geeignet ist, die Indianer im Wald mit Hilfe zu versorgen."

Die *bandeirantes* waren jene Pioniere, die nach Gründung der vorerst nur an der Küste besiedelten Kolonie dem portugiesischen Vizekönig in Bahia halfen, das riesige Hinterland in Besitz zu nehmen. Sie waren keine Siedler oder Trapper, wie später die Pioniere Nordamerikas. Sie waren eine Mischung aus verwegenen Goldsuchern, Menschenjägern und Glücksrittern.

Angestachelt von den reichen Goldfunden der spanischen Konquistadoren bei den Inka, Maya und Chibcha, versuchten die portugiesischen Eroberer in dem ihnen von Papst Alexander VI. zugeteilten Territorium der Neuen Welt ebenfalls zu Edelmetall zu kommen. Die Hoffnung trog. Die Waldmenschen Brasiliens kannten kein Gold.

So wuschen sich die *bandeirantes* mit Pfanne und Sieb die Urwaldflüsse hinauf und hinunter, um wenigstens der Natur die vermuteten Schätze zu entreißen. Dabei erwiesen sich eben jene Sandbänke in den Flußbiegungen, welche die Lebensbasis der Indianer sind, als besonders tauglich. Die Katastrophe war programmiert.

Der Zusammenprall von hartgesottenen Abenteurern und arglosen Naturmenschen kostete schon im ersten Jahrhundert der Geschichte Brasiliens etwa die Hälfte der einheimischen Bevölkerung das Leben: zwei Millionen Menschen. Die *bandeirantes* stießen von São Paulo aus, unterstützt und ausgerüstet von der Kolonialverwaltung, weit ins Hinterland vor, bis an die östlichen Ausläufer der Anden.

Jesuitenpater, die auf den Spuren der Goldsucher als erste eine humanitäre Mission aufzubauen versuchten, wandten sich entsetzt an die Höfe in Bahia und Lissabon. Ihre Bitten, das ungezügelte Treiben der Glücksritter zu unterbinden oder doch wenigstens nicht mehr zu unterstützen, wurden abgewiesen. Am Schicksal der wahren Besitzer des Landes war dort niemand ernsthaft interessiert, nachdem sich die Eingeborenen als untauglich für die Sklavenarbeit erwiesen hatten und Zigtausende zur Fron in den Zuckerrohrplantagen gepreßte Waldbewohner elend gestorben waren oder reihenweise den Freitod vorgezogen hatten.

Den nächsten Stoß an den Rand des Untergangs versetzte den Indianern der Kautschukboom. Von der Mitte des 19. Jahrhunderts bis zum Ausbruch des Ersten Weltkriegs 1914 wurden allein in der Gegend von Manaus, der Gummimetropole, 30 000 Menschen von den *seringueiros*, den Latexzapfern, aus dem Weg geräumt.

Die systematische Verfolgung hat bis heute nicht aufgehört, trotz einer schützenden Gesetzgebung, dem Estatuto do Indio von 1973, trotz einer für den Schutzvollzug organisierten Truppe, dem Fundação Nacional do Indio. Die Waldmenschen, die in kein Raster der Zi-

Das Lager der deutschen „Schingú-Expedition" 1884 bei den Mehinaku am Rio Kurizêvo. An der Lage und Lebensweise der Indianer hat sich bis heute kaum etwas geändert. Xingu-Forscher Karl von den Steinen, der erste weiße Wissenschaftler bei den Ureinwohnern des heutigen Reservats, erkannte schon vor 100 Jahren, daß Indianer vor dem Aussterben nur zu retten sind, wenn man sie in Ruhe läßt

vilisation passen und sich jeder Form von gesellschaftlicher Integration entziehen, sind dem Fortschrittsstreben Brasiliens überall und jederzeit im Wege. Das Staatsmotto „ordem e progresso" – Ordnung und Fortschritt – liegt dem nur mäßig katholische Christlichkeit praktizierenden 130-Millionen-Volk mehr am Herzen als die bescheidene Formel der frühesten Freunde der Indianer: das „ora et labora", das „bete und arbeite" der Jesuitenpater.

Doch auch die wohlmeinenden geistlichen Herren haben den Indianern kein Glück gebracht. Die Missionierung, die väterlich gemeinte Bevormundung, hat aus den „roten Kindern" Unmündige gemacht: von Almosen abhängige Bettler um ein bißchen tägliches Brot.

Gab es denn niemanden in diesem Riesenland, der den Indianern gerecht werden konnte? Doch. Einer war da, ausgerechnet ein Soldat der Grenztruppe, die die weißen Siedler vor Überfällen der Indianer schützen sollte. Einer war da, der sich angesichts des heillosen Vernichtungskriegs gegen die Ureinwohner vom Saulus zum Paulus wandelte: Marschall Rondon.

Der Kommandeur der traditionell indianerfeindlichen Grenzer formierte in den dreißiger Jahren dieses Jahrhunderts seine Troupiers zu einem „Serviço de Proteção aos Indios", kurz SPI, um. Dieser „Indianerschutzdienst" wurde zum Vorkämpfer für die bis dahin undenkbare Idee, die Ureinwohner des Landes nicht in den Zivilisationsprozeß zu integrieren, sondern in ihrem ursprünglichen Zustand zu erhalten.

Rondon erließ allmorgendlich an seine Truppe den Tagesbefehl Nummer eins: „Kein Indianer darf getötet werden. Wenn einer von ihnen seine Waffe auf uns richtet, lassen wir uns lieber erschießen, als daß wir ihn auch nur verwunden."

Der heroische Appell wurde indessen wohl kaum je befolgt. Die schlecht bezahlten Soldaten ließen sich von der Siedlerlobby bestechen und betrieben den Völkermord hinter dem Rücken ihres Kommandeurs. Sie beschenkten ganze Stämme mit pockeninfizierter Kleidung oder lieferten ihnen vergiftete Nahrung, alles bezahlt und organisiert von der Fortschrittsfront der Siedler und Straßenbauer, der Holzfäller und Diamantenschürfer, der Paranußsammler und Goldsucher.

Immerhin hatte Rondons Idee bei ein paar anderen einflußreichen Männern gezündet. Die drei aus einer begüterten Familie São Paulos stammenden Brüder Villas Bôas – Leonardo, Claudio und Orlando – machten sich als Privatgelehrte nach einer Expedition ins unzugängliche Xingu-Gebiet 1943 ans Werk, die Schutzidee des greisen Marschalls bei der Regierung durchzusetzen.

Es bedurfte fast zweier Jahrzehnte zäher Verhandlungen und viel diplomatischen Geschicks, bis die mittlerweile in den Ruf einer Räuberbande geratene SPI abgeschafft und statt ihrer 1967 der Funai ins Leben gerufen wurde. Die Gründung dieser staatlichen Indianerstiftung, von deren Initiatoren nur noch Orlando Villas Bôas lebt, fiel zusammen mit der Einrichtung des Xingu-Reservats als ein mit rigorosen Schutzbestimmungen ausgestatteter Nationalpark.

An Leonardo, den bereits gestorbenen Villas Bôas, erinnert der gleichnamige Posto. Der jüngere der Brüder, Claudio, hat sich in São Paulo auf die Dokumentation des Indianerlebens zurückgezogen. Allein der robuste Orlando setzt sich weiterhin unmittelbar tätig für Rondons Plan von der Abschirmung der überlebenden Indianer gegen den Fortschritt ein.

„Wir lassen niemanden mehr in das Reservat", sagte Orlando, als wir uns bei ihm vorgestellt hatten: „Keine Missionare, keine Anthropologen, keine Journalisten. Der letzte Fremde war euer großer Landsmann Karl von den Steinen."

Das war natürlich scherzhaft gemeint. Der deutsche Forscher, eine Art Humboldt des Xingu, nach dem einer der linken Zuflüsse dieses Stroms benannt ist, machte seine beiden unter Anthropologen berühmt gewordenen „Schingú-Expeditionen" vor hundert Jahren: 1884 und 1887/88.

Der auf deutschen Forschungsreisen in Polynesien und der Antarktis zum Expeditionsprofi gewordene von den Steinen hatte mit fünf weiteren deutschen Wissenschaftlern – im Auftrag und mit der Förderung der Gesellschaft für Erdkunde zu Berlin – das bis heute nur mit dem Flugzeug erreichbare Xingu-Gebiet zu Fuß und im Kanu sorgfältig inspiziert. Seine Dokumente in Text, Foto und Zeichnungen sind die einzigen brauchbaren historischen Unterlagen über das Territorium und seine Bewohner.

Und, seltsam genug: Sie könnten von heute sein. Die Yawalapiti wohnten bereits vor hundert Jahren 300 Meter vom Rio Tuatuari und etwa vier Kilometer vom heutigen Posto Leonardo entfernt. Sie waren schon damals nicht mehr als hundert Leute. Sie reklamierten, wie heute, Geschenke, wenn sie zu gering erschienen. Und sie strichen sich jeden Morgen mit dem öligen Urucusaft ein.

Für diese Prozedur fand schon Karl von den Steinen eine Erklärung: „Mit Oelfarbe, je nachdem mit schwarzer oder roter, streicht sich der Eingeborene an, damit er die Haut in der Hitze angenehm geschmeidig erhält, und damit sich die Moskitos und Stechfliegen, die sich auf den Körper niederlassen, ankleben und zu Grunde gehen. Die Oelfarbe ist thatsächlich die Kleidung des Indianers, wie er sie bedarf." Die Quintessenz seiner Observationen deckt sich mit der von Rondon und Villas Bôas: „Die Widerstandsfähigkeit der Indianer, sobald sie nicht auf ihre gewohnte Art leben, ist unglaublich gering."

Ebenso gering ist auch die Vielfalt der Lebensgewohnheiten dieser Waldmenschen. Der Alltag der Yawalapiti wie der ihrer nächsten Verwandten, der nur fünf Kanustunden entfernten Mehinaku, wird von der maßvollen Befriedigung ihrer materiellen Bedürfnisse bestimmt.

Sie essen, erstaunlich bei ihrer phantastischen körperlichen Konstitution, nur einmal am Tag: einen Fetzen Maniokfladen und ein kleines Stück gedünsteten oder gerösteten Flußfisch. Doch beides sind, in ihrem Gehalt an Kohlehydraten und Protein, hochwertige Grundnahrungsmittel. Die lebensnotwendigen Vitamine liefern sparsam genossene Früchte wie Bananen, Melonen, Limonen, Nüsse. Die Indianer leben, sozusagen, eine natürliche Reformhausdiät. Ich habe in den zwei Wochen als Küchengast bei den Yawalapiti und Mehinaku jedes überflüssige Gramm Fett verloren und mich selten besser gefühlt.

Die Zubereitung des Maniok und das Fischen im Fluß frißt freilich den Tag der Indianer auf. Die im rohen Zustand giftige Knolle muß in einem komplizierten Vorgang genießbar gemacht werden. Die Frauen sind von früh bis spät damit beschäftigt, die Wurzel zu schaben, zu raspeln, zu kochen, zu trocknen. Der Vorgang muß mehrmals wiederholt werden, ehe aus dem in der Sonne gebleichten Mehl die *beijus*, die Fladen, gebacken werden können. Eine Indianerfrau verbringt dreiviertel ihres Lebens mit der Zubereitung des Maniok, die nur unterbrochen wird durch das Wasserholen vom Fluß, das Heranschleppen von Feuerholz und durch die Niederkunft.

Seit es stählerne Angelhaken gibt und haltbare Angelschnur aus Kunstfaser, haben es die Männer leichter. Zwar fischen sie Einzelgänger wie den begehrten Zitterrochen, der selten an den Haken geht, hin und wieder noch mit der Lanze, mit Pfeil und Bogen oder mit dem Betäubungsgift der Timbo-Liane. Doch durch die modernen Angel-Utensilien haben sie jetzt mehr Zeit für ihr Tagesritual.

Es beginnt allmorgendlich mit der gemeinsamen Körperkosmetik des Bemalens. Sie dauert bis Mittag. Nachdem ihnen die Frauen das frugale Mahl bereitet haben, halten die Männer Mittagsschlaf in der Hängematte im luftig-kühlen Haus. Dann geht's zum Schwimmen an den Fluß.

Etwa um vier Uhr nachmittags, wenn die Sonne hinter die Baumwipfel sinkt, beginnt der Ringkampf, das muskeltrainierende *huka-huka*, in der Dorfplatzmitte. Die Ringer stehen einander mit vorgebeugtem Rumpf gegenüber, fassen den Gegner an den Oberarmen und versuchen ihn unter kehligem *huka-huka*-Geschrei in den Staub zu zwingen. Doch zur Siegerpose kommt es nie. Sobald ein Kämpfer durch nachlassenden Widerstand seine Unterlegenheit signalisiert, wird der Kampf abgebrochen. Man demütigt seinen Gegner nicht.

Neuerdings tritt an die Stelle des Ringens an manchen Tagen der Fußball. Auf fast allen Dorfplätzen im Xingu stehen, freilich mit willkürlichen Abmessungen, die Tore aus zwei Pfählen mit einem darübergelegten Baumstamm als Querlatte.

Nach Sonnenuntergang versammeln sich die Männer im Dorfzentrum zum ritualisierten Rauchen. Sie bringen ihren niedrigen, geschnitzten Holzschemel mit und hocken sich in die Runde ums Feuer. Geraucht werden, in mitunter bis Mitternacht anhaltender Kette, etwa 30 Zentimeter lange, bleistiftdünne Zigarren aus grünen Tabakblättern. Nach einigen Stunden unausgesetzten Paffens stellt sich eine leicht berauschende Wirkung ein. Zu diesem Tabakskollegium sind nur die Häuptlinge, Medizinmänner und älteren Krieger zugelassen.

Es gibt zwei Medizinmänner: den *pajé*, der mit den guten Geistern im Bunde steht, und den *feiticeiro*, den Schamanen der Krankheiten und bösen Kräfte. Beide – und nur sie – haben Zugang zur Morená, dem allen Xingu-Indianern heiligen Land. Es liegt in der Mitte des Reservats, am Zusammenfluß von Rio Xingu und Rio Von den Steinen. Hier wohnt der Geist des Schöpfers Maivotsinim, der außer seinen roten Kindern auch die Mutter der Sonne und des Mondes erschaffen hat, die legendären Zwillinge der Mythologie. Maivotsinim kann in vielen Formen erscheinen, als Jaguar oder als Baum. Meistens jedoch taucht er urplötzlich als ein greiser Mann mit weißem Haar auf und

Maniok, das täglich Brot der Xinguanos, ist eine stärkereiche Wurzelknolle aus der Familie der Wolfsmilchgewächse. Erst nach komplizierter Zubereitung wird die blausäurehaltige Erdfrucht genießbar. Erntezeit ist der Juni. Die Knolle wird mit Pflöcken ausgegraben, dann geschält und in der Sonne getrocknet. Wenn sie gebleicht ist, wird sie auf einer Raspel in einen Bottich gerieben, gewässert und mehrmals gekocht. Der Brei wird durchgesiebt, zu Laiben geformt und abermals getrocknet. Jetzt ist Maniok zur Lagerung und zum späteren Genuß fertig: Aus dem zu Mehl zerriebenen Brotlaib backt die Indianerfrau die fladenartigen *beijus*. Heute haben Aluminium-Gefäße die riesigen, kunstvoll verzierten Tonschalen verdrängt, auf deren Herstellung sich nur zwei Stämme am Xingu verstehen: Waurá und Juruna

ist für den, der ihn erblickt hat, blitzschnell wieder verschwunden. Jeder, der diese Begegnung gehabt hat, muß nach kurzer Zeit sterben. Ihm kann dann kein *pajé,* kein *feiticeiro* mehr helfen.

Was immer es sein mag – die Einförmigkeit des Lebens oder die natürliche Einfalt der menschlichen Seele: Die Indianer am Xingu haben auf mich, auf mein Städtergemüt, einen heilsamen Einfluß. Ihr soziales Bewußtsein ist, in seiner spielerischen Art, so hoch entwickelt, wie ihre Ansprüche an das, was wir Lebensstandard nennen, bis zur Nichtigkeit gering sind.

Nie habe ich einen Indianer ein hartes Wort zu seiner Frau oder zu einem Kind sagen hören. Aritana behandelt seine beiden Frauen Sakasidio und Tsimajo mit mustergültiger Aufmerksamkeit und Sanftmut – und seine kleine Schwester Ajussi mit einer unaufdringlichen Zärtlichkeit, wie sie anderswo wohl nur noch in Kinderträumen vorkommt.

Die Indianer Brasiliens, die Ureinwohner dieses reichen und riesigen Landes, machen weniger als einen von tausend der Gesamtbevölkerung aus. Was passiert, wenn es nach Orlando Villas Bôas keine Männer mehr gibt, die ihre Hand über diese Menschen halten?

Maivotsinim hat die Antwort gegeben. Er hat, so erzählt die Legende der Xinguanos, einen gegabelten Stab gegen das Himmelszelt gestützt. Wenn der letzte Indianer stirbt, wird Maivotsinim den Stab wegstoßen: „Der Himmel wird einstürzen und die Erde unter sich begraben."

Der Xingu spiegelt die Tragik aller Indianer

Mehinaku-Männer vor den Zelten der deutschen Xingu-Expedition 1884: Die wohlmeinenden Forscher schleppten ungewollt Seuchen ein

Das Xingu-Reservat liegt im Zentrum Brasiliens, im Bundesstaat Mato Grosso – „dicker Wald". Das etwa 30 000 Quadratkilometer umfassende Areal – so groß wie Belgien – wurde 1961 zum Indianerschutzgebiet erklärt und 1967 zum besonders schutzwürdigen Nationalpark erhoben. Das nach dem Amazonaszufluß Rio Xingu benannte Territorium ist reich an Stromschnellen und Sümpfen, an Wäldern und Savannen. Unzählige Wasserläufe sind die einzigen Verkehrsadern.

Kultur-Vielfalt am Xingu. Hier leben 16 Indianerstämme mit insgesamt etwa 2000 Menschen. Am Oberen Xingu wohnen, beaufsichtigt von der Regierungsstation Posto Leonardo, neun Stämme der großen Sprachgruppen Tupi, Carib und Aruak. Sie werden allgemein Xinguanos genannt, weil sie hier stets heimisch waren und eine sehr ähnliche Kultur haben. Zu ihnen gehören auch die Stämme der Yawalapiti und Mehinaku.

Im Gebiet des Unteren Xingu fanden, kontrolliert vom Posto Diauarum, sieben Stämme, einige aus anderen Teilen Brasiliens vertrieben, eine Zuflucht. Sie gehören überwiegend zu der am Xingu seltenen Sprachgruppe der Jê oder sprechen isolierte Idiome wie die Stämme der Juruna und Trumaí. Diese Volksgruppen sind, im Unterschied zu den eher seßhaften Xinguanos, umherstreifende Jäger und Sammler.

Der erste Weiße war ein Deutscher. Vor hundert Jahren war der Xingu Ziel mehrerer wissenschaftlicher Expeditionen – mit bösen Folgen für die Indianer. Stämme, die an der Route der Forscher lagen, kamen im Tauschwege an europäische Waren und Waffen und mithin zu einer kriegerischen Überlegenheit, die sie zu Überfällen auf ihre Nachbarn verführte. Die von den Weißen eingeschleppten Krankheiten wie Grippe und Masern wirkten sich verheerend auf die immunschwachen Naturmenschen aus. Der deutsche Forscher Karl von den Steinen zählte auf seinen beiden „Schingú-Expeditionen" 1884 und 1886/87 am oberen Flußlauf rund 3000 Indianer. 1950 waren es nur noch 650, und der Stamm der Yawalapiti etwa war dezimiert auf 17 Köpfe.

Funai kontra Fortschritt. Heute ist dieser Stamm wieder auf gut hundert Menschen angewachsen – dank der von der Indianerbehörde Funai konsequent gehandhabten Isolierung nach außen und medizinischer Betreuung. Gleichwohl ist der Funai immer noch weitgehend ohnmächtig gegen jene Entwicklung, die 1942 mit der wirtschaftlichen Erschließung Zentralbrasiliens begann.

Damals schickte die Luftwaffe die Roncador-Xingu-Expedition aus, die für eine Direktverbindung Rio de Janeiro–Manaus Flugpisten im Mato Grosso errichten sollte. Die Leiter dieser Expedition waren die Brüder Leonardo, Claudio und Orlando Villas Bôas aus São Paulo. Im Gegensatz zur Regierung war ihnen nicht an einer raschen Integration der Indianer, sondern an deren Schutz vor Landraub und Kulturzerstörung gelegen. Sie gründeten die beiden Posten Leonardo und Diauarum und stellten ihren Einfluß in den Dienst der Indianerprotektion.

Auf verlorenem Posten. Den Villas Bôas verdankt der Xingu seinen Reservats- und späteren Nationalpark-Charakter, ohne daß freilich die Übergriffe von Bodenspekulanten, Siedlungsgesellschaften sowie auf eigene Faust vordringenden Gummizapfern und Nußsammlern aufhörten. Der Funai und die Brüder Villas Bôas passen bis heute nicht in das Ordnungsschema des Staates, der alle rassischen und humanitären

Probleme seinem rastlosen Entwicklungsprogramm unterordnet.

Indianer gegen Indianer. Die Stämme außerhalb des Reservats gerieten 1950 durch die anstürmende Zivilisation in Bedrängnis. Einige von ihnen, wie die Trumaí und Krenakroré, fanden Aufnahme im Xingu-Gebiet. Andere, wie die Txicão – ein starker Stamm von rund 400 Menschen –, drangen auf der Flucht vor den Siedlern und Goldsuchern gewaltsam ins Gebiet der Xinguanos ein, die sich zur Wehr setzten.

Völkerwanderung und Straßenbau. Als 1966 eine Flut von Goldsuchern aus Cuiabá den Rio Jatoba hinunterkam, nahmen die letzten 53 Überlebenden der Txicão die bis dahin verweigerten Annäherungsversuche der Brüder Villas Bôas an und ließen sich an den Oberen Xingu umsiedeln. Obwohl sie Carib sprechen und somit unter Verwandten waren, kam es auch hier zu Feindseligkeiten, und sie mußten abermals umgesiedelt werden: diesmal in den Nordteil des Nationalparks.

Doch auch hier gab es Konflikte. 1971 setzten die in der Nachbarschaft siedelnden Viehzüchter den Bau der Staatsstraße 80 von Brasilia nach Manaus durch. Die vier Jahre zuvor festgesetzten Grenzen des Nationalparks wurden rücksichtslos verlegt. Die Straße trennte den Nordteil ab, dafür wurde im Süden ein Stück Land zugefügt: ein schlechter Tausch für die Indianer, denn der südliche Xingu hat karge Böden für den Anbau von Maniok, der wichtigsten Feldfrucht der Xinguanos.

Leere Versprechungen. Diesmal traf die Vertreibung das zur Jê-Kultur gehörende Volk der Txucarramãe. Sie waren fremd am Unteren Xingu, denn sie stammten ursprünglich aus den Savannen des ostbrasilianischen Hochlands und sind vermutlich die ältesten Indianer beider Amerika. Die Txucarramãe unterscheiden sich von den seßhaften Xinguanos durch ihre betont kriegerische Tradition, in der zum Beispiel die Jagd einen viel höheren Stellenwert hat als Fischfang und Feldbau. Auch ihre Kultur ist, angepaßt an die Steppe, völlig anders als die der Xinguanos.

Die Txucarramãe rebellierten, als die Straßenbauer und mit ihnen eine neue Siedlerwelle in den Park kamen. Zwar zog ein Teil des Stammes auf Drängen des Funai nach Süden und baute mit Billigung seines Häuptlings Raoni das Dorf Kretire, doch der Widerstand gegen die Eindringlinge hielt an. Er geriet zum blutigen Krieg, als sich die Regierung wieder nicht an die Abmachungen hielt und zuließ, daß sich Viehfarmer in jenem den Txucarramãe garantierten Restreservat rechts des Flusses und nördlich der Staatsstraße 80 ansiedelten.

Rache an den Siedlern. Häuptling Raoni und sein Neffe Megaron organisierten den Gegenschlag: 1980, als Dienstleute der Farm São Luis den Wald abzuholzen begannen, setzten sie mit 150 Kriegern über den Fluß und erschlugen elf Arbeiter mit ihren Keulen.

Mit der Geduld am Ende. Der Fall erregte internationales Aufsehen, und die Regierung sagte den Indianern die Rückgabe eines Teiles des abgetrennten Parkgebietes zu. Doch die Txucarramãe warteten vergeblich. Als die Autoren dieses Buches sie 1982 aufsuchten, war die Stimmung in Kretire voll Zorn und Enttäuschung. Bökemeier und Friedel mußten, unter Androhung der Geiselnahme, dem Häuptling Raoni versprechen, die Geschichte der Vertragsbrüche zu veröffentlichen (GEO 3/83: „Die roten Rebellen vom Rio Xingu"). Als der Funai-Präsident im März 1984 ein vereinbartes Treffen mit den Txucarramãe kurzerhand absagte, war Raonis Geduld zu Ende. Er nahm drei Unterhändler der Indianerbehörde gefangen und blockierte mit einer Streitmacht von 200 Kriegern die Autofähre über den Xingu und legte damit den Verkehr auf der Staatsstraße 80 lahm.

Die Indianer siegten – für wie lange? Die Regierung erfüllte die Forderungen der Indianer diesmal überraschend schnell. Die Neuvermessung des umstrittenen Parkstreifens wurde zugesagt und ein neuer Funai-Präsident eingesetzt, der den Indianer Marcos Terena zu seinem nächsten Mitarbeiter und Berater machte. Und schließlich wurde – größter Sieg Raonis – sein Neffe Megaron zum neuen Xingu-Park-Direktor ernannt. Kenner der politischen Szene Brasiliens jedoch halten, angesichts von Parlamentswahlen, die Ernennung Megarons für einen auf Stimmenfang zielenden Akt, der jederzeit rückgängig gemacht werden könnte.

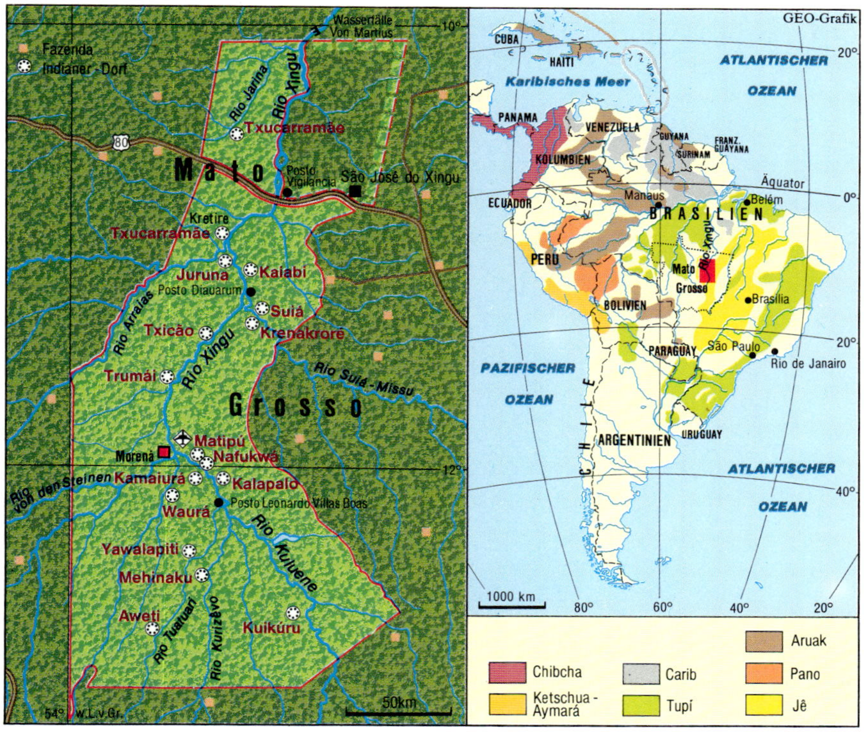

Der Xingu-Nationalpark im brasilianischen Bundesstaat Mato Grosso ist das etwa der Fläche Belgiens entsprechende Wohngebiet von 16 Indianerstämmen. Teils lebten sie hier schon immer, teils wurden sie aus anderen Gebieten umgesiedelt. Die Überlebenden der unterschiedlichen Sprachfamilien, die einst im gesamten tropischen Südamerika verbreitet waren, haben Streit nur mit weißen Eindringlingen

Sie hassen die Fremden und lieben ein

Kuna *Gelegentlich sieht man sie in Panamas Hauptstadt: kleine braune Männer im Dienstanzug des Gepäckträgers, zierliche scheue Frauen unter bunten Tüchern und mit einem Goldreif in der Nase. Obwohl sie sich in die Gesellschaft des weißen Mannes fügen, sind sie für ihn so unerreichbar wie Bewohner eines anderen Sterns. Die fremdartigen Menschen sind Indianer vom Volk der Kuna. Sie sind gegen die Anfechtungen der westlichen Welt gefeit. Unter den übriggebliebenen Ureinwohnern beider Amerika gibt diese Nation die meisten Rätsel auf. Und die Kuna setzen – in ihrem als weitgehend autonom erkämpften Inselreich an Panamas Karibikküste – alles daran, das Geheimnis ihrer geretteten Identität zu hüten. In der Comarca de San Blas, auf einem Archipel von 375 paradiesisch scheinenden Kokosinseln, haben sich die 30 000 überlebenden Indianer in einem geradezu preußisch straff organisierten Verwaltungsapparat vom Rest der Menschheit abgeschirmt. Doch ihr Ordnungsschema ist zu einer bürokratisch erstarrten Front gegen jene fast ein halbes Jahrtausend währende Verfolgung geworden, die mit der Goldgier der spanischen Konquistadoren begann. Heute bringt der vom Staat Panama unnachgiebig in Gang gesetzte technische Fortschritt den Abwehrwillen der Kuna ins Wanken: durch Straßenbau, Flugverkehr, Schiffahrtslinien. Einige Inseln igeln sich vor dem anrollenden Tourismus hingegen noch mehr ein – und bringen ihr System in Todesgefahr*

nder nicht mehr

Keine Parzelle ist mehr frei auf den dichtbesiedelten Eilanden der Cartí-Gruppe im Westen des Archipels San Blas. Nur 40 der rund 370 Inseln vor Panamas Karibikküste sind von den Kuna-Indianern für tauglich befunden worden, dort auf Dauer ein dörflich organisiertes Gemeinwesen zu gründen. Heute will, trotz Überbevölkerung, keine Familie aus den gewachsenen Kommunen auf die unbesiedelten Inseln ausweichen, die den Kuna als Kokosplantagen und Fischereibasen dienen. Und der zum Indianerland gehörende Festlandstreifen ist fürs Wohnen tabu

Die Insel Tupile mit der Verwaltung der Cartí-Gruppe ist das touristische Zentrum des westlichen Archipels. Zwar sind die dichtgereihten Anwesen mit Bootssteg, Schweinestall und Gemüsegärtchen weitgehend autark wie alle Kuna-Siedlungen, doch ein profitables Geschäft bringt heute der Waren- und Fremdenverkehr. Die kleinen Kokosnußfrachter halten hier genauso wie die großen Karibik-Kreuzfahrer. Und gegenüber an der Küste landen die Flugtouristen aus Panama City – dort, wo demnächst auch die erste Straßenverbindung mit der Hauptstadt münden soll

In dem wie beiläufig plauschenden Tabakskollegium – Pfeiferauchen ist Frauensache – verbirgt sich der geheime Wirtschaftsrat des Dorfes. Während die Männer im *congreso*, dem Gemeindeparlament, das Sagen haben, bestimmt das Matronat, wie hier der Frauen-Klan des Unterkaziken Luis Morales auf der Insel Nalunega, die Geschäfte in der Kuna-Gesellschaft. Und die Frauen sind – in stets bis zum Nasenring perfekter Aufmachung – die wahren Hüter über Tugend und Tradition

Touristen-Invasion auf Tupile: Das Kreuzfahrtschiff „Northwind" hat vor den Cartí-Inseln geankert und rund tausend überwiegend amerikanische Passagiere für einen 90minütigen Landgang ausgebootet. Die Fremden sollen kaufen: die zu Hunderten an Leinen aufgehängten Molas, die zum Souvenir-Artikel Nummer eins geratenen Blusenstickereien der Kunafrauen. Die Herstellerinnen selber sind nicht zu besichtigen. Sie verstecken sich vor dem allfälligen Kamera-Auge unter Tüchern und Decken

BLANCA
NAVY

Die Molas, ursprünglich nur Brust- und Rückenteile der Kuna-Blusen, sind heute als bildhafte Artefakten bei den Touristen beliebt. Die Kuna-Frauen verarbeiten in bunter Applikationsstickerei die auf sie einstürmenden Eindrücke des Zeitgeschehens: Boxkampf, Helikopter, Atombomben, Transistorradio. Die Handwerkskunst entstand vor rund 150 Jahren mit der Einführung der Schere durch Händler und Missionare. Ein guter Mola-Künstler muß die Symbolik so verschlüsseln, daß sie für Betrachter mehrdeutig bleibt

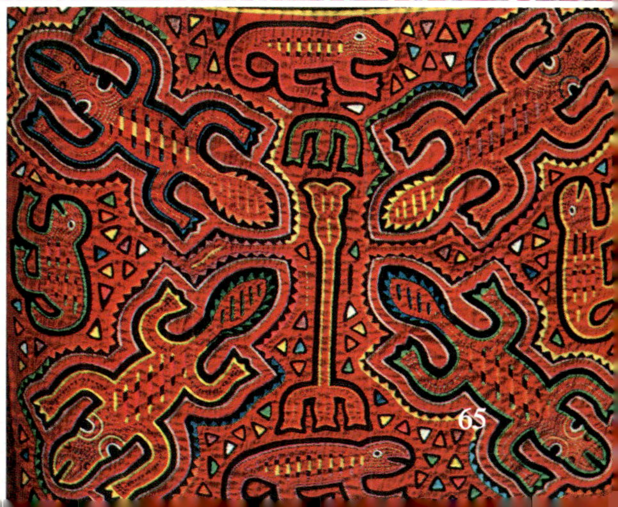

Die drei Kuna-Frauen kommen im *cayuco*, dem Einbaum, vom Festland zurück nach Nalunega. Sie haben Frischwasser aus dem Fluß geholt, denn ihre Wohninsel ist wasserlos. Der gesamte San-Blas-Archipel hat sich aus Korallen aufgebaut und ist daher trocken. In der Regenzeit funktioniert die Wasserversorgung durch Zisternen, die den Niederschlag auffangen. Doch in der trockenen Saison von März bis Juli haben die Indianerinnen – Wasserholen ist Frauenpflicht – täglich eine Kanufahrt zur Küste zu bewältigen

Das Albino-Kind auf dem Schoß seiner Mutter muß im Schatten sitzen, um die lichtempfindlichen Augen und die weiße Haut vor der Sonne zu schützen. Die Kuna haben unter allen Völkern den höchsten Prozentsatz an Albinismus: eine Folge von Inzucht und Degeneration. Den „Mondkinder" genannten Albinos werden übersinnliche Kräfte zugesprochen. Der Nasenstrich ist das klassische Make-up der Kunafrauen. Er ist – wie die Ornamentierung der Kleidung – ein Relikt aus der Zeit, als die Kuna noch, wie etwa die brasilianischen Indianer, ihren Körper mit Mustern bemalten. Victoria, eine erst kürzlich verheiratete Frau auf Nalunega, trägt stolz ihren goldenen Brautschmuck. Er ist auch der mobile Hausschatz

Hausbau auf Tigre geschieht in Nachbarschaftshilfe. Der *congreso* der in strikter Abgeschlossenheit von jeglichem fremden Einfluß lebenden Inselgemeinschaft hat die Errichtung von fünf neuen Häusern beschlossen und dazu 150 Männer eingeteilt. Sie ziehen die Häuser in traditioneller Palisadenbauweise an einem Tag hoch. Die Frauen bereiten unterdessen für alle Arbeiter eine Bananentafel, deren fleischliche Draufgabe – ein Schwein – im Bootshafen geschlachtet wird. Das Dorfleben auf Tigre ist noch intakt

Für das Ausweiden des zum Richtfestschmaus bestimmten Schweins sind die Frauen zuständig. Sogar bei unsauberen Arbeiten wie dem Waschen der Eingeweide im Meer bleibt die Kuna-Mode „comme il faut" bis zum Wadenwickel. Das Beinkorsett soll – dem Schönheitsideal der Kuna entsprechend – schlanke Fesseln erzeugen. Die Menschen von Tigre, das nicht einmal von Missionaren heimgesucht wurde, haben sich ihre natürliche Anmut und Heiterkeit durch freiwillige Isolation bewahren können

Beim *congreso* im Versammlungshaus von Tigre schlafen die *sahilas*, die Häuptlinge, keineswegs. Sie konzentrieren sich in ihren Hängematten meditativ auf den geistigen Kontakt mit Ibeorgun, dem Messias in der Kuna-Religion. Er ist der Mittler zwischen den Menschen und der Obergottheit Olokupinele, dessen Segen für den guten Verlauf des Kongresses herbeigerufen wird. Die allabendliche Ratssitzung, auf der Kommunales und Gerichtsfragen verhandelt werden, ist für alle Gemeindemitglieder Pflicht. Ceferino Villaláz, der erste *sahila* in der zweiten Hängematte von vorn, fühlt sich in allem Tun dem großen Kunaführer Nele Kantule verantwortlich, der, mit Brille und Hut, vom Hauspfosten herabschaut

General Inapakinya

Der Chef einer Sippe ist gestorben. Sein Frauen-Klan beklagt den Tod einen Tag und eine Nacht lang. Dann wird die Leiche in der Hängematte, ausgestattet mit Wegzehrung sowie persönlichen Dingen, aufs Festland geschafft und bestattet. Der Kuna-Friedhof ist ein gerodeter Platz im Wald mit überdachten Grabhügeln, auf denen man hinterläßt, was dem Verstorbenen im Leben lieb war: Das im Kinderhospital sechs Monate nach der Geburt gestorbene Kind hat sein Spielzeug mit; Marina Alfaro, 1966 geboren und 1981 gestorben, soll weder ihr Transistorradio noch ihren Waschzuber missen; die zum christlichen Glauben übergetretene Tote zu Füßen des Kruzifiks hat ihr Küchengeschirr dabei. Hier lebt – mit modernen Zutaten – die Sitte der Indianer weiter, ihre Toten nicht mittellos ins Jenseits zu entlassen

Die unbesiedelten Inseln der Holandesa-Gruppe im Archipel San Blas dienen den Gemeinden als Kokosplantagen. Sie werden, von ein oder zwei Hütten aus, durch jeweils eine mittels Kongreßbeschluß eingeteilte Familie bewacht. Als Folge der Übervölkerung und des Landmangels ist Diebstahl von Kokosnüssen ins Kuna-Reich eingekehrt. Was wie ein Paradies aussieht, ist von sozialen Konflikten überschattet. Und die zur Wachablösung im *cayuco* heransteuernde Familie empfindet ihren Dienst als Strafe

Die Geschichte könnte ganz einfach anfangen. Eine Insel, eine Hängematte, Kokospalmen. Ringsum Bambushütten und Stille. Das Meer umspielt den Strand, die Palmwedel fingern ziellos im Wind. Manchmal findet ein Sonnenstrahl in den Schatten und irrlichtert wärmend über meinen Bauch. Dann und wann raschelt es verstohlen in den Schilfdächern: Kokosratten.

Ihnen und mir gehört, so scheint es, Nalunega. Ihnen und mir allein. Ein Eiland in der Karibik. Ein Paradies. Ich fühle mich wie Adam. Doch wo ist Eva?

Da kommt sie aus der Hütte. Ein bronzebraunes Mädchen mit lackschwarzem Haar. Es knüpft ein buntes Tuch an die Wäscheleine, schaut einen Pulsschlag lang zu mir herüber und ist verschwunden wie ein schöner Spuk.

Das rechteckige Textil ist eine Mola, eine Indianerbluse. Genauer: Es ist das Herzstück der Bluse, das den Busen bedeckt.

Ich versuche, die in das farbige Flickwerk der Mola gestickte Botschaft zu entziffern. Zwei Paradiesvögel erkenne ich. Einer balzt mit offenem Schnabel, der andere wendet kokett den Kopf ab. Sie sitzen in einem goldenen Käfig. Es könnte auch eine Glocke sein. Außen herum rankt dichtes Blattwerk – ein verheißungsvoller Wink?

So hätte, wie schön, die Geschichte weitergehen können. Doch sie geht ganz anders.

Ich befinde mich auf einer Insel vor der Nordküste Panamas, auf einer von 375. Sie gehört natürlich nicht mir, sondern 322 Indianern vom Volk der Kuna. Sie sind, auf dem gesamten Archipel San Blas, fast hundertmal so viele: 30 000.

Trotzdem fühle ich mich in meiner Hängematte unter Palmen allein. Und ich fühle mich schon gar nicht wie im Paradies, eher wie ein Schiffbrüchiger oder wie ein Ausgesetzter. Dabei bin ich Gast – ein zahlender freilich – in der Fremdenhütte des zweiten *sahila*, des Unterhäuptlings Luis Morales.

Luis hat angeblich keine Zeit für mich. Jeden Morgen läßt er sich wegen dringender Geschäfte durch Grizelda, seine Haushälterin, entschuldigen. Sie ist ein sommersprossiger Albino unbestimmbaren Alters, mit runzliger Haut und kantigem Wesen und so gesprächig wie der Fisch, den sie mir zu jeder Mahlzeit vorsetzt.

Auch die übrigen Kuna zeigen nicht das geringste Interesse an mir. Ausgenommen, so scheint es, das Mädchen mit der Mola. Die Vögel darauf deute ich, wieder zu Sinnen gekommen, als zwei fremde weiße Männer, über die man eine Käseglocke gestülpt hat. Der eine, der den Blick auf die unerreichbar ferne Außenwelt gerichtet hält, ist Michael Friedel, der Fotograf. Der andere, der mit offenem Schnabel gegen eine gläserne Wand redet, bin ich.

Wenn ich jetzt zu der Hütte hinübergehe, dann wird die Kuna-Frau herauskommen. Sie wird noch ein Dutzend weitere Molas an die Leine hängen und dazu ein Pappschild: Jede Mola 20 Dollar. Den Mund wird sie erst aufmachen, um mich zu beschimpfen – wenn ich nichts kaufe.

Als Außenseiter der Gesellschaft: So leben wir schon seit vielen Tagen am Rand der Insel Nalunega. Jeder Vorstoß zu ihrer menschlichen Mitte geht ins Leere. Noch die unwürdigste, die menschlich billigste Art von Kontakt müssen wir teuer erkaufen: beim Wechsel von Ware gegen Geld.

Der Befriedigung unserer alltäglichen Bedürfnisse können sich die Kuna nicht entziehen, dem Kauf von Toilettenpapier und Streichhölzern etwa. Das gibt es im *magazino*, dem einzigen Laden Nalunegas. Der erhofften Kommunikation wegen dosieren wir unsere Einkäufe in kleine Mengen und häufige Besuche.

Das *magazino* führt alles, was ein Kuna braucht, aber auch so überflüssige Dinge wie Krawattenspangen, Schuhlöffel, Ärmelschoner. Zu sehen kriegt man die Ware allerdings so selten wie den Kaufmann und die anderen Kunden.

Ich stehe, umgeben von Finsternis, irgendwo im fensterlosen Raum und bestelle ins Ungewisse: „Una cerveza y dos negros."

Ich höre und sehe nichts, bis ich plötzlich eine kalte Dose Bier und zwei Päckchen schwarze Zigaretten in den umhertastenden Händen habe.

„Tres y medio", kommt, geschlechts- und alterslos, eine Stimme aus dem Nichts und das Knipsen einer Taschenlampe. Wird es jetzt hell?

Es erscheint lediglich ein zahltellergroßer Lichtkegel auf dem Ladentisch. Ich zähle die verlangten dreieinhalb Dollar hinein und sehe sie geisterhaft schnell in einer kleinen braunen

Faust verschwinden. Dann ist das Licht wieder aus und auch der kümmerliche Kontakt. Im Geschäftemachen sind die Kuna offenbar Profis.

Das erfährt auch Michael. Wann immer er ein menschliches Motiv entdeckt und auf den Auslöser drücken will, ist die Gelegenheit auch schon vorbei. Die Männer wenden sich ab, die Frauen ziehen die Kopftücher ins Gesicht, die Kinder flüchten.

Fotografieren muß, das haben die Kuna von den Touristen bereits gelernt, etwas sein, ohne das die Fremden nicht leben können. So haben die Kuna aus der Nachstellung mit Kamera und Blitzlicht ein Geschäft gemacht: Du nimmst ein Bild von mir, ich kriege einen Dollar von dir. Wann immer sich ein Kuna als Motiv fühlt, streckt er reflexartig die Hand aus. Auch wir müssen sie überall und jederzeit mit Scheinen bedienen. Und dennoch schafft uns das keinen Kontakt zu den Menschen.

Vielleicht hilft ein Trick?

Ich setze mich mit einem Stück Tau dort an den Strand, wo die Männer an ihren *cayucos*, den segelbewehrten Einbäumen, hantieren. Stundenlang flechte ich Seemannsknoten. Doch die Palsteks, Hahnepoots und Türkischen Bunde sind den Fischern nicht mal einen verstohlenen Seitenblick wert.

Ich präpariere mein Tonband mit indianischen Musikfetzen, mit Tierstimmen und eingestreuten Kuna-Vokabeln. Auf einem Spaziergang spiele ich es beiläufig ab. Wie der Rattenfänger von Hameln sammle ich eine Horde Kinder um mich. Sobald ich aber einen Schritt auf sie zu tue, schreien sie mit ausgestreckten Händen „mani, mani" – das verballhornte englische Wort für Geld – und stieben davon.

Ich postiere mich vor den feilgebotenen Molas und zeichne, um tiefergehende Neugier zu erregen, mit pedantischen Strichen ihre Bildmotive in meinen Notizblock. Alles, was ich provoziere, ist eine Inflation von weiteren Blusenteilen und Dollarforderungen. Einige ältere Frauen halten mich sogar, wie Nachtportiers in einem Amüsierviertel, am Ärmel fest und deklinieren die Mola-Preise – entgegen jeder Händlerpraxis – von unten nach oben.

Es führt, fürchte ich, kein Weg in die Gemeinschaft der Kuna und das Innere ihrer Hütten. Wir kennen nur unsere eigene: vier termitenzerfressene Bambuswände mit einem lecken Schilfdach darüber. Drinnen ein fast zusammenbrechendes Bettgestell. Dafür zahlen wir täglich 20 Dollar, pro Kopf und im voraus. Wir würden, genügsam und billiger, trotz der Sandflöhe am Strand und trotz der Moskitos in der Hängematte zwischen Palmen unter freiem Himmel schlafen, doch man läßt uns nicht. Nachts haben wir auf Anordnung des *congreso*, des Dorfrats, unter Dach und Fach zu sein.

Dabei tun wir nichts, wodurch sich die Kuna behelligt fühlen könnten. Wir benehmen uns stets freundlich und zurückhaltend nach allen Regeln jener natürlichen Höflichkeit, für die Naturvölker allemal ein feines Gespür haben. Unser Wohlverhalten hätte einen Stein rühren können. Aber nicht die Kuna.

Sind diese rätselhaft sturen, unnachgiebig fremdenfeindlichen Menschen, die sich „die Bewahrer von Gottes Erde" nennen und sich gleichwohl auf ihren überbevölkerten Inselchen in die Sünden der Zivilisation schicken, überhaupt noch ein Naturvolk?

Sind die mürrischen Männer in Hemd und Hose, im Alltagshabit des weißen Mannes und mit Schirmmützen aus Plastik auf dem Rundschädel, überhaupt Indianer? Gehören diese kleinwüchsigen Gestalten wirklich jener stolzen Nation an, die für ihr Ebenmaß berühmt ist?

Und schließlich die Frauen, diese grazilen Geschöpfe in ihrem phantastischen Putz, der in ganz Amerika nichts Vergleichbares hat – gehören sie tatsächlich zu den unscheinbaren Männern? Sind sie etwa nur die Lockvögel in einer raffiniert aufgebauten Touristenfalle?

Fragen über Fragen. Die Kuna wissen mittlerweile – so kommt es mir vor – alles über mich. Ich aber bin mit meinem Wissen über sie, mit all den widersprüchlichen und ganz und gar ungesicherten Buchweisheiten, nicht weiter als an jenem Morgen am Flughafen von Panama City, als ich zum erstenmal wirkliche Kuna sah.

Die drei Indianerinnen waren sehr bunt, sehr klein und sehr scheu. Bisher waren sie mir nur in Kodakcolor und auf Glanzpapier begegnet. Gestern noch, im Nationalmuseum der panamaischen Hauptstadt, hatten sie mich aus völkerkundlichen Folianten angeschaut und den Zweifel vertieft, ob es sie wahrhaftig so schön und so natürlich gäbe.

Und nun standen sie leibhaftig am Flugschalter, zum Greifen

nah und doch unnahbar entrückt.

Auf den ersten Blick wirkten sie, als hätten sie sich im Souvenirladen des Hilton Hotels El Panama eingekleidet. Dort staffiert Flory Saltzmann aus Oklahoma – „ich habe 80 000 Molas am Lager und 5000 Kuna-Frauen unter Vertrag" – Legionen vorwiegend amerikanischer Touristen mit den Accessoires der Kuna aus, mit rotgelben Kopftüchern, ornamentierten Arm- und Wadenwickeln, gebrauchten und neuen Molas.

Die drei Mädchen hatten die gleichen, zu wohlfeilen Mitbringseln verkommenen Stücke klassischer Kuna-Kleidung am Leib. Sie zeigten aber auch das Zeugnis ihrer unveräußerlichen Identität. Es ist der unaufdringliche Stolz, mit dem diese Menschen einen goldenen Ring in der Nase tragen.

Was dem Europäer als ein Instrument gilt, das Tanzbären gefügig macht, als Symbol der Unterwerfung, das bewahren die Frauen der Kuna als ein sichtbares Siegel ihrer Kultur, einer unablässig bedrohten, aber beständig verteidigten nationalen Eigenheit. Sie gibt unter allen bis in die Gegenwart erhaltenen Ethnien beider Amerika die meisten Rätsel auf.

Die Kuna hatten das Gold in ihrem Gesicht auch dann nicht abgelegt, als es ihrer Nation zum geschichtlichen Verhängnis wurde. Es kam mit dem ersten spanischen Eindringling über sie, der einem Kuna-Mädchen begegnete und ihm einfach die Nase abschnitt. Wegen des Goldes daran und wegen der eigenartigen Schönheit ihrer Frauen litten die kleinwüchsigen Indianer der Karibik von Stund an fast 500 Jahre lang unter Nachstellungen.

Sie setzten sich zur Wehr gegen die Weißen, mit allen Mitteln der Überlebenskunst und einem Selbsterhaltungstrieb, wie er unter Indianern nicht seinesgleichen hat. Den Regeln des Verteidigungskriegs zum Trotz hielten sie dabei ausgerechnet jene Feldzeichen ihres Nationalstolzes hoch, deretwegen sie verfolgt wurden: den Goldschmuck und die Tugend ihrer Frauen. Sie waren die Symbole ihres unerschütterlichen Glaubens an die eigene Kosmologie. So hartnäckig, wie sich die in die Katakomben geflohenen Christen des alten Rom zum Kreuz bekannten, so unbeirrbar hielten die Kuna noch in äußerster Bedrängnis an ihrer Kultur fest, und die wollte – welch ein Zynismus! – ein Christentum durch das Kreuz ersetzen, dessen Überbringer vorwiegend nach schwerem Gold und leichter Liebe trachteten.

Begonnen hatte es, wie alles Indianerschicksal, mit Christoph Columbus. Der Entdecker war 1503, auf seiner vierten und letzten Reise, die Küsten von Honduras bis Panama entlanggesegelt – des Entdeckens längst müde, aber, von Spaniens Krone unter Druck gesetzt, rastlos auf der Suche nach El Dorado.

Er hat das legendäre Goldland nicht gefunden, jedoch – wie er glaubte – ein Indiz für seine Existenz in der Hand gehalten. In den Gewässern der Moskito-Bucht, dem Einflußgebiet der Chibcha und Maya, brachten ihm seine Landungskommandos goldene Ringe, an blutigen Nasen hängend, als Beweis, daß El Dorado nicht mehr weit sein könnte.

Columbus traf, bei seiner ersten Berührung mit dem mittelamerikanischen Festland, auch auf Indianer ohne verlockenden Schmuck. Er sichtete, wie sein Sohn Fernando berichtet, „außergewöhnlich große Einbaumkanus, die von nackten Männern gerudert wurden. Darin saßen – unter einem baldachinartigen Sonnenschutz – Frauen in wundersam bunten Gewändern, von welchen besonders die prächtigen Blusen auffielen. Gold war daran indessen nicht zu sehen". Die Kunde von den kostbaren Nasenringen und von den prächtig gekleideten Frauen machte dennoch im jungen „Spanisch-Amerika" die Runde. Sie setzte wenig später andere Abenteurer auf die Fährte.

Ob jene Menschen, die es kurz, aber folgenschwer, mit Columbus und seinen Männern zu tun bekamen, zu den Ahnen der Kuna gehörten, ist nicht eindeutig. Gewiß aber waren sie Angehörige des großen Chibchavolks, mit den Kuna über eine karibische Ecke eng verwandt.

Die Chibcha lebten im Gebiet zwischen Nicaragua und Ecuador, gewissermaßen in einer Pufferzone zwischen den Staaten der Maya und der Inka. Sie hatten, mindestens in Teilen, ein ähnlich hohes Kulturniveau wie ihre Nachbarn erreicht und ihre Rolle als interkulturelles Bindeglied wohl nur deswegen verfehlt, weil sie in viele Kleinstaaten aufgesplittert und heillos zerstritten waren. Zumindest in einem wurden sie sogar zu Lehrmeistern der klassischen indianischen Hochkulturen: in der Bearbeitung von Gold.

Die Chibcha legierten als erste in Amerika das Edelmetall mit Kupfer. Sie erfanden den Goldguß in der Tonform. Sie entwikkelten mit Hilfe von Pflanzensäften eine Methode der Vergoldung. Ihre technischen Errungenschaften verbreiteten sich – bis hin zu den Azteken Mexikos – im gesamten Raum des amerikanischen Mittelmeeres. Ihre moderne Technik trat an die Stelle des Steinhammers, mit dem man das Gold zuvor mühsam getrieben hatte.

So waren es nicht die Inka in Peru, sondern die führenden Goldschmiede der Neuen Welt, die Chibcha, bei denen die spanischen Konquistadoren ihren größten Schatz hoben. Sie machten so reiche Beute, daß sie dem Chibcha-Kernland – Kolumbien und Panama – den Namen Castilla del Oro gaben: Goldenes Spanien. Die Zeugen der Chibcha-Kunst in den Museen der Alten Welt übertreffen an Menge und Wert bei weitem die der Inka.

Den Sinn für kunstvoll verarbeitetes Gold hatten auch die Kuna, und sie haben ihn bis heute. Ihre Ahnen, die zur Entdeckerzeit Cueva hießen, siedelten im Herzen des Chibcha-Gebiets, in Darién, einer dichten Urwaldlandschaft, die sich über Nordwestkolumbien und Ostpanama erstreckt. Ob die Cueva ausschließlich zu einem der zahlreichen und zum Teil sehr unterschiedlichen Chibcha-Stämme gehörten oder zu den Karaiben, ist umstritten. Wahrscheinlich waren sie eine aus beiden gemischte Nation.

Die Karaiben oder Kariben waren gegen Ende des 15. Jahrhunderts, zu jener Zeit, als Columbus amerikanischen Boden betrat, ins Land der Chibcha eingewandert. Sie kamen aus Venezuela, ursprünglich aber von viel weiter südlich: aus dem Herzen Brasiliens. Dort leben noch jetzt, im Xingu-Reservat, vier karibisch sprechende Völker.

Die Kariben benutzten, wie die brasilianischen Waldindianer, Blasrohr und Pfeilgift – Waffen, die bei den Chibcha unbekannt waren. Ihre rohen Kriegssitten machten bald von sich reden: Sie waren Kopfjäger und Kannibalen.

Karibe – Kannibale: Das ist, in latino-hispanischer Abwandlung, dasselbe Wort. Karibe nannten die Spanier, nachdem sie mit den echten Trägern dieses Namens Bekanntschaft gemacht hatten, jeden Indianer, der sich ihnen gegenüber feindlich verhielt. Karibe wurde in Spanisch-Amerika zum Standardbegriff für den „bösen" Indianer. Und weil die echten Kariben zu gewissen rituellen Festen das Fleisch ihrer getöteten Feinde aßen, übertrug sich ihr Ruf als Kannibalen auch auf alle anderen „Kariben". Sie wurden als vermeintliche Menschenfresser vernichtet – wie die „Kariben" des amerikanischen Mittelmeeres, der Karibik.

Bei den Indianern stand das Wort Karibe freilich auch für Fremde, denn die aus Brasilien stammenden Kariben waren ein ruheloses Wandervolk, das überall, wo es auftauchte, zunächst einmal „fremd" war. Heute sind es – wenigstens bei den Indianern des Mato Grosso – die fremden Weißen, die man Karibe nennt. Als Michael und ich dort die Xingu-Stämme besuchten, waren wir für sie die *ca-*

Die Kuna-Frauen und der Junge haben eine Ladung Mango-Früchte vom Festland geholt. Mit Ausnahme der Kokosnußpflanzungen findet alle Landwirtschaft auf dem zur Comarca de San Blas, der Kuna-Provinz, gehörenden Kontinentalstreifen statt. Dies war, wie die historische Darstellung aus dem 17. Jahrhundert zeigt, schon immer die traditionelle Wirtschaftsform der Indianer im karibischen Raum: Wohnen in Insellage und Wirtschaften an Land

raiba. So fällt auf den weißen Mann, in einer allerdings viel harmloseren Version, die folgenschwere Begriffsverwirrung zurück, die er vor bald einem halben Jahrtausend angerichtet hat.

Die Sprache der Kuna enthält mehr karibische als Chibcha-Elemente. Ihre kleinwüchsige Gestalt unterscheidet sich von jener der übriggebliebenen Chibcha. Vor allem die Männer ähneln mit ihren runden Köpfen und der kurzgliedrigen, gedrungenen Figur den carib-sprechenden Waldindianern Brasiliens.

So liegt der Schluß nahe, daß ihre Ahnen, die Cueva, zu den eingewanderten Kariben gehörten und sich mit den Chibcha vermischten. Auf jeden Fall nahmen sie deren sehr viel höher stehende Kultur an: vor allem die Verwaltungsordnung, die an die Qualität des Beamtenstaates der Maya erinnert, bei denen die Chibcha in die Schule gegangen waren.

Gemeinsam mit den präkolumbischen Meistern der Goldschmiedekunst haben die Kuna die ritualisierte Bedeutung des Edelmetalls als Frauen- und Hochzeitsschmuck; und sie teilten zur Entdeckerzeit, wenn auch mit anderem Ausgang, das Schicksal der Chibcha.

Das Schicksal erreichte sie im Gefolge eines Mannes, der ausnahmsweise anderes im Sinne hatte als Gold. Er badete als erster Europäer im Pazifik und wurde später zum Nationalhelden Panamas gekürt. Der Balboa, die Währung des Landes, trägt seinen Namen: Vasco Núñez de Balboa.

Nach Castilla del Oro kam dieser Mann illegal im Wäschekorb, als blinder Passagier an Bord eines spanischen Schiffes und schon lange auf der Flucht vor seinen Gläubigern in der alten Heimat. Er machte schnell Karriere und gründete am Golf von Darién die Hafenstadt Santa Maria la Antigua, den späteren Ausgangspunkt aller spanischen Eroberungszüge ins Chibchaland. Von hier brach er auch zu seiner Expedition quer durch den Isthmus von Panama auf, um das legendäre Südmeer zu suchen. Er erblickte – als erster Spanier – den Pazifik am 25. September 1513. Auf seinem Rückmarsch, ein Jahr darauf, richteten Deserteure aus seiner Truppe unter den Chibcha-Stämmen einen Schaden an, der das Verhältnis der Indianer gegenüber allen Fremden bis auf den heutigen Tag prägt.

Für die Cueva, die in den Kuna fortleben, war es die schrecklichste Katastrophe ihrer Geschichte.

Balboa genoß bei den Indianern einen guten Ruf. Er hatte sich ihre Hilfe auf dem Marsch zum Pazifik mit großzügigen Geschenken und diplomatischem Geschick erworben. Er verhielt sich, obgleich keineswegs fromm, wie ein guter Christ. Die Cueva nannten ihn Tiba, den Herrgott der Christen.

Als ihn, den Tiba, sahen die Cueva auch einen gewissen Hauptmann Ayora an. Der kam, von Balboas Truppe desertiert, an der Spitze eines marodierenden Haufens spanischer Söldner – Hilfe und Nahrung suchend – zu den Cueva. Der Dorfkazike tischte dem vermeintlichen Herrgott und seinem Gefolge die gesamte Tagesbeute des Stammes auf: Fisch, Fleisch, Früchte. Die eilends benachrichtigten Kaziken der Nachbarsiedlungen kamen hinzu und brachten Nachschub. Es wurde ein großes Gastmahl, an dem alle Cueva-Häuptlinge teilnahmen.

Als Ayora satt war, verlangte er Gold. Die Kaziken ließen einige Geschmeide bringen. Ayora verlangte mehr. Die Häuptlinge gehorchten nur zögernd, sie spürten die plötzlich veränderte Tonart des Mannes, den sie für den Tiba hielten. Da ließ Ayora von seinen Leuten einen der Kaziken aufs Herdfeuer binden und röstete ihn vor den Augen des Stammes langsam zu Tode. Ayora erpreßte so zwar noch etwas mehr Gold, aber es war ihm nicht genug. In seiner Wahnvorstellung, auf diese Weise einen Riesenschatz zu erzwingen, opferte der Konquistador alle ihm ausgelieferten Kaziken und verbrannte sie – einen nach dem anderen – auf jenem Feuer, auf dem zuvor das Gastmahl zubereitet worden war. Die Cueva, denen das Herdfeuer und die Gastfreundschaft – wie fast allen Naturvölkern – heilig waren, sahen zu. Ihr Geist begriff nicht, was ihm die Sinne signalisierten. In ihrer Seele ging etwas zu Bruch, das jeder Mensch von Geburt an hat, etwas, ohne das er in der Gemeinschaft der Menschen nicht leben kann: Urvertrauen.

Das Augenzeugnis des furchtbaren Massakers verbreitete sich wie ein Lauffeuer unter allen Chibcha-Stämmen. Es fraß sich in die Herzen der Indianer und rührte sie zu Stein, wann immer sie eines Spaniers, eines Christen, eines Weißen, schließlich eines Fremden ansichtig wurden.

Die Cueva verließen ihre Dörfer und zogen sich in den Urwald zurück. Sie schlugen jeden Fremden tot, der sich ihnen – in guter oder böser Absicht – näherte: gnadenlos und unerbittlich. Sie brachen alle Kontakte zur Außenwelt ab, selbst ihre freundschaftlichen und verwandtschaftlichen Bindungen zu anderen Indianerstämmen. Sie versteckten sich meisterhaft in der grünen Hölle und wechselten unverzüglich den Standort, wann immer die Gefahr ihrer Wiederentdeckung bestand.

Die Kuna fanden sozusagen 200 Jahre in der Geschichte der Weißen nicht mehr statt. Doch sie selber hielten das tiefe Trauma von 1514 wach bei den Kindern und Kindeskindern. Diese Wunde konnte zu keiner Zeit heilen. Den unbeugsamen Willen auch der nachfolgenden Generationen zum Überleben vermochte selbst das Elend der unablässigen Flucht nicht zu lokkern.

Die Kuna blieben konsequent. Sie wußten, daß sie ohne ihre Kultur verloren waren. Sie hegten und pflegten sie wie ihren Lebensbaum und errichteten drumherum ein straffes kommunales Verwaltungssystem wie einen Schutzverhau, in dem jeder hängen blieb, egal, ob er nun hinein oder hinaus wollte.

So gerüstet, traten sie erst wieder im 18. Jahrhundert an die Öffentlichkeit. In den spanisch-britischen Kolonialkriegen waren die Engländer mit ihrem Anspruch auf Seemacht vor den Küsten Panamas und Kolumbiens aufgetaucht. Es ging um die Handelswege der Spanier, um ihre Stützpunkte und vor allem um die reichbeladenen Gold- und Silberschiffe aus Castilla del Oro und Peru.

Die Engländer führten mit Hilfe ihrer als Piraten getarnten Seehelden vom Schlage eines Henry Morgan einen maritimen Partisanenkrieg. Sie mußten sich vor der Armada Spaniens verstecken und suchten just jene Schlupfwinkel an den buchten- und inselreichen Küsten auf, wo sich auch die Kuna verborgen hielten. Die hatten keinen Ausweg mehr; sie hatten keine Waffen gegen kanonentragende Schiffe – und schließlich begriffen sie listig die Feindschaft von Weißen gegen Weiße. So kam es zu Begegnungen – und zur Verbündung der Indianer mit den Engländern gegen den gemeinsamen Feind, die Spanier.

Die waren unverändert der Erzfeind der Kuna. Vertieft wurde die Feindschaft noch, weil die katholische Kolonialmacht

„Spanischer Proceß Gold von den Indianern zu bringen" untertitelt der Chronist Las Casas den zeitgenössischen Holzschnitt aus dem 17. Jahrhundert. So ähnlich haben sich, auch bei den Vorfahren der Kuna, die Greueltaten der *conquista* überall in Spanisch-Amerika zugetragen. Doch während die Indianer allerorts dem Ansturm der goldgierigen Weißen erlagen, verschlossen sich die Kuna und flüchteten in den Urwald

jeden Indianer, und sei es gewaltsam, zum Christen taufen wollte. Die Kuna hatten ihre Begegnung mit dem „Herrgott der Christen", dem falschen Tiba, nicht vergessen.

So unterstützten die Kuna heimlich die Engländer und fanden an dieser Art von Geheimdiplomatie allmählich Geschmack. Sie waren auf der richtigen Seite, als die Nationalstaaten Lateinamerikas unter Simón Bolívar Anfang des 19. Jahrhunderts zu entstehen begannen und das Joch der Spanier abzuschütteln versuchten. Sie paktierten um die Jahrhundertwende umsichtig und schlau mal mit Kolumbien, das Panama nicht in die Selbständigkeit entlassen wollte, und mal mit den US-Amerikanern, die – wegen des beabsichtigten Kanalbaues – ein freies und zugleich von ihnen wirtschaftlich abhängiges Panama wollten. Als die junge Republik 1903 diesen Status erreicht hatte, machten die Kuna, die auf panamaischem Territorium lebten, unter der Bedingung ihren Frieden mit ihr, daß man sie in ihrem Wohngebiet zwischen Darién und San Blas in Ruhe lasse.

„Laßt uns in Ruhe" – das war das Motto, unter dem die jahrhundertelange Überlebenspolitik der Kuna gestanden hatte, und das ist auch heute noch der Wunsch jedes Kuna, auch jener Stammesangehörigen, die wir hier und da in Panamas Hauptstadt antrafen.

Sie arbeiten, erkennbar nur durch ihre kurze Gestalt in viel zu großen Dienstanzügen, als Leinenfestmacher in der Kanalzone, als Gepäckträger in den Touristenhotels, als Gehsteigkehrer vor Hochhäusern im Lohn der Geldinstitute und Konzerne. Sie kratzen für Hungerlöhne das Gold zusammen, das ihre Frauen daheim in der Nase tragen sollen.

Michael und ich haben oft versucht, einen dieser unauffälligen Indianer ins Gespräch zu ziehen. Doch wir prallten stets auf rücklings abgekehrte Overalls, rannten gegen flugs aufgebaute Gepäckstücke, mußten unsere Beine vor geschwungenen Besen in Sicherheit bringen. Die Kuna verweigerten sich jedem Kontakt.

Zwei dieser Männer waren unter dem Dutzend Flugtouristen, die wie wir am Flughafen von Panama City auf die Maschine nach El Porvenir warteten. Sie trugen Blue Jeans, schreiend bunte Hemden über der Hose, Schirmmützen mit dem Aufdruck „Panatex" und zum Bersten gefüllte Plastiktüten. Obwohl sie mitten in der Menschengruppe standen, schienen sie doch um Welten von ihr entfernt. Sogar mit ihren Landsleuten, den drei Kuna-Frauen, die Nasenringe trugen und scheu und bunt abseits warteten, wechselten sie weder Gruß noch Blick.

Was waren das für Menschen? Hatte man jemals in beiden Amerika Indianer gesehen, die sich so nahtlos in die Gesellschaft des weißen Mannes fügten und ihr doch so fern blieben wie Besucher von einem anderen Stern? Sie redeten nicht, sie rauchten nicht, sie tranken nicht. Sie taten nichts von dem, was so viele ihrer roten Brüder in Manaus, Mexiko City, Miami, Montreal zu haltlosen Säufern oder hilflosen Personen abstempelt.

Die Kuna leben zwar mit der Zivilisation des Staates Panama,

Ein toter Kuna-Häuptling auf seiner Flußreise ins Jenseits: Er sitzt aufrecht im ersten Boot, eskortiert von zwei weiteren *cayucos*, und wird den *Oloubigundihual*, die „Mutter aller Flüsse", hinuntergeschifft. Am Ufer stehen, mit Federhauben, alle Schutzgeister Spalier, die den Verstorbenen auch bei Lebzeiten begleitet haben. Daß ein Stammesgroßer vorüberfährt, zeigen die beiden goldenen Adler oberhalb des ersten Kanus an: Sie sind das Symbol der Häuptlingswürde

doch sie mißtrauen dieser unsteten und krisengeschüttelten Republik, diesem Durchgangsland Amerikas, dessen Menschen entweder angepaßte Indianer sind oder viele, viel zu viele Fremde oder traditionell an der spanischen Herkunft haftende Panamaer. Ihnen allen gilt noch stets der wache Argwohn der Kuna.

Nun, am Flughafen, war es ausgerechnet ein Nachfahre der katholischen Kolonisatoren, der sich als erster und als erstes für das Nasengold der drei Kuna-Frauen interessierte.

„Stecken sich die Indianer den Ehering an die Nase statt an den Finger?" wollte unser Nachbar wissen, und: „Wieviel Karat mag das Gold wohl haben?"

Der hellhäutige Panamaer hieß Antonio Pavo, war Regierungsbeamter und empfahl sich uns mit dem Hinweis, er besitze eine Freundin in Hannover und gute Landeskenntnisse.

„Allerdings", so gestand er, „war ich noch nie in der Comarca San Blas. Auch wir dürfen nicht ohne weiteres ins Indianergebiet."

Ohne weiteres durfte man nur nach El Porvenir. Die westlichste unter den bewohnten Inseln des Archipels San Blas an Panamas Atlantikküste ist einer der wenigen Orte, von denen aus Fremde einen flüchtigen Einblick in die Eigenheiten der Kuna nehmen können. Die meisten anderen Inseln sind nach dem Willen ihrer Kaziken für Nicht-Kuna gesperrt oder nur für einige Stunden am Tage zu besichtigen. Über Nacht will man dort keine Fremden haben. Touristen mit längerem Aufenthalt sind nur auf El Porvenir und ihrer Nachbarinsel Nalunega geduldet.

Dort, in dem für ihn exotischen Teil seines Landes, wollte Antonio Pavo Urlaub machen – wie das Dutzend der anderen, überwiegend nordamerikanischen Fluggäste. Einem Lateinamerikaner wie Antonio war nachzusehen, daß ihn bei Frauen zuerst deren Familienstand und bei Gold zunächst dessen Feinheit interessiert. Doch sollte ein panamaischer Beamter nicht wenigstens die Tabus kennen, wegen deren Respektierung sich die Kuna von seinesgleichen und anderen Fremden isoliert halten?

Wir flogen in 3000 Metern Höhe nordostwärts über die Landenge von Panama. Unter uns sollte eigentlich dichter Urwald sein. Seine hundert Kilometer zu durchkämpfen hatte den Pazifik-Entdecker Balboa fast fünfhundert Jahre zuvor ganze 25 Tage gekostet. Doch wo sich einst der zwar kleinste, aber dichteste und vielfältigste Regenwald Amerikas ausgebreitet hatte, lugte jetzt löchriger Kahlschlag aus der grünen Fläche. Hügelkuppen sahen aus wie nackte Steine, die Moos angesetzt hatten. Sie waren mit weißen Körperchen gesprenkelt, als hätte jemand eine Handvoll Reiskörner darüber ausgestreut.

„Zebu-Rinder", sagte Antonio, der Regierungsbeamte, stolz: „Vor drei Jahren waren sie noch nicht da."

Panama, das wohlhabendste unter den mittelamerikanischen Ländern und fortschrittsbesessen wie sie alle, will mehr Unabhängigkeit in der Versorgung. Außerdem hat der Kanalstaat gute Gründe, seinen windigen, einseitigen Geschäften mit der internationalen Schiffahrt, mit der weltweit verliehenen billigen Flagge und dem steuerbegünstigten Heimatrecht, ein wirtschaftliches Standbein hinzuzufügen. Das Land braucht etwas Konkretes, das dem Volk den eher abstrakten Wohlstand beruhigend vor Augen führt. Die Studentenrevolten der sechziger Jahre sind noch nicht vergessen, bei denen es um Unabhängigkeit von den Nordamerikanern und um Bodenreformen ging.

So hatte man damit begonnen, den Urwald auf den weniger sumpfigen Höhen abzuholzen und Weiden für die Viehwirtschaft anzulegen. Schon die ersten Rodungen reichten über die Serrania de San Blas, das gebirgige Rückgrat des Isthmus, hinweg bis zu den Waldhängen der Atlantikküste. Das ist bereits Kuna-Land.

Die Indianer betrachten die Entwicklung mit tiefem Argwohn. Eine von spätem Pioniergeist beflügelte Siedlerpolitik birgt für sie abermals das Gespenst des Kolonialismus. Womöglich eine Neuauflage der historischen Nachstellung?

Erst kamen die Rodungstrupps, dann die *haciendas*, dann die Straßen, auf denen der Verkehr rollte und Fremde anrückten. Drohte den Kuna nun der Verlust der Selbstverwaltung, der eigenständigen Kultur? Das endgültige Aus für den mühsam errungenen Kuna-Staat?

Die Comarca de San Blas, das Indianergebiet, war in der Tat so etwas wie ein Staat im Staate. Weder Reservat noch Provinz im eigentlichen Sinne, war der schmale Festlandstreifen an Panamas Nordküste samt der Hunderte von vorgelagerten Inselchen ein den Kuna vertraglich zugesichertes Territorium mit – wenn auch eingeschränkten – hoheitsstaatlichen Rechten: ertrotzt und erlistet in einem jahrzehntelangen Ringen mit der Regierung, bei dem die Kuna alle Kriegs- und Winkelzüge ihrer jahrhundertealten Guerillavergangenheit einsetzten – einschließlich des diplomatischen Drucks der von ihnen mobilisierten US Navy.

Das war 1925 gewesen. Panama war damals wieder einmal im Rausch der nationalen Einheitsbewegung. Ihr stand der eigenbrödlerische Separatismus der Kuna im Wege. Kurzerhand, gleichsam über Nacht, richtete die Regierung überall in der San-Blas-Region Handelsstationen nach dem Muster der Hudson's Bay Company ein. Die Kuna reagierten, wie es sonst nicht ihre Art war: Sie riefen die Revolution aus und warfen die Panamaer mit Waffengewalt von ihren Inseln. Panama City entsandte Miliz zur Strafexpedition. Ehe die Truppen anrückten, erklärten sich die Kuna zur „Republik Tule" – nach einem alten Eigennamen, der „Söhne Gottes" bedeutet.

Als nunmehr „selbständiger Staat" baten sie die in der Kanalzone stationierte amerikanische Marine um Hilfe. Washington paßte der panamaische Nationalismus, der gleichzeitig auch eine Anti-Yankee-Bewegung war, keineswegs in seine hegemoniale Kanalpolitik. Die Navy bekam grünes Licht, und es erschien – abermals über Nacht – auf der Reede von San Blas ein US-Kriegsschiff. Da bot der Staat Panama den Kuna einen dauerhaften Vertrag an unter der Bedingung, daß sie die Flagge der „Republik Tule" wieder einzögen: das Tuch mit dem altindianischen Hakenkreuz. Es hatte nur 24 Stunden geweht, aber den Kuna den Sieg der inneren Selbständigkeit gebracht. Den wollten sie nie wieder hergeben.

Wir flogen über Indianerland. In dem flachen, waldreichen Küstenstreifen zeichneten sich hier und da kultivierte Areale ab: Bananenplantagen – freilich nicht nach Art der panamaischen *haciendas* aus dem Dschungel gezirkelt, sondern lediglich durch ihren regelmäßigen Baumbestand gekennzeichnet. Bald schimmerten Wasserläufe durch das Dach des Regenwaldes. Und schließlich konnten wir kreisförmige Rodungen mit Schilfdächern erkennen: die Friedhöfe der Kuna.

Ihr Festlandsbesitz dient den Kuna als Ressource. Hier sammeln und pflanzen sie die Früchte, hier jagen sie und stellen Fallen, von hier holen sie Trinkwasser, Feuer- und Bauholz, und nur hier ist am Ende noch Platz für die Toten, denn die Inseln sind so dicht besiedelt, daß nur für die Lebenden Raum ist.

Als die Inseln in Sicht kamen, zeigten die mitfliegenden Kuna erstmals etwas Bewegung. Sie beugten sich zum Fenster, zeigten nach unten und redeten miteinander leise und schnell in ihrer modulationsarmen Sprache.

Die Eilande sind rund. Kokospalmen beschatten sie vor der senkrecht herabstrahlenden Sonne. Sie liegen schwarz im Zentrum ihrer türkisfarbenen Korallenschelfe wie die Pupille in der Iris. Ihr Anblick weckt Assoziationen von einsamer Südseeromantik – wären nicht die bis über die Strände hinausgestaffelten Dächer. Es hat den Anschein, als würden sich die Bewohner gegenseitig ins Meer stoßen.

Hier wollten Antonio Pavo und das Dutzend anderer Touristen Urlaub machen, Robinson spielen, Abenteuer erleben?

Antonio und ein massiger Texaner samt zwei Mädchen, die sich mit Blumen im Haar augenscheinlich auf Hula-Ferien eingerichtet hatten, kamen mit uns auf die Insel Nalunega. Als sie erkannten, daß die hübschen, auf Stegen weit ins Wasser hinausgebauten Häuschen die Plumpsklos der Kuna sind und die malerischen Strände von deren Funktion nicht unberührt, reisten die Amerikaner nach wenigen Tagen ungeduldigen Herumliegens in der Hängematte enttäuscht wieder ab.

Antonio bestellte sich eines Tages aus Panama City ein Lufttaxi, um „die Insel von oben zu betrachten". In Wahrheit hatte auch er die Nase voll. Er kam nicht wieder.

Allein Michael und ich sind geblieben. Da sitzen wir nun schon zwei Wochen auf Nalunega, denken über die ganz und gar unzugänglichen Kuna nach und versuchen ihre Eigenheit vor dem Hintergrund ihrer Vergangenheit zu verstehen. Nach allem, was sie mitgemacht haben, darf ihre Fremdenfeindlichkeit niemanden wundern.

Das tapfere kleine Volk hat unsere Sympathie, wäre da nicht diese rüde Geldgier, die nicht zu den sanften Frauen und den zurückhaltenden Männern zu passen scheint. Dieses Verhältnis zum Tourismus wirkt paradox, ist es doch vielmehr eine Methode zur Verhinderung von Fremdenverkehr. Warum öffnen die Kuna den Feriengästen einige ihrer Inseln und schröpfen sie dann so schamlos, bis die Fremden die Flucht ergreifen?

Unsere Ratlosigkeit, der wir nicht durch vorzeitige Abreise nachgeben wie die anderen, hat den Kuna anscheinend zu denken gegeben und eine Reaktion ausgelöst.

Eines sehr frühen Morgens erscheint der Unterkazike Luis, unser bisher weitgehend unsichtbar gebliebener Gastgeber, in seiner Fremdenhütte, die unser Gästezimmer ist.

„Ich fahre mit dem *cayuco* nach Cartí hinüber", sagt er beiläufig und sieht auf unsere auf den Betten verstreuten Sachen, als wären wir eben erst angekommen. Ob wir mitfahren wollen, fragt er nicht. Das ist auch nicht nötig. Wir haben das überraschende Gambit, das Eröffnungsangebot von Beziehungen, verstanden.

Als wir mit Luis im Kanu sitzen, einem Einbaum mit Außenbordmotor, kann ich das Glück kaum fassen. Michael hantiert an seinen Kameras wie ein Kind, das nach langem Stubenarrest wieder spielen darf. Und die Wunder sollen an diesem Tag nicht mehr aufhören.

Luis fährt in einem schneidigen Bogen aus dem Karree der Plumpsklos auf die See hinaus. Von hier draußen wirkt Nalunega wieder wie ein Paradies. Am Strand stehen ein paar Frauen und Kinder. Eines von ihnen hebt – träume ich? – den Arm und winkt hinter uns her.

Wir passieren eine Gruppe winziger Inseln, kaum dorfteichgroß, auf denen Kokospalmen stehen und je ein, zwei Hütten. Dies sind die Holandesas, Eilande, die, zu klein für eine Dorfgemeinschaft, den Kuna im westlichen Drittel des Archipels San Blas zur Kokosproduktion dienen. Die Nüsse, das wichtigste Exportgut der Kuna außer den Molas, werden nach Kolumbien verkauft, wohin aus alter Verbundenheit gute Handelsbeziehungen bestehen. Denn Panama hat an der Frucht kein Interesse.

Einmal wöchentlich kommt aus Titumate im Golf von Darién, von dort also, wo einst Balboa seine für die Kuna schicksalhafte Pazifik-Expedition ausrüstete, ein kolumbianischer Motorkutter und sammelt von Insel zu Insel die Kokosnüsse ein. Daß seine Besatzung auch Rum in die Siedlungen schmuggelt, die nach dem Willen der *congresos*, der Inselräte, von harten Getränken verschont bleiben sollen, versuchen die Kaziken strikt zu unterbinden. Doch die schwarzen Schafe in den Gemeinden, die heimlich harte Sachen trinken, werden mehr. Für manche Männer, die schon einmal in der Hauptstadt oder in der Kanalzone gearbeitet haben, bietet das Inselleben zu wenig Abwechslung.

Auf einer der Kokosinseln entdecken wir ein *cayuco* am Strand und ein paar Menschen. Es ist eine Familie, die vom *congreso* für die Wochenschicht des Wachdienstes eingeteilt wurde: eine Maßnahme, die jeder Dorfrat für seine Kokosgründe ergreifen mußte, weil seit einigen Jahren gestohlen wird. Kuna stehlen von Kuna Kokosnüsse – beginnt die zum Schutz ihrer

Schildbagger treiben, mitten durch Panamas Urwald, Stück für Stück die Straßentrasse voran, die das Kuna-Land bald mit der Hauptstadt verbinden wird. Luis Morales, der Unterkazike von Nalunega, sieht die Entwicklung mit Argwohn: Über die Straße werden noch mehr Fremde kommen, und sie eröffnet auch jenen Indianern, die des isolierten Insellebens müde sind, eine Fluchtmöglichkeit zu Lande. Doch die Kuna sind selbst schuld, denn zwei ihrer drei Oberkaziken haben sich für die Straße entschieden und der Regierung freie Hand gegeben

Kultur seit Jahrhunderten festgefügte Volksgemeinschaft zu bröckeln?

Michael bittet Luis, zu der Familie hinüberzufahren. Es sind Mann, Frau, zwei Töchter von 15 und 13 Jahren und ein Säugling. Sie wohnen in der Wachhütte und haben – für nur diese eine Woche – ihren gesamten Hausstand mit. Ist auch der daheim nicht sicher?

Für das Familienfoto holt die Frau ihren Brautschmuck hervor. Den hat sie immer bei sich: handtellergroße Ohrgehänge und vielteilige Brustkolliers, alles aus gestanztem und graviertem Gold. Ein solches Ensemble kostet 300 Dollar. Die Kuna machen es längt nicht mehr selber. Ihre auf dem Festland arbeitenden Männer bringen ihre Gepäckträgerlöhne dafür zu panamaischen und kolumbianischen Goldschmieden, die sich auf die Herstellung solchen Gerätes für ihre Kuna-Stammkundschaft spezialisiert haben. Den Kuna freilich bedeutet das Gold mehr als nur Schmuck. Es ist ihr vor Geldverfall sicherer, mobiler Hausschatz.

Für das Familienfoto ist freilich auch jetzt zu zahlen. Ich zähle der Frau vier Dollar in die Hand. Sie ist nicht zufrieden und zeigt auf den Säugling in ihrem Arm: fünf Dollar.

Mein seit heute morgen freundlicheres Kuna-Bild nimmt erneut Schaden. Lassen diese Leute keine Gelegenheit der Beutelschneiderei aus? Wo haben wir schon mal so dickfellige Habgier erlebt? Die Frau setzt das Baby in den Sand und stopft sich gleichmütig eine Pfeife.

Und dann geschieht etwas, das alle meine Erfahrungen über den raffigen Geschäftssinn der Kuna auf den Kopf stellt. Es ist nur eine beiläufige Geste: Die Mutter drückt dem Kind die zusammengeknüllten fünf Dollarscheine in die Faust und geht hinüber in die Kochhütte. Die anderen Familienmitglieder wenden sich wieder ihren Beschäftigungen zu. Keiner nimmt mehr von uns und unseren Dollar Notiz. Unter unseren Augen beginnt der Säugling, die Banknoten in kleine Fetzen zu zerreißen. Er steckt sie sich in den Mund und spuckt sie schließlich angewidert in den Sand.

Ich schaue auf das bespeichelte Papier, auf das spielende Kind – und begreife. Geld ist für die Kuna unwichtig. Nur: Sie geben nichts mehr umsonst, das man von ihnen haben will. Dies ist die Lehre von 1514, als sie Fremden freiwillig gaben, was jene um jeden Preis haben wollten: Gold. Die Fremden haben dafür gemordet und die Gastfreundschaft geschändet. Sie haben die Seelen der Indianer vergiftet und sie damit aus dem Paradies vertrieben: Aus ihrem heilen Weltbild von der Güte der Schöpfung und ihres edelsten Werks, des Menschen. Auch dies haben die Kuna nicht vergessen.

Die nächste Offenbarung kann ich von nun an mit anderen Augen sehen. Sie ereignet sich auf der Insel Cartí.

Da ankert die „Northwind", ein weißes Fahrgastschiff unter panamaischer Flagge, mit 600 Mann italienisch-portugiesischer Besatzung und mehr als 1000 Passagieren aus den USA. Der Musikdampfer ist auf Karibikkreuzfahrt, und die Kuna-Insel gehört zum Programm.

Den Rumpf des Riesen umlagern Hunderte von *cayucos*. Aus ihnen springen unablässig Jungen und Männer ins Wasser. Sie tauchen nach Münzen, die von den Decks herabregnen, von wo sich rotgebrannte weiße Gesichter über die Reling beugen.

Wir bahnen uns einen Weg durch die Kanuflotte, im Kielwasser der Motorbarkassen, auf denen fluchende Matrosen die Passagiere im vorsichtigen Zickzack-Kurs zur Insel hinübersteuern. Dort schiebt sich die Woge der Besucher mit kaum bedeckter, schwitzender, sonnengereizter Haut durch die Hüttengassen, vorüber an tausend Meter Wäscheleine mit Hunderten von Molas. Darunter kauern, Kopf und Körper von Tüchern verhüllt, die Kuna-Frauen. Sie kriechen förmlich in sich hinein, um sich vor den unausgesetzt auf sie zielenden Kameras möglichst klein und unscheinbar zu machen.

Nach zwei Stunden ist der Ansturm vorüber. Der Dampfer hievt seine Touristenfracht wieder an Bord. Auf der Insel bleiben Spuren zurück: Kleenextücher und Kodakschachteln.

Und die Kuna?

Sie schälen sich aus ihren Umhüllungen und räumen die Molas ab. Sie zählen ungerührt das eingenommene Geld und tun es in eine Schachtel. Sie fegen die Dorfstraße und wenden sich wieder ihrem Alltag zu: Molas nähen. Für die nächste Touristenflut in ein paar Wochen. Sie wird an ihnen genauso spurlos ablaufen.

Luis hat unsere Reaktion auf den touristischen Massenangriff belustigt, aber nicht ohne Wohlwollen registriert. Der Mann mit dem Adlergesicht, dem nicht das geringste verborgen bleibt, wird langsam zugänglicher. Gewiß: Er hält eine Barriere aufrecht zwischen sich und uns; für Luis sind und bleiben wir Fremde. Aber er wird nuanciert freundlicher und honoriert damit unsere unablässige Mühe, ihn und sein Volk zu begreifen.

Einer, der es vermocht hat, die Eigenheit seines Volkes auch der Regierung von Panama verständlicher zu machen, ist Eligio Alvarado. Mit ihm macht uns Luis ein paar Tage später bekannt. Eligio ist der Intendente der Comarca de San Blas, gleichsam ihr Gouverneur. Wir verstehen: Luis hat sich jetzt mit uns bis zur Grenze seiner Kompetenz als Unterkazike eines Inseldorfes eingelassen. Wenn wir mehr wollen, muß ein Größerer her.

Der Intendente, ein Kuna von Anfang dreißig, hat Jura studiert. Er ist der erste Indianer auf dem Gouverneursstuhl. Es ist ein Schleudersitz, denn der Intendente muß den nicht immer einheitlich gefaßten Beschlüssen seines Volkes entgegenkommen und zugleich den oft zuwiderlaufenden Vorstellungen der panamaischen Regierung, die ihn eingesetzt hat und bezahlt.

Er erläutert uns in seinem Dienstzimmer auf El Porvenir – er hat fast auf jeder größeren Insel ein Büro – die Verwaltungsstruktur der Comarca. Sie besteht aus 48 Inselgemeinden und sechs auf dem Festland. Sie ist unterteilt in drei Distrikte mit je einem Oberkaziken. Sie werden von den *sahilas*, den Gemeindechefs, gewählt, wie diese von den Männern des Dorfes. Oberkaziken und *sahilas* amtieren lebenslang, können aber mit guten Gründen abgewählt werden. Die Exekutive verkörpern die *sualibed*, freiwillige Polizisten, deren Autorität man an ihren Holzstöcken mit geschnitzter Krücke erkennt. Sie sorgen auch auf den religiösen Zusammenkünften für Ordnung.

Welche Religion?

„Unsere eigene", lächelt der Intendente, „die paar katholischen und protestantischen Missionen auf den Inseln müssen für sich selbst sorgen."

Er läßt keinen Zweifel daran, daß er die humanitäre Arbeit der Missionen schätzt, ihrem Christentum hingegen bei den Kuna keine großen Chancen voraussagt. Er ist – als Absolvent einer katholischen Universität – zwar auch Katholik, aber kein praktizierender. Und er räumt ein, daß die ursprüngliche Naturreligion der Kuna mit dem Christentum längst „legiert" worden ist. Er sagt wahrhaftig „alear" – als fielen ihm dabei seine Vorfahren ein, die als erste Gold mit Kupfer legierten.

„Die Kultur der Kuna", sage ich und denke an den Rumschmuggel und den Diebstahl, „ist mit der westlichen Zivilisation zwar noch nicht legiert. Aber sie zeigt starke Schäden." Der Intendente nickt und dik-

Der Karibik-Kreuzfahrer „Northwind" hat, mit 1000 US-Passagieren an Bord, vor der Cartí-Insel Tupile geankert und bootet die Landgänger aus. Die Kuna geben in ihren den Schiffsriesen umlagernden Kanus eine makabre Vorstellung aus vergangenen Kolonialtagen. Sie tauchen nach Geldmünzen, die an Bord gebliebene Touristen über die Reling werfen. Es sind die Männer, die sich aus Neid über ihre an Land Geschäfte machenden Frauen für den Spendensport hergeben

tiert seinem Sekretär, auch er ein Kuna, ein formelles Schreiben, das er schwungvoll unterzeichnet.

„Ein Visum für Tigre", sagt er und reicht es uns. „Auf diese Insel lassen die *sahilas* keine Fremden. Dort werden Sie auch keinen Schaden finden."

Ein Visum. So strikt waltet die Bürokratie der Kuna. Wir fliegen mit einem Lufttaxi etwa eine Stunde südostwärts, über Hunderte kleiner und großer Inseln. Sie liegen fast alle auf Korallenriffen und waren für große Segelschiffe nicht zugänglich. Ein idealer Unterschlupf für Piraten, und eben für die Kuna.

Die Kuna-Kinder lernen, wie dieses zwölfjährige Mädchen, mit großem Eifer lesen und schreiben. Die Schulen sind vom panamaischen Staat eingerichtet und – trotz aller Eigenständigkeit der Indianer – zur Pflicht gemacht worden. Die Kuna haben freilich durchgesetzt, daß ihre eigenen Lehrer unterrichten dürfen – nicht nur Spanisch, sondern auch die Kuna-Sprache

Tigre sieht aus der Luft enttäuschend aus. Die Kokoshaine sind abgeholzt, statt dessen kreuzen sich auf der Insel zwei betonierte Landebahnen.

Unser Visum vom Intendente macht Eindruck. Doch vom *sahila* oder von einem seiner sechs Unterhäuptlinge werden wir nicht empfangen, sondern vom *líder juventud*, dem Leiter der Inseljugend. Er heißt Erasmo Nauas, spricht fließend spanisch und würde sehr gern, wie er gleich gesteht, bei Fidel Castro in Cuba studieren, um Lehrer zu werden. Bei Deutschland fällt ihm „Carlos" Marx ein. Und Ulbricht. Sanft weisen wir ihn darauf hin, daß Señor Ulbricht tot ist und wir aus der Republica Federal kommen. Er ist etwas enttäuscht und fragt, warum wir mit den Yankees paktieren.

Dann zeigt er uns die modernen Errungenschaften der Insel: die Schule, deren Besuch Pflicht ist; den Wasserturm, ein Geschenk der Regierung; den Generator, der bis zehn Uhr abends die Insel mit elektrischem Licht versorgt.

Das Verhalten von Erasmo und seinen jugendlichen Freunden beweist uns, daß nicht alle Kuna angesichts von Fremden auf Tauchstation gehen, quasi in die innere Emigration. Diese jungen Leute sind geradezu begierig auf Neuigkeiten von der Außenwelt, freimütig und aufgeschlossen. Dem gewohnten, geldheischenden Gebaren begegnen wir hier nicht. Michael kann ungehindert fotografieren und wird allenfalls dadurch gestört, daß zu viele Leute aufs Bild wollen.

Abends um acht ist *congreso*. Uns wird eine Einladung überbracht. Sie läßt keinen Zweifel daran, daß unser Erscheinen als

Pflicht angesehen wird, so wie für alle Männer und Frauen der Insel. Jeden Abend tagt der Dorfrat, bis tief in die Nacht.

In der großen Versammlungshütte sitzen die Menschen wie in einem Auditorium. In der Mitte sind vier Hängematten parallel zueinander aufgespannt. Darin liegen jeweils der *1. sahila*, Ceferino Villaláz, und drei seiner Unterhäuptlinge. Sie pendeln sanft hin und her. In regelmäßigen Abständen dringen Wolken von Pfeifenrauch aus den Matten.

Über der Szene, an einem Balkengerüst, hängt ein Transparent mit der spanischen Aufschrift: „Wir respektieren und bewundern die großen Kulturen und hoffen, daß man auch unserem Volk Würde und Menschlichkeit zuerkennt." Es ist ein Ausspruch des berühmten *sahila* Nele Kantule, dessen Foto – schwarzer Anzug mit Krawatte und Hut – daneben hängt.

Ich habe vom *congreso* ein düster-ernstes Zeremoniell erwartet, wie es zu den Männern paßt, denen ich unter den Kuna bisher begegnet bin. Doch die Atmosphäre ist heiter und zwanglos. Die Leute schwatzen und lachen, wenn auch gedämpft, und einige Frauen nähen ungerührt an ihren Molas. Von den Kindern, die zwischen den Bänken spielen, nimmt niemand Notiz.

Der Kongreß beginnt mit einem Ritual. Die *sahilas* rufen in einem monotonen, liturgischen Altmännergesang Ibeorgun an, den Propheten der Kuna, der zur Rechten ihres Obergottes Olokupinele sitzt und so etwas wie ihr Jesus ist. Er wird auf Tigre besonders verehrt. Die *sahilas* bitten um Erleuchtung für diese Versammlung.

Sie, der eigentliche *congreso*, wird mit der Einteilung der kommunalen Gemeinschaftsarbeiten für den nächsten Tag fortgeführt. Die sechs stellvertretenden Chefs setzen dem Volk abwechselnd in langen Erklärungen auseinander, warum Gabriel den Strand säubern muß und Felipe die Landebahnen. Schließlich geht es um ein Großvorhaben. Die Dächer von fünf neuen Häusern müssen gedeckt werden. Alle Männer des Dorfes sollen dabei helfen, und die Frauen der Hausbesitzer sollen den Helfern dafür freie Kost zubereiten. So kann die Dachdekkerei an einem einzigen Tag geschafft werden. Eile ist geboten, denn es ist Regenzeit.

Dann sind Michael und ich, nach einer Vorrede des *líder juventud*, an der Reihe, vorzutragen, was wir hier wollen. Wir müssen uns in der Mitte – in respektvoller Entfernung von den Hängematten – postieren und Pausen einlegen, damit Erasmo in die Kuna-Sprache übersetzen kann. Michael redet als erster. Unterdessen kann ich ungestört den *1. sahila* in seiner Matte betrachten. Er hat die Augen geschlossen, die Pfeife ist ihm aus dem Mund gerutscht. Er scheint zu schlafen.

Michael schließt seinen Vortrag mit einem Witz auf meinen Bart. Die Leute lachen befreit. Wir werden von der Versammlung verabschiedet, ohne daß ich reden muß.

Später erfahren wir von Erasmo, daß der Kongreß mit einem Gerichtsteil abschloß, an dem man uns nicht teilhaben lassen wollte. Ein Mann klagte seine Ehefrau an, und sie wurde zu 150 Dollar Strafe verurteilt, weil sie einen Verwandtenbesuch in Panama City um drei Tage überzogen hatte. Ihr Visum, für die Aus- und Einreise ausgefertigt von Tigres *3. sahila*, war abgelaufen.

„Schneidet sich der Ehemann nicht in den eigenen Finger?" frage ich Erasmo. „Schließlich ist es ja auch sein Geld."

„Nein", sagt Erasmo, „bei uns verwalten die Frauen das Geld."

Die Kuna leben im Matriarchat. Der Ehemann zieht in die Hütte der Frau und lebt im Einflußbereich der Schwiegereltern. Das Familienvermögen, besonders der Erlös aus dem Mola-Verkauf, liegt in den Schatullen von Frau und Schwiegermutter. Da kann es passieren, daß ein Ehemann nicht ungern gegen den Frauenklan angeht.

Das unerlaubte Fernbleiben jener Frau ist kein Einzelfall. Immer mehr Kuna, so hat uns der Intendente geklagt, reisen aufs Festland und kehren, trotz limitiertem Aufenthalt, nicht zurück.

Diese Freiheit haben sich einige Männer immer schon herausgenommen. Aber neuerdings sind es auch Jugendliche und Frauen, denen das minutiös vorgeschriebene Leben auf den Inseln zu eintönig wird. Dabei ist es weniger die Attraktion der Großstadt, der die Kuna erliegen, als vielmehr eine naive, lange unterdrückte Neugier, was „draußen" vorgeht.

Jahrhundertelang hat die drakonisch gefügte Ordnung der Kuna ihren Sinn als Kulturkorsett erfüllt. Heute, da die Welt kleiner geworden ist und auch an den Freiraum der Indianer heranrückt, verfällt das starre Verwaltungsprinzip der Kuna von innen. Doch statt behutsam Reformen zu versuchen, schnüren die konservativen Kaziken das Korsett noch enger. So wird System zum Feind des Systems.

Junge Leute wie Erasmo haben schon jetzt das Gefühl, darin nicht mehr genügend Bewegungsraum zu bekommen. Eines Tages werden sie ihre Wißbegierde nicht mehr nur durch Fragen an flüchtige Besucher stillen. Sie werden hinausgehen, um selber zu erleben. Sollte der politisch motivierte Jugendführer jemals nach Cuba gelangen – ich bin nicht sicher, ob er nach Tigre zurückkehrt.

Wir kehren nach drei Tagen auf Tigre zu unserer Insel Nalunega zurück. Grizelda, die Haushälterin, tischt statt Fisch ein Steak auf. Es ist lederzäh, aber wir betrachten es als eine Andeutung von Wiedersehensfreude. Die letzte Nacht in der Hängematte verbringe ich draußen, und niemand hindert mich mehr daran.

Die Nacht ist lau und sternenklar. Das Meer plätschert leise an den Strand, die Palmwedel flüstern in der schwachen Brise. Hin und wieder rascheln die Kokosratten im Schilfdach. Es ist wie am ersten Tag. Nur weiß ich jetzt sicher, daß ich nicht in einem Paradies bin.

Zwar, die Kuna haben es geschafft. Sie haben überlebt und ihre Kosmologie in die Neuzeit gerettet. Doch sie haben neue Feinde – sich selbst.

Zum Abschied schenkt mir Luis eine Mola. Es ist die mit den Vögeln unter der Glocke. Ich brauche sie nicht mehr, nicht als Mahnung und nicht als Andenken.

Aber vielleicht, eines nicht so fernen Tages, meine Kinder.

Der Kampf um das Kuna-Land ist ohne Beispiel

Unter dem altindianischen Hakenkreuz riefen die Kuna 1925 ihre Republik Tule aus. Sie war nicht von Bestand, hinterließ aber Freiheiten

Kuna Yale nennen die Kuna-Indianer ihr Land auf dem Isthmus von Darién, der schmalen Festlandsbrücke östlich des Panamakanals bis zur Grenze von Kolumbien. Der von Sümpfen und Bergketten durchzogene Urwald war bis Mitte des 19. Jahrhunderts der für Fremde nur schwer zugängliche Lebensraum der Kuna, die sich selbst Tule – Söhne Gottes – nennen.

Kampf mit allen Mitteln. Die seit der Entdeckerzeit von den spanischen Kolonisatoren verfolgten Indianer hatten in der fieberverseuchten grünen Hölle Unterschlupf gefunden. 1821, als die Spanier durch Simón Bolívars Unabhängigkeitsbewegung besiegt waren und aus Panama abziehen mußten, ließ der Druck auf die Kuna nach. Sie kamen nach und nach aus dem ungesunden Klima der Wälder und siedelten sich längs der Atlantikküste von Darién an: in der Lagunen- und Inselwelt der panamaischen Region San Blas. 1741 gab es, nach spanischen Schätzungen, rund 50 000 Kuna; heute sind es etwa 30 000. Die Kuna sind – nach den 150 000 Miskito-Indianern in Nicaragua und Honduras sowie den 60 000 Guaymí auf der pazifischen Seite Panamas – das drittgrößte indianische Tieflandvolk in Mittelamerika.

Obwohl sie sich als ehemalige Waldbewohner und naturgemäß miserable Fischer noch nicht so recht an ihre amphibische Umwelt gewöhnt haben, verteidigen sie ihr Land gegen jede staatliche Einwirkung mit Zähigkeit, Geschick und gelegentlich auch Gewalt.

Ein Kuna auf dem Gouverneursstuhl. Die Comarca de San Blas an Panamas Karibikküste – ein Landstreifen von 100 Kilometern Länge mit etwa 375 vorgelagerten Inselchen – ist als verfassungsmäßig garantiertes Kuna-Land weitgehend autonom. Die Kuna haben eine straff organisierte Selbstverwaltung, die keine fremde Einmischung duldet. Selbst Polizisten, Lehrer und Gesundheitsbeamte sind Kuna, und seit 1981 ist der von der panamaischen Regierung bestellte Provinz-Gouverneur zum ersten Mal ein Indianer: der Rechtsanwalt Eligio Alvarado mit dem Titel eines Intendente.

Der unter den Indianern beider Amerika wohl einmalige Rechtsstatus der Kuna ist hart erkämpft. Der entscheidende Durchbruch gelang 1925, nach langwierigen Scharmützeln mit dem Staat Panama. Damals begann die Regierung, überall in San Blas Missionen und Handelsstationen zu etablieren. Die Kuna erkannten rasch, daß diese Pioniere der Zivilisation die Todesengel jeglicher indianischer Kultur waren – wie überall in Amerika.

Mit dem Hakenkreuz für die Freiheit. Die Kuna riefen, entgegen ihrer traditionell defensiven Politik, die Revolution aus, jagten die Fremden davon, proklamierten ihre eigene Republik Tule und hißten ihre eigene Flagge mit dem altindianischen Hakenkreuz. Unterstützt wurde der tollkühne Befreiungsschlag von der US-Regierung, die zu jener Zeit wegen der Rechtslage in der Kanalzone mit Panama im Streit lag und den Kuna ein Kriegsschiff zu Hilfe schickte. Panama gab dem Druck nach und erfüllte auch die Forderungen der Kuna nach Autonomie.

Die cleveren Kuna zeigten die Hakenkreuzflagge noch einmal während des Zweiten Weltkriegs auf der Insel Tigre, um ihrer unermüdlichen Forderung nach einer freien Republik Nachdruck zu verleihen. Die erschreckten US-Luftpatrouillen, die das Eiland schon von den Deutschen besetzt glaubten, landeten zweimal auf Tigre und machten deutlich, daß dieses Hoheitszeichen zu Mißverständnissen führe.

Ein Prophet der Machtpolitik. Sowohl die Rebellion von 1925 als auch zuvor das halbe Jahrhundert separatistischer

Kuna-Politik, die mit der von den USA betriebenen Unabhängigkeit Panamas einsetzte, stand unter dem Einfluß des Kuna-Führers Nele Kantule. Der Sohn eines Medizinmanns, geboren 1860 auf der Insel Ustupu, arbeitete sich kraft seiner seherischen Begabung – Nele bedeutet soviel wie Prophet – an die politische Spitze der Insel-Kaziken, der Dorfhäuptlinge, vor. 1923 wurde er zum Oberkaziken von San Blas gewählt.

Nach dem Aufstand von 1925 freilich spalteten sich die Kuna in zwei Lager: die Unabhängigkeitspartei unter Nele Kantule und die panamafreundliche Fraktion unter dem Kaziken Inapakinya. Die Comarca zerfiel. Nele Kantule regierte die westlichen, Inapakinya die östlichen Inseln.

Die Dorfkaziken haben die Macht. Obwohl Kantule später das ganze Gebiet für die Unabhängigkeitsbewegung gewann, ist die Teilung in verschiedene Verwaltungsbereiche geblieben. Heute steht der Gouverneur drei jeweils von einem Oberkaziken regierten Bezirken vor: West-, Zentral- und Ost-San-Blas. Die drei Distriktfürsten werden von den Dorfkaziken gewählt und diese vom *congreso*, dem Gemeinderat.

Der in jeder Inselgemeinde allabendlich zur Beratung zusammentretende Kongreß ist das wesentliche politische Instrument der indianischen Selbstverwaltung. Er ist geradezu absolutistisch demokratisch: Beschlüsse können nur einstimmig herbeigeführt werden. Dabei sind die Dorfkaziken in Wahrheit die Herrscher: Sie können mit dem Votum des Kongresses für ihren Bereich Entscheidungen durchsetzen, die mitunter den Verordnungen des Intendente oder der Oberkaziken zuwiderlaufen.

Selbsthilfe greift Beschlüssen vor. Den teils von der sozialistischen Revolution auf Cuba beeinflußten jungen Kuna-Führern ist dieses Verfahren oft suspekt. Sie greifen immer mehr zur Selbsthilfe, etwa, wenn es darum geht, einen Touristik-Manager oder Hotelbesitzer von seinem vom Kongreß gepachteten Grundstück zu verjagen.

Neugier auf die Außenwelt. Der einerseits streng demokratisch, andererseits rigoros eigenmächtig gehandhabte Schutz vor fremden Einflüssen hat unter der Bevölkerung Verwirrung ausgelöst. Mehr noch: Die wenigen, vorsichtig dem Tourismus geöffneten Inseln strahlen auf die anderen Dorfgemeinschaften den schillernden Abklatsch einer Außenwelt ab, die besonders die Jungen und die mit Fleiß an den Herd gefesselten Frauen neugierig gemacht hat.

Die Männer haben seit Fertigstellung des Panamakanals im Jahre 1914 stets für die US-Amerikaner in der Kanalzone als „Mädchen für alles" gearbeitet. Sie kamen mit Ersparnissen heim und machten sich selbständig: als Ladenbesitzer, Kanu-Vermieter, Kleinunternehmer des Tourismus.

Die Frauen ziehen die Hosen an. Das Vorrecht der Männer auf befristete Emigration beanspruchen jetzt auch die Frauen, denn mittlerweile sind sie mit ihrer Mola-Fabrikation zur tragenden Säule der Kuna-Volkswirtschaft geworden. Die bunte Applikationsstickerei auf den Blusenteilen ist zum dollarträchtigen Souvenirgewerbe angewachsen. Molas für 10 bis 20 Dollar das Stück füllen zigtausendfach die Boutiquen in Panama City.

Da die Kuna-Gesellschaft matriarchalisch strukturiert ist und das sich mehrende Geld von den Frauen verwaltet wird, droht das traditionell von Männern bestimmte Ordnungsschema des *congreso* zu kippen. Nach dem Prinzip, daß Politik nur der Spielraum ist, den die Wirtschaft ihr läßt, ziehen jetzt die Frauen die Hosen an.

Frust und Drogen breiten sich aus. Es mehren sich die Fälle, daß Frauen von ihren durch den *congreso* zeitlich begrenzten Ausflügen in die Hauptstadt zu spät oder gar nicht zurückkehren. Jugendliche machen sich bei Nacht und Nebel davon und verdingen sich in Panama City als Dienstleute. Und unter den Männern, deren kümmerliche Fischerei und Kokosnußwirtschaft immer weniger Gewinn abwirft, macht sich Frustration breit. Von den Kaziken streng geächtete Drogen wie Alkohol und Marihuana werden aus Panama und Kolumbien eingeschmuggelt, und schon längst hat sich das bei Tage untersagte Tabakrauchen breitgemacht.

Das System wird sich selber zum Feind. Einige der Kaziken und ihr westlich orientierter Intendente haben das Problem erkannt: Falls das alte kommunale Ordnungssystem, das so lange sinnvoll war, als es das Fremde fern- und die Kuna zusammenhielt, nicht der erkämpften Autonomie angepaßt wird, strauchelt die mühsam aufrechterhaltene Kuna-Kultur über ihre eigenen Füße.

„Wenn man endlich seine Autonomie erreicht hat", so sieht es Gouverneur Eligio Alvarado, „dann darf man sich nicht mehr selber einsperren."

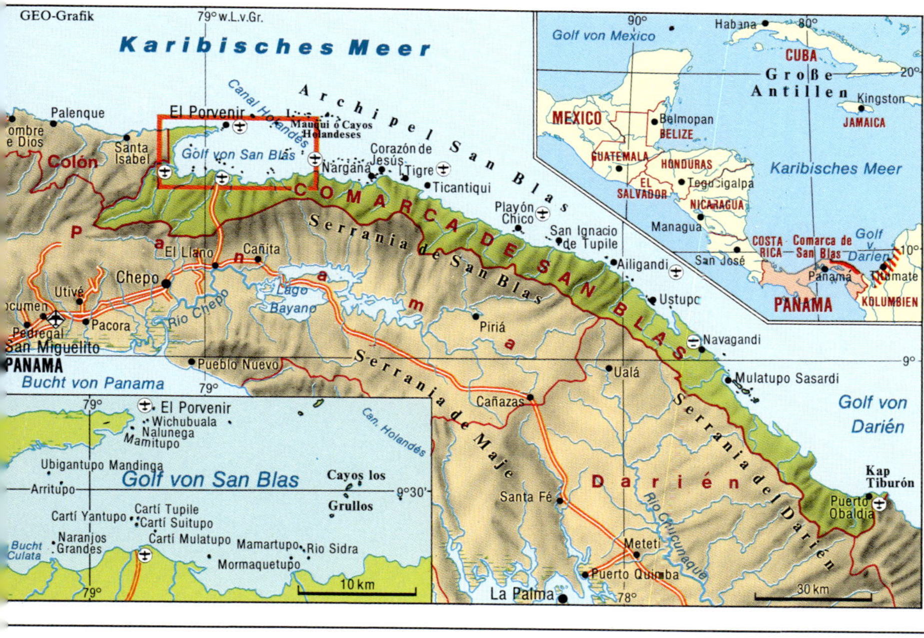

Die Comarca de San Blas, das vom Staat Panama tolerierte Indianerterritorium, umfaßt einen schmalen Landstreifen an der Karibikküste und den vorgelagerten Archipel. Nach hier retteten sich vor 150 Jahren die Kuna, die zuvor unter unablässiger Nachstellung in den Wäldern am Golf von Darién lebten. Heute kommt die Bedrohung aus der Luft: Auf der Insel El Porvenir und vor der Cartí-Gruppe landen Flugzeuge mit Touristen

Buffalo Tigers rote Kinder spielen

Miccosukee *Die Seminolen in Florida waren keineswegs, wie die US-Chronik der Indianerkriege lange weismachen wollte, eine „Horde von Räubern und Mördern", sondern eine Notgemeinschaft von elf überaus liberal denkenden Indianerstämmen. Sie hatten sich gegen die unerbittlich vorrückenden neuenglischen Siedler in die unzugänglichen Everglades zurückgezogen. Flüchtige schwarze Sklaven fanden bei ihnen ebenso großzügig Aufnahme wie desertierte weiße Soldaten, die an der Ausrottung der amerikanischen Ureinwohner nicht mehr mitschuldig sein wollten. Die Vereinigten Staaten führten drei Vernichtungsfeldzüge gegen die Seminolen. Für die US-Armee endete der Krieg Mitte des 19. Jahrhunderts ohne Sieg, für die Seminolen mit der Beinahe-Auslöschung. Die treibende Kraft in der Resistance der Florida-Indianer waren die Miccosukee, die eine Reihe glänzender Führer stellten. Einer ihrer geistigen Erben, der Häuptling Buffalo Tiger, sammelte vor 20 Jahren die Stammesreste um sich – nachdem die Miccosukee gut hundert Jahre als verschollen gegolten hatten. An westlicher Denkungsart orientierte Stammespolitik und ein in Vergessenheit geratener Vertrag verhalfen dem Restvolk der Miccosukee, die niemals vor den USA kapituliert hatten, zu Recht und Ansehen. Doch der Preis war zu hoch. Das nach modernstem amerikanischen Standard ausgerüstete Reservat am Tamiami Trail, nicht weit von Miami, bietet den Indianern nichts als Friedhofsruhe. Der „American Way of Life" hat indianischer Lebensweise den Boden entzogen*

weißer Mann«

Hoch auf dem Fahrstand des Air Boat empfindet David Tiger ein Gefühl von Freiheit. Der Miccosukee-Indianer, der stets seine Augen hinter Spiegelglas verbirgt, ist ein Neffe des Häuptlings Buffalo Tiger und mit dessen Stammespolitik unzufrieden. Das Leben in dem nach westlichem Schema organisierten Reservat langweilt ihn. So nutzt er jede Gelegenheit zu einem Ausflug ins *sawgrass* der Everglades, obwohl der höllische Lärm des von einer Luftschraube getriebenen Wassergleiters wenig mit indianischem Leben zu tun hat

Für fünf Dollar pro Kopf bringt David Touristen in einer zehn Minuten dauernden Fahrt zu einer kleinen Insel, wo es nichts als eine Cola zu kaufen gibt. Die Miccosukee benutzen die Air Boats auch zur Frosch- und Alligatorjagd. Dabei sind die knatternden Ungetüme eine erhebliche Lärmbelastung für die an selten gewordenen Vogelarten – noch – reichen Everglades. Die als Nationalpark geschützte amphibische Landschaft im Süden Floridas ist überdies das Trinkwasserreservoir der Städte

Das Freizeitzentrum ist die einzige soziale Einrichtung, die unter den vielen anderen im Reservat von den Miccosukee wirklich genutzt wird. Während etwa die Bibliothek mit 50 000 Büchern leer bleibt, sind Billard und Flipper gewöhnlich umlagert. Die Jugendlichen schärfen ihre Sinne fast nur noch am Spieltisch. Und weil hier Alkoholgenuß untersagt ist, kommen sie oft schon angesäuselt zum täglichen Treff

the
Phone
ICE

Der General Store verkauft alle Bedarfsartikel, als alkoholisches Getränk aber nur Bier. Auf seiner Abseite finden sich mitunter Miccosukee-Männer zusammen und leeren – still und stumm – ein paar Sechserpackungen Dosenbier. Wer gerade bei Kasse ist, spendiert: Geld bedeutet den Indianern wenig. Von dieser Stelle aus können sie die Durchgangsstraße, den Tamiami Trail, überschauen: Die vorbeirasenden Autos bedeuten wenigstens etwas Bewegung in der Langeweile des Reservatslebens

Großmutter Osceola hat im General Store eingekauft. Gewöhnlich ist die alte Dame, die nach eigener Einschätzung „mehr als 100 Sommer gesehen" hat, nicht von ihrer Nähmaschine fortzubewegen, an der sie die traditionellen Miccosukee-Röcke aus Applikations-Flickwerk fertigt. Sie werden im Souvenirladen des Stammes an die Touristen verkauft und finden leider wenig Interessenten, weil ihr Material nicht der Mode entspricht

EVERGLA
MICCOS

Stephen Tiger und sein Gitarre spielender Bruder Lee sind in den Discos downtown Miami beliebte Soft-Rock-Musiker: die „Tiger-Tiger-Band“. Ihren Erfolg verdanken Buffalo Tigers Häuptlingssöhne nicht zuletzt dem Auftritt in indianischen Kostümen, denn unter der US-Jugend ist mal wieder alles „in“, was mit den amerikanischen Ureinwohnern zu tun hat. Die Liedertexte freilich muß der Vater schreiben, denn die Söhne haben ihre Muttersprache Miccosukee verlernt

STERN
BOMBS
LASER

Eigentlich soll Billy, ein zehnjähriger Miccosukee-Junge, seine Schularbeiten machen. Doch er konzentriert sich mehr auf eine Bob-Dylan-Platte und auf das Ballspiel in der nächsten Schulpause. Nach dem Unterricht verschwinden die Kleineren sogleich im Freizeit-Center zum Flippern. Und die Teenager gammeln am Cola-Kiosk herum, der einem traditionellen *chickee* nachempfunden ist, und hören Transistormusik

Die weiße Lehrerin versucht, den Unterricht so locker wie möglich zu gestalten. Wenn sich die Schüler über sie beschweren, verliert die nach amerikanischem Standard bezahlte Pädagogin ihre Stelle, denn indianische Tradition kennt Kindern gegenüber keinerlei Druckausübung. Jane Billie, Mutter der Zwillinge Allen und Alice, sitzt skeptisch dabei: Falls ihr die Unterrichtsmethode mißhagt, nimmt sie ihre Kinder aus der Schule, zu deren Besuch die Miccosukee nicht verpflichtet sind

Der alte Hank lehnt den „American Way of Life" ab, den Buffalo Tigers Stammespolitik ins Reservat gebracht hat. Er zieht das freie Leben draußen in den Everglades vor, unter den Independents, den vom Reservat unabhängig lebenden Fischern und Jägern. Die Miccosukee-Nation ist nicht nur politisch gespalten. Das Wissen der Alten und die Interessen der Jugend sind viel weiter als eine Generation voneinander entfernt

Die Familie Osceola zählt sich zu den Independents. Sie leben im seitlich offenen, mit Palmwedeln gedeckten *chickee*, und ihre Kinder schlafen noch in der Hängematte. Trotz des feuchtheißen Klimas haben sie auf die im Reservat selbstverständliche Klimaanlage verzichtet, nicht aber auf Kühlschrank, Fernseher und Transistorradio. Die Independents suchen eine erträgliche Mischung aus Tradition und Neuzeit zu finden

Als „Alligator-Ringkampf" verkaufen die Miccosukee das Spektakel mit der in den Everglades heimischen Panzerechse an die Florida-Touristen. Der Alligator wird mit der Schiebkarre aus seinem Gehege geholt und ins Kampfbecken entlassen. Echsen-Experte Billy Tiger hält ihm die Kiefern zu, deren eherne Kraft im Zubeißen, aber nicht im Öffnen der Schnauze liegt. Ringkämpfer Charlie führt allerlei gefährlich aussehenden Hokuspokus mit dem Alligator vor, der – solange er satt ist – selten angreift. Der Geld heischende Hut bleibt meist leer, denn die Besucher sind enttäuscht

Nicht weit von Miami im US-Bundesstaat Florida, aber fast schon mitten in den Everglades, verlassen wir, ohne es zu merken, das Territorium der Vereinigten Staaten von Amerika. Staubgrauer Mangrovenbusch verstellt weiterhin lückenlos die Sicht auf das Sumpfland, und der Entwässerungskanal auf der anderen Seite folgt unbeirrt dem Lauf der Straße. Auch das Asphaltband des Interstate Highway 41, genannt Tamiami Trail, zeigt nicht die geringste Veränderung. Es löst sich, wie schon auf den 40 Meilen seit Miami, ein paar hundert Meter voraus in einer vor Hitze zitternden Luftspiegelung auf.

Und doch fahren wir nicht in eine Fata Morgana hinein. Wir überrollen vielmehr die unsichtbare Grenze zum Indianerland, dem „Indian Village of Miccosukee Tribe". Und eine Minute später geraten wir in die Hände bewaffneter Indianer.

„Fahren Sie an die Seite", sagt einer von ihnen, offenbar der Chef der Truppe, „und warten Sie auf weitere Anweisungen."

Er trägt Pistole, Polizeiuniform und zwischen Hemdkragen und Mützenschirm einen Ausdruck, wie ich ihn noch bei keinem Officer in New York oder Miami, wie ich ihn überhaupt nie bei einem Polizisten gesehen habe. Zwar verbirgt der braunhäutige Mann seine Augen hinter einer Sonnenbrille aus Spiegelglas, aber seine melancholisch erdwärts geschwungenen Lippen an der Basis eines tief eingegrabenen Faltendreiecks verraten einen Blick, der gewiß abwesend ist wie ein unentdeckter Stern. Diesen entrückten Indianer in Uniform scheint hienieden keine menschliche Begegnung zu erreichen.

Ein Polizeiwagen steht quer zur Fahrbahn, an der Türseite die Aufschrift MICCOSUKEE POLICE, die sich auf dem amtlichen Kennzeichen am Heck wiederholt.

Aus dem Kanal neben der Straße ragt schräg das Hinterteil eines blauen Ford. Sein Fahrer, in klatschnassem blauen Anzug, hockt an der Böschung und schlägt wieder und wieder einen triefenden Cowboyhut ins Gras und sieht zu, wie drei Miccosukee-Polizisten ein Seil um die Stoßstange des Unglücksautos schlingen.

„Those lousy turtles", flucht er und schüttelt sich das Wasser aus den Haarsträhnen, als könne er nicht begreifen, daß jede der üblicherweise über den Tamiami Trail wechselnden Schildkröten wie eine Tretmine wirkt, wenn ihr Panzer unter die Reifen gerät. Der Officer klappt sein Notizbuch zu und schiebt es in die Tasche seines tadellos gebügelten Uniformhemds. Seine Sonnenbrille spiegelt zu mir herab. Ich sehe mich darin mit einem Kopf wie Ernie aus der Sesamstraße.

„Where are you from, Sir?" fragt er.

Journalisten aus Deutschland, wir sind von Häuptling Buffalo Tiger eingeladen. Michael hebt, wie zum Beweis, eine Kamera hoch.

Der Officer nickt flüchtig zu dem Unglücksfahrer hinüber, die Faltenbasis mit ihren vollen Lippen lüftet sich zu einem Lächeln. „Achtet auf die Alligatoren und Schildkröten", sagt er freundlich. „Wir haben Trok-

Nach Ladenschluß fährt die Miccosukee-Polizei zum Kulturzentrum und nimmt die Tageskasse in Gewahrsam. Die Einnahmen aus der Alligator-Show und dem Souvenir-Geschäft betragen meist nur ein paar Dollar. Ein Großteil des Andenkenangebots ist „Made in Hongkong" und findet bei den Touristen kaum Interesse

kenzeit und niedrigen Wasserstand. Da wechseln die Tiere ständig ihr Revier." Es bleibt nicht der geringste Zweifel: Der Mann sorgt sich nicht so sehr um unsere Sicherheit als vielmehr um die der gepanzerten Echsen und Kröten.

Wir rollen langsam weiter durchs Miccosukeeland. Der Kanal schwingt in weitem Bogen von der Straße fort, der Grasstreifen dazwischen ist bebaut. MICCOSUKEE RESTAURANT verkünden imitierte Holzbrandlettern im Westernstil auf dem Flachdach eines langgestreckten Gebäudes. Ein aluminiumgerahmter Glaskubus steht hinter einer Kunststeinpforte, Aufschrift: MICCOSUKEE CULTURE CENTER. Nach hundert Metern Freiland passieren wir dicht aufeinander einen Tante-Emma-Laden mit dem Türschild GENERAL STORE, eine Tankstelle sowie einen strohüberdachten Landesteg am Kanal mit einer weithin sichtbaren Tafel: ENJOY JIMMY TIGER'S AIRBOAT RIDES. Das war's wohl.

Wir folgen, suchend, dem Tamiami Trail noch einen Kilometer, dann kehren wir um: zurück zum Kulturzentrum.

Es ist, wie die anderen Gebäude samt Grundstücken, so akkurat und sauber in Szene gesetzt wie Legoland im Spielzeugladen. Seine Glastür sperrt mit dem Sauggeräusch einer Eisschrankklappe die Gewächshausschwüle Floridas hinter uns aus, wir stehen in der Kälte der sausenden Klimaanlage.

Eine gigantische Gestalt schwebt aus dem blaugetönten Halbdunkel des Thermopanewürfels auf uns zu: ein voluminöser Oberleib über einem bodenlangen Rüschenrock, so buchtig und bunt wie ein Kaffeewärmer aus Goliaths Küche. Das Riesenweib ist an die zwei Meter groß. Aus der Bluse quellen gewaltige Oberarme, die untere Kleiderkalotte läßt beim Vorwärtsschreiten wahre Fleischmassen ahnen. Links und rechts des Madonnenscheitels strömt eine Fülle glatten schwarzen Haares herab und mündet im Kreolinengekräusel der Hüften. Die teigigen Fettpolster unter den Augen vermögen allerdings die indianischen Wangen und den ins Nichts gerichteten Blick keineswegs zu entstellen.

„Wir haben eine Verabredung mit Häuptling Buffalo Tiger."

„Ich bin Jane Billie", sagt das Mädchen, das nicht viel älter als 25 Jahre sein kann, und: „Lee Tiger wird sich um Sie kümmern."

Der Sohn des Häuptlings – „mein Vater ist zur Zeit nicht im Dorf" – arbeitet für den Stamm als Manager für Öffentlichkeitsarbeit und ist, bis auf das schulterlange Schwarzhaar, die perfekte Standardausgabe des guten amerikanischen Jungen in Jeans, T-Shirt, Cowboystiefeln. Er kommt unverzüglich seiner Aufgabe nach und drückt mir einen Prospekt in die Hand.

„Wir Miccosukee", sagt Lee mit Betonung, als bezeichne der Name seines Stammes, den ich bis vor kurzem noch nie gehört hatte, den Status eines auserwählten Volkes, „wir Miccosukee sind die einzige Indianernation, die bis heute nicht vor den USA kapituliert hat."

Ein großes Wort – und Lee schiebt Bedeutendes nach. Hier am Tamiami Trail, sagt er, hat sich ein Indianervölkchen von knapp 500 Menschen gegen die mächtigen Vereinigten Staaten behauptet: in seinem Selbstbestimmungsrecht, auf seinem eigenen Territorium, unter einer frei gewählten Führung, mit einer stammesinternen Verwaltung.

Das alles wäre, wenn es aufs Wort stimmte, vor dem Hintergrund der Geschichte der USA eine Sensation. Denn der Indian Removal Act von 1830 machte aus allen nordamerikanischen Indianern bloße Mündel der Regierung, die kein Recht auf Selbstbestimmung haben sollten. Das betraf vor allem den Anspruch auf Land, das den Indianern nur leihweise, als Reservat, überlassen und jederzeit wieder genommen werden konnte. Zwar schlossen die USA anfangs Landverträge mit den Indianerstämmen, doch in der Regel nur zum Schein.

Wie sollte es möglich sein, daß die Miccosukee heute auf ihrem eigenen Territorium leben, da doch die Vereinigten Staaten von den 370 Landverträgen, die sie seit ihrer Unabhängigkeitserklärung mit Indianern schlossen, 370 gebrochen haben, und zwar den ersten 1778 mit den Delaware und den letzten mit dem Stamm der Nez Percé im Jahre 1869?

Das letzte Opfer in der fast hundertjährigen Geschichte der Vertragsbrüche war der Nez-Percé-Häuptling Tooyalaket. Er wurde unter seinem Kriegsnamen Joseph im jahrzehntelangen Guerillakampf gegen die US-Kavallerie berühmt. Über sein klägliches Ende schweigt sich die glorifizierende US-Chronik der Indianerkriege bis heute ebenso aus wie über das der anderen Kämpfer gegen die Entrechtung der Ureinwohner Nordamerikas.

Joseph streckte 1877 die Waffen gegen die Zusicherung, mit dem Rest seines Volkes frei und in Frieden des Weges ziehen zu können. Der Weg führte in das Reservat Colville bei Washington, wo Joseph am 21. September 1904 starb – an „gebrochenem Herzen", wie der weiße Lagerarzt in den Totenschein schrieb. Kaum einem seiner großen Vorgänger und Mitstreiter ist es in dem verzweifelten Versuch, die Identität der Indianer zu erhalten, besser ergangen.

Little Crow, Häuptling des Sioux-Hauptstammes der Dakota, wurde, nachdem er bereits die Waffen niedergelegt hatte, 1863 von weißen Siedlern ermordet, die sich die Regierungsprämie für einen Indianerskalp verdienen wollten.

Henry, ein alter Stammesweiser, sorgt sich um das Identitätsbewußtsein der Jugend. Er unterrichtet die Kinder der Miccosukee-Schule im Anfertigen von Tomahawks, Perlenketten, Pfeil und Bogen. Doch Handwerk und Kultur der indianischen Vergangenheit haben – weil nicht mehr anwendbar – bei der Jugend keine Zukunft. Sie interessiert sich mehr für Autos und fürs Flippern

Crazy Horse, Häuptling der Oglala-Sioux, gab 1877 bei Fort Robinson den Kampf auf und wurde von Soldaten mit dem Bajonett niedergemacht. Sein Vater, der zu schwach war, den Leichnam vor den Coyoten zu retten, schnitt ihm das Herz aus der Brust und begrub es heimlich an einer Biegung des Wounded Knee River.

White Bear, Häuptling der Kiowa, hatte 1867 einen Friedens- und Landrechtsvertrag mit General Sherman geschlossen. Nach mehrfachen Vertragsbrüchen durch die Armee rächte er sich an weißen Siedlern, wurde gefangengenommen und eingesperrt. 1878 stürzte er sich aus dem Fenster des Gefängnishospitals von Huntsville in den Freitod.

Sitting Bull, Medizinmann der Sioux, ließ sich 1881 aus dem kanadischen Exil in die USA zurücklocken. Der einflußreichste und von den Weißen am meisten gefürchtete Indianer seiner Zeit ergab sich in Fort Buford – und wurde 1890 hinterrücks von einem indianischen Polizisten ermordet.

Geronimo, der letzte Häuptling der Apachen, kapitulierte nach einem hoffnungslosen Partisanenkrieg 1886 mit dem Rest von 36 Kriegern vor einer Streitmacht von 5000 Soldaten und 1000 Mann Bürgermiliz. Er starb, seelisch und körperlich ausgezehrt, 1909 als Gefangener in Fort Sill.

So sind sie fast alle eingegangen, die Führer der großen amerikanischen Indianernationen – eines Tages waren sie verschwunden. Die Restvölker wurden – bevormundet von der weißen Indianerbehörde, dem

Bureau of Indian Affairs in Washington – in wirtschaftlich und landschaftlich minderwertige Reservate abgeschoben.

Zum einst großen Volk der Seminolen gehört der Stamm der Miccosukee. Aber heute wollen sie mit ihren etwas weiter nördlich dahinvegetierenden Verwandten nur ungern in Verbindung gebracht werden.

„Die Seminolen haben ihre Tradition verloren und ihre Zukunft verspielt", sagt Lee Tiger: „Vor allem durch Geschäfte mit den Weißen. Die Miccosukee wollen sauber bleiben." Er tippt auf den Prospekt in meiner Hand: „Auf deutsch. Wir haben es in sechs Sprachen." Freilich nicht in ihrer eigenen.

Ich lese: „Wir Miccosukee, die ersten Amerikaner, heißen Sie willkommen. In unserem Dorf haben wir indianische Künstler und Handwerker. Wir haben zwei Museen für kunstgewerbliche Bilder und Handarbeiten. Dieses Dorf ist bewohnt. Hier haben wir auch einen Stammesdistrikt mit Schulen, einer Klinik, einer Polizeistation und Regierungsbüros. Wir sind unabhängig von den USA. Wir möchten an der modernen Welt teilhaben und gleichzeitig unsere Kultur und Sprache erhalten. Fühlen Sie sich bei uns wie zu Hause. Wir danken Ihnen."

Was da auf den ersten Blick wie Tourismusschwindel wirkt, ist in Wirklichkeit die ein wenig aufschneiderische Version der tatsächlichen Stammespolitik. Buffalo Tiger hat, das stimmt, nicht vor der Regierung der USA kapituliert. Er hat sein Völkchen in zähen und unerhört trickreichen Verhandlungen zu einem historischen Sonderstatus geführt, welcher der schmeichelhaften Feststellung, unabhängig von den USA zu sein, doch wenigstens nahe kommt. Eine teils verstörte, teils amüsierte amerikanische Öffentlichkeit konnte die unglaubliche Nachricht am 14. März 1981 schwarz auf weiß in den Zeitungen lesen.

Damals hatte der Miccosukee-Stamm einen Prozeß gegen den Staat Florida gewonnen. Ein Häufchen Indianer hatte sich in einem länger als zwei Jahrzehnte verschleppten Rechtsverfahren aus eigener Kraft wieder zum anerkannten Besitzer seiner Heimaterde gemacht – nach 143 Jahren ohne Landrecht. Fünf Millionen Acre, mehr als 20 000 Quadratkilometer Land im Südwesten der Halbinsel Florida, gewann Buffalo Tiger seinem Stamm zurück.

Natürlich verpflichtete das Urteil den US-Bundesstaat nicht dazu, den indianischen Landbesitz von der Größe Hessens an 500 Leute Quadratmeter um Quadratmeter wieder herauszurücken. Auch die detaillierte Entschädigung, die der Richterspruch ihnen am Ende zugestand, hätten die Miccosukee kaum durchgesetzt, wäre da nicht – wie ein Wunder – ein alter Vertrag wieder aufgetaucht. Darin garantiert, im Jahre 1839, der US-Präsident Martin Van Buren allen aufständischen Seminolenstämmen die fünf Millionen Acre Land, wenn sie sich künftig innerhalb dieses Gebietes friedlich verhielten. Die Urkunde verschwand spurlos, bevor ihre Bedingungen von der einen oder anderen Seite gebrochen werden konnten. Das war Pech für die inzwischen verstreuten, heruntergekommenen oder dezimierten Seminolenvölker, und das war Glück für die überlebenden Miccosukee, denen das nach wie vor rechtskräftige Papier 1962 zugespielt worden war. Ein anonym gebliebener Indianerfreund im Washingtoner Bureau of Indian Affairs hatte es in einer vergessenen Akte wiederentdeckt.

Die eindeutigen Fakten stellten die Juristen am Obersten Gerichtshof zu Tallahassee, der Hauptstadt Floridas, vor ein nahezu unlösbares Problem: Wie konnte man ein Siebtel der Staatsfläche, auf der mittlerweile tausendmal mehr US-Bürger als Indianer wohnen, in geeigneter Weise an die Erben des Seminolenvolks zurückgeben? Konnte man die Weißen evakuieren, wie sie es einst mit den Indianern gemacht hatten? Oder sie Pacht zahlen lassen? Und wer sollte, käme es zu einer Entschädigung, die vielen Milliarden Dollar aufbringen, die das Land heute wert ist? Schließlich machte der Staat Florida den Vorschlag, das Gebiet regulär für einen Betrag zu kaufen, den er gegenüber einer Handvoll Indianer für angemessen hielt: 500 000 Dollar – ein Tausender pro Miccosukeekopf.

Buffalo Tiger torpedierte den Regierungsplan durch ein indianisches Glaubensbekenntnis, das alle weiße Vernunft und jede juristische Logik außer Kraft setzte: „Our homeland is not for sale."

In der Tat kann ein Indianer nicht veräußern, was er gar nicht besitzt, nämlich Land und Seen und Flüsse. Die Erde, auf der ein Indianer lebt, gehört nicht ihm, sondern seinem Schöpfer, dem Great Breathmaker, dem Großen Atemgeber. Die Erkenntnis, die sich auch unter nicht-indianischen Menschen in unserer mehr und mehr zerstörten Welt durchsetzt, daß wir nämlich die Erde nicht von unseren Vätern geerbt, sondern von unsern Kindern nur geliehen haben – den Miccosukee ist sie heilig, so weit sie zurückdenken können, bis an jenen Tag in grauer Vorzeit, als sie vom Himmel herabfielen.

Denn so, glauben die Miccosukee, kamen sie auf die Welt: Der Breathmaker hatte die Erde allein für die Menschen und die Vierbeiner vorgesehen und den Vögeln die Luft und den Fischen das Wasser zugewiesen. Um seine roten Kinder von Anfang an zu lehren, daß sie sich auf ihren Lebensraum zu beschränken hätten, ließ der Schöpfer sie hilflos durch die Luft und ins Wasser fallen, und zwar in den See Mikasuki etwas südlich der heutigen Grenze zwischen Georgia und Florida. Die des Schwimmens unkundigen Zweibeiner gelangten mühsam ans rettende Ufer und zugleich zu der Einsicht, daß die Erde ihr gottgewolltes Element sein solle. Um dies nie zu vergessen, nannten sich die Miccosukee nach dem See ihrer Erkenntnis.

Die Furcht vor Wasser und Wind hat sich unter diesen Menschen bis heute erhalten, und wirklich: Vereinigen sich diese Elemente nicht nahezu alljährlich zu jenen verheerenden Wirbelstürmen, die im Sommer über das flache, ungeschützte Land fegen? Wer könnte etwa den Hurrikan „Donna" vergessen? Er vernichtete 1960, als der Stamm noch bettelarm war, die gesamte Siedlung am Tamiami Trail und zwang ihn, bei der Regierung um Almosen anzustehen.

Die Armut gehört nun der Vergangenheit an. Dank Buffalo Tigers unbeirrtem Festhalten an der Unveräußerlichkeit indianischen Landes willigte – mit seinem Latein längst am Ende – der Staat Florida in einen Kompromiß ein. Die ursprünglich angebotene Summe wurde auf fast eine Million Dollar verdoppelt – nicht als Kaufpreis, sondern als Schadensersatz.

Außerdem hatte die Regierung den Miccosukee eine Reihe von Nutzungsrechten zu garantieren. Der Stamm erhielt 800 Quadratkilometer Land – gut die Fläche des Stadtstaates Hamburg – in ewiger Erbpacht unter der Bedingung, daß er die Landschaft in natürlichem Zustand belasse: für einen Indianer ohnehin eine Selbstverständlichkeit. Aus weiteren 54 Quadratkilometern Land, das der staatlichen Wasserwirtschaft untersteht, fließt die Hälfte aller Erträge in die Stammeskasse. Die Miccosukee dürfen ferner auf ihrem Erbpachtgebiet für den Eigenbedarf jagen und fischen. Und schließlich das Wichtigste: Das traditionelle Wohngebiet des Stammes, ein bescheidener Siedlungsstreifen von 5000 Metern Länge und 150 Metern Breite südlich des Highway untersteht dem nahezu uneingeschränkten Hausrecht der Miccosukee, was der apostrophierten Unabhängigkeit von den USA sehr nahekommt. Lediglich die Sicherung einiger Bundesrechte, etwa die Verfolgung von Schwerstkriminalität, fällt in den Bereich der US-Behörden.

Dies war, so damals das einhellige Urteil der Presse, für die Indianer ein guter Tausch. Was denn anders können die 500 Miccosukee mit ihrem Besitzrecht über fünf Millionen Acre Mangrovensumpf anfangen, als es gegen Dollar, gegen ausdauernd fließendes Wassergeld und gegen einen ausreichend großen, auf ewig garantierten Lebensraum an den Staat, an die Allgemeinheit abzugeben?

Natürlich weiß Buffalo Tiger und wissen seine Miccosukee, daß sie ein so riesiges Land im späten zwanzigsten Jahrhundert nicht mehr nach dem traditionellen Brauch des roten Mannes nutzen können. Die Zeiten, in denen die unüberschaubare Weite der Landschaft das Leben bedeutete, sind längst vorbei. Aber Land gilt den Miccosukee wie allen Indianern als Kulturgut, und so bleiben sie, auch nach dem Pakt mit dem Staat, bei ihrem Grundsatz: Our homeland is not for sale. Außerdem: Kann man der Regierung der Vereinigten Staaten trauen? Und schließlich: Was haben die Weißen im Land angerichtet seit der vertraglich fixierten Fehleinschätzung des US-Präsidenten Martin van Buren vor fast 150 Jahren, die Everglades seien für die Zivilisation für immer wertlos und daher gut genug für den Roten Mann?

Die Sümpfe selbst widersetzten sich zwar einer systematischen Besiedelung, wurden aber als Trinkwasserreservoir für die mittlerweile zehn Millionen Menschen am Küstensaum der Halbinsel unverzichtbar. Insbesondere die Zivilisationswüste mit acht Millionen Städtern an der Ostküste, die sich von Miami im Süden bis Palm Beach im Norden 150 Kilometer lang und bis zu 30 Kilometer breit mit Infrastruktur einbetoniert hat, wäre ohne eine künstliche Bewässerung aus dem natürlichen Wasserspeicher der Everglades nicht lebensfähig.

Die Land- und Wassernahmen haben in diesem Areal längst die Grenze des Erträglichen überschritten. Raymond F. Dasmann, ein von der Universität von Florida mit Untersuchungen beauftragter Hydrologe, warnte bereits 1971: „Kein Staat der USA ist einem größeren Druck durch jene Kräfte ausgesetzt, die Land und Wasser immer weiter ausbeuten wollen. Die Vereinigten Staaten beginnen oder enden in Florida."

Auch der Stamm der Miccosukee ist Kräften ausgesetzt, die sich seinem Einfluß entziehen. Er hatte sie gerufen, bevor er lernte, mit ihnen umzugehen. In den eineinhalb Jahrhunderten seines entrechteten Daseins hatte sich der Stamm in Splittergruppen aufgelöst. Sie lebten als Alligatorfänger und Froschjäger im unzugänglichen Ried der Everglades, dem *sawgrass*. Sie kampierten auf den winzigen, *hammocks* genannten Bauminseln in ihren palmwedelgedeckten, seitlich offenen Hütten, den *chickees*. Sie verdingten sich als Gelegenheitsarbeiter in den Städten oder verloren sich an den demütigenden Zustand eines Empfängers staatlicher Wohlfahrt.

Als Buffalo Tiger, nach dem langen Pogrom, mit dem wiedergewonnenen Hausrecht und dem neuen bescheidenen Wohlstand die versprengten Stammesmitglieder zurück an den Tamiami Trail lockte, wußte kaum jemand etwas mit der neuen Freiheit anzufangen. Wie bildet man eine Stammesgemeinschaft, organisiert eine Verwaltung, schafft Erwerbsmöglichkeiten? Sie hatten ihr Indianerwissen nahezu vergessen. Und sie hatten unter den Weißen nichts Ordentliches lernen können.

Buffalo Tiger engagierte notgedrungen weiße Manager und Berater, heuerte weiße Buchhalter, Sekretärinnen, Lehrer, Krankenschwestern an. Die weiße Hilfstruppe warf sich ins Zeug und schuf den staunenden Indianern binnen eines Jahres auf einem Gelände von Straßengraben-Qualität die perfekte Struktur einer städtischen Gesellschaft. An der parallel zum Tamiami Trail durch die Mangrovenbüsche geschlagenen Dorfstraße wuchsen Beton und Glas aus dem trockengelegten Sumpf: Verwaltung, Polizei, Feuerwehr, Gericht, Bibliothek,

Zum Angebot an westlichem Lebensstandard gehört auch ein Waschsalon, der freilich meist ebenso leer bleibt wie die Bibliothek. Die Reservatsbewohner haben ihre eigene Waschmaschine zu Hause. Und die ursprüngliche Idee, über das Kollektiv-Waschen die Kommunikation unter den Frauen zu fördern, unterstreicht die Ignoranz der weißen Stammesberater

Kindergarten, Hauptschule, Highschool, Klinik, Waschsalon, Freizeitzentrum, Gästehaus, Restaurant, Souvenirladen, Supermarkt, Tankstelle und das Beratungsgebäude des General Council, des zwölfköpfigen Stammesrats unter Führung von Buffalo Tiger.

Das war alles sehr ansehnlich, nur: Die Indianer waren an dem rasanten Zivilisationsimport nicht beteiligt. Sie standen teilnahmslos daneben. Als alles zur kostenlosen Benutzung fertig war, wußten die Miccosukee nicht, wie und daß sie den modernen städtischen Apparat selber hätten bedienen sollen. Also kehrten die alten Verhältnisse wieder ein: Der weiße Mann, der Verderber indianischer Kultur, saß an den Schalthebeln, und der Indianer hockte tatenlos vor der Tür. Nur die Rolle des Zahlmeisters war nun umgekehrt.

Lee Tiger, der Sohn des Häuptlings, ist uneingeschränkt stolz auf den Fortschritt im Dorf. Er wird nicht müde, uns die Errungenschaften des American Way of Life vorzuführen, obwohl weder in der Klinik noch in der Highschool noch bei der Feuerwehr auch nur das geringste los ist. Den Indianern scheinen diese Errungenschaften gleichgültig zu sein.

Lee ist mit seinen 32 Jahren als PR-Mann der ideale Mittler zwischen zwei Welten, denn er gehört ihnen je zur Hälfte an: Er ist – wie sein um ein Jahr älterer Bruder Stephen – ein Halbblut, Sohn aus der ersten von zwei inzwischen geschiedenen Ehen seines vollblütigen Erzeugers mit weißen Frauen. Da die Kinder nach dem Erbgesetz der Miccosukee immer zur Mutter gehören, in Lees und Stephens Fall also zu einer weißen Amerikanerin, sind Buffalo Tigers Söhne keine rechtmäßigen Angehörigen des Stammes und können darin auch – außer einem vom Chairman erteilten Businessjob – keine traditionelle Funktion übernehmen.

Lee lebt mit seiner weißen Frau Andrea und zwei Kindern in Miamis mittelständischem Bungalow-Vorort Homestead. Neben seinem Status als Manager versucht er sich die Anerkennung in der Gesellschaft der Weißen als Rockmusiker zu verschaffen. Zusammen mit Bruder Stephen hat er die Tiger-Tiger-Band gegründet und produziert erfolgreich Platten mit Soft-Rock, deren teils in der Miccosukee-Sprache gesungenen Texte aus der Feder von Vater Buffalo stammen. Die Halbblutsöhne haben die Sprache ihres Volkes nur unvollkommen als Kleinkinder gelernt und fast vergessen.

„Mein Kindername im Stamm", begründet Lee seine Vergeßlichkeit, „war Shen-a-yashe. Das bedeutet ‚der Faule'." Sein Jünglingsname freilich, erteilt nach den Mannbarkeitsriten, deutet bereits auf sein späteres Talent hin: Cha-goo-hi-chel – „der Redner". Diese Eigenschaft fand allerdings nur noch in Englisch statt, denn Lee ging mit 17 Jahren auf die Highschool nach New York.

Wir fahren mit Lee die Dorfstraße entlang. Rechts über dem Mangrovendickicht summen die Moskitos in sich unablässig auflösenden und neubildenden Wolken. Links liegen gepflegte Rasengrundstücke mit genormten Flachdachhäusern. Die Architektur wiederholt sich so regelmäßig wie das abweisende Schild am Gartenzaun: „Keep out".

Es folgt die Polizeistation. Die Beamten haben durchweg indianisch geschnittene Gesichter – bis auf den Chef.

„Hi, Tony", sagt Lee und schüttelt dem Lieutenant, einem Italo-Amerikaner aus New York, die Hand. Tony Zecca, ein alerter Großstädter mit einem gewölbten Bariton, beginnt mit mir sofort ein Gespräch, bei dem ich kaum zu Wort komme. „Ich habe keinen Tag bereut", sagt er, „daß ich mich damals auf die Stellenanzeige des Stammes

in der New York Times beworben habe." Von ein paar Raufereien und Verkehrssünden unter Alkoholeinfluß abgesehen, habe es hier in seiner Zeit keinen einzigen Fall von Schwerkriminalität gegeben, keinen Mord, keinen Raub, keinen Überfall.

„Wenn es hier kein Verbrechen gibt", wende ich ein, „warum seit ihr dann neun Mann?"

„Wegen der US 41", lächelt Tony: „Über die verdammte Straße kommt das Unheil von draußen ins Dorf. Drogenhändler, Schnapsverkäufer, Todesfahrer, die mit hundert Meilen nach Miami rasen. Die schnappen wir uns."

Gibt es hier Drogensüchtige?

„Nicht, solange es uns gibt", erwidert der Polizeichef. Der Sergeant mit der Spiegelglasbrille, der uns bei unserer Herfahrt angehalten hatte, sitzt am Schreibtisch und sieht uns an, als wären wir gar nicht da.

Lee bietet uns einen Blick in das Allerheiligste des Reservats an, einen Besuch des „Miccosukee Tribe Administration Headquarter", des Verwaltungszentrums des Stammes. Abermals durch Glas, wie durch die Tür des Kulturzentrums, trete ich vor einen von Kaltluft umströmten Schreibtisch. Die Indianerin dahinter, in einen bunten Flickwerkrock gestopft, sieht mich kurz über das Titelblatt eines Magazins an: „Mr. Buffalo Tiger ist nicht da. Miss Maley wird sich um Sie kümmern." Lee bleibt unbeachtet.

In dem Gefühl, dies alles schon einmal erlebt zu haben, sitze ich Minuten später Kay Maley, der Beauftragten des Bureau of Indian Affairs, gegenüber. Die Indianerbehörde in Washington hat, gemäß dem von Buffalo Tiger ausgehandelten Vertrag, hier keine offizielle Funktion, es sei denn die einer freiwillig angebotenen Beratung. Gerade telefoniert Kay Maley, offenbar mit einer Zeitungsredaktion.

Im Miccosukee-Verwaltungszentrum schlägt das kalte Herz des Reservats. Hier besorgen angeheuerte weiße Bürokraten die Geschäfte des roten Mannes. Für die Indianer bleibt wenig zu tun. Der junge Miccosukee, der jeden Morgen den Vorplatz mit dem Gartenschlauch kühlt, schlägt nur tot, was er im Überfluß hat: Zeit. Der Blick vom Wasserturm zeigt die Reservatsstraße und den US-Interstate Highway 41

„No, Sir, I'm sorry. Mit dem Standpunkt des Stammesrates und seines Vorsitzenden haben wir nichts zu tun", erklärt sie kühl, und: „Wir halten uns an die Verträge. Was Mr. Tiger der Presse erklärt, ist seine Sache."

Da ist sie wieder, diese Sache, die Law-and-order-Gemüter gegen die Denkweise des Indianers aufbringt, der sein Land nicht verkauft, weil er der festen Überzeugung ist, daß er es nicht besitzt. Daß die Miccosukee den weißen Amerikanern mit der stereotypen Wiederholung ihres Standpunkts „our homeland is not for sale" immer wieder auf die Nerven gehen, ist – neben ihrer Überzeugung – ein gezielter Public-Relations-Trick: Man muß die Unrechtmäßigkeit der Ansprüche der weißen Einwanderer und ihrer Nachkommen, dies sei ihr Land, stets in Erinnerung halten, um einer erneuten Entrechtung vorzubeugen. Und wenn dies zu einer weiteren Trostprämie in Dollar führt – warum denn nicht?

Die Dollar, die einmalige Abfindung von knapp einer Million: Ist dieser Mini-Staat im Staate, dieses Walt-Disney-Land der öffentlichen Wohlfahrt, dafür gekauft worden, oder hilft der Staat, vertreten durch das BIA, mit Subventionen?

Kay Maley vertritt in ihrem kleinen Büro zwar die mächtige Washingtoner Behörde, doch sie ist im Hauptquartier der Miccosukee lediglich ein geduldeter Gast. „Der Stamm verwaltet sein Reservat und seine Geschäfte in eigener Regie", sagt sie. „Die Abfindung damals wurde vom Staat Florida geleistet. Die Indianerbehörde zahlt an den Stamm seit der Anerkennung seiner Rechte jährlich eine Rente von dreieinhalb Millionen Dollar." Die Miccosukee wurden als bisher letzter unter den rund 500 von der US-Regierung offiziell registrierten Indianerstämmen anerkannt und mit einer Staatsrente bedacht. Aber als einziger Stamm dürfen sie das Geld nach eigenem Gutdünken anlegen und ausgeben, ohne Bevormundung durch die Behörde.

Dies verdanken sie der Disziplin, mit der sie sich in den fünfziger Jahren langsam wieder zusammenfanden und sich um Buffalo Tiger sammelten. Er war damals 40, ebenfalls entwurzelt, und schlug sich mit Gelegenheitsjobs in Miami durch. Vergeblich versuchte er in der amerikanischen Gesellschaft Fuß zu fassen und tröstete sich schließlich in den Armen einer weißen Frau, seiner ersten. Das war mit sozialem Aufstieg verbunden, mit einer Anstellung in einem Anwaltsbüro, wo sein Englisch und seine Manieren nach amerikanischem Standard geschliffen wurden.

So einen brauchten die Miccosukee, von denen kaum einer die Sprache des weißen Mannes und schon gar nicht die Gesetze seiner Welt kannte. Mit der Regierung um Rechte verhandeln: Das, so glaubten die Miccosukee, konnte nur ein Mann wie Buffalo Tiger.

Sie schickten ihm 1962 zwei ihrer Medizinmänner ins Haus mit der Bitte, als Stammessprecher gegen den Staat aufzutreten. Buffalo Tiger sagte zu und verließ seine weiße Frau. Die beiden Söhne Stephen und Lee nahm er mit in das von der Regierung angewiesene Wohnlager am Tamiami Trail – eine provisorische Bleibe.

Die Klage der Miccosukee gegen die Vereinigten Staaten stieß auf ein unerwartetes Hindernis: Sie konnten nicht vor Gericht gehen, denn sie waren als Stamm nicht anerkannt und mithin keine juristische Person. Also bewarb man sich in Washington um die formelle Anerkennung. Für sie und für die damit verbundene Staatsrente aber mußten die Miccosukee – wie ein halbes Tausend Stämme vor ihnen – auf eben jenen Landanspruch unwiderruflich verzichten, den sie nach der Stammesanerkennung durchsetzen wollten. Buffalo Tiger stand vor der Aufgabe, einem Büffel die Haut abzuziehen, ohne ihn zu töten.

Da tat diese kleine Rothaut, die als Miccosukee-Sprecher vor dem Gesetz gar nicht existierte, etwas Unerhörtes. Buffalo Tiger wandte sich an Fidel Castro. Er schickte dem Staatschef von Cuba ein Telegramm und bat ihn um Anerkennung. Die Antwort kam postwendend. Die Regierung der Republik Cuba bestätigte den Miccosukee, eine historische Indianernation mit einem rechtmäßigen Anspruch auf ein eigenes Territorium zu sein.

Dieser auf den ersten Blick eulenspiegelhafte Akt hatte sein Motiv. Florida war nämlich bis 1763 ein Teil Spanisch-Mittelamerikas gewesen, und Cuba betrachtet sich als Rechtsnachfolger der Spanier in deren einstigem Kolonialreich. Und die Spanier hatten damals im Vertrag von Paris, in dem ihnen Florida von den Briten abgepreßt worden war, auf einer fairen Behandlung der Indianer und auf der Respektierung ihrer Landrechte bestanden.

Washington reagierte betroffen auf Buffalo Tigers Cuba-Streich. Es erkannte nicht nur den Stamm der Miccosukee an, sondern willigte über den wiedergefundenen Vertrag in Verhandlungen ein, die nach zwanzig Jahren – 1981 – zu dem Landrechtsurteil von Tallahassee führten. Es war ein großer Sieg für Buffalo Tiger.

Und was hat der Sieg gebracht? Was ist aus dem so tapfer und trickreich erstrittenen Home Land geworden?

Die Miccosukee sind daheim, aber sie sind am Tamiami Trail, sozusagen, nicht zu Hause. Die schmucken Wohngebäude an der Straße dienen ganz offenkundig nur dazu, die traditionellen *chickees* dahinter, die offenen Hütten, zu verbergen. Darin, nicht in den Steinbauten, wohnen die Indianer, hocken an den Feuern, die aus zwei kreuzweise exakt in die vier Himmelsrichtungen zeigenden Holzbalken lodern. Bei diesem Anblick fallen mir die ungenutzten Sozialeinrichtungen ein, die wir gleich nach unserer Ankunft gesehen haben, die Schule ohne Schüler, die Klinik ohne Patienten, der Kindergarten ohne Kinderlachen. Was ist es, das die Indianer veranlaßt, diese Segnungen nicht zu akzeptieren und lieber an ihrer eigenen Feuerstelle zu sitzen?

Wir arbeiten uns mühsam heran an diese Feuer, an die uns keiner einlädt. Zum Beispiel an das von Jimmy Tiger, einem Bruder Buffalos. Er betreibt das Touristengeschäft mit den Air Boats, den Propellerbooten, aber am liebsten geht er fischen und Frö-

Auf zehn Quadratmeter Boden versucht die junge Frau zu rekultivieren, was als heilige Pflanze noch im Green Corn Dance fortlebt: Mais. Der Medizinmann im bunten Rock holt geschälte Hölzer zum Bau des traditionellen *chickee*. Das seitlich offene Indianerhaus mit dem Palmwedeldach steht, neugierigen Blicken entzogen, hinter den von der Regierung erbauten Norm-Häusern. Darin sieht die Familie wohl fern, doch leben tut sie draußen

sche jagen. Auf seinem Grundstück ist – trotz aller amerikanischen Fertigbau-Architektur – noch etwas von indianischer Hauswirtschaft zu spüren, einem alle Lebewesen und Dinge in die Gemeinschaft einbeziehenden Klein-Kosmos.

Hunde liegen da, Hühner rennen herum, ein Kalb grast angepflockt neben einem Stapel leerer Cola-Kisten, ein Hahn klekkert auf den im Freien stehenden Kühlschrank. 18 Leute gehören zu dieser Familie, die mit Onkel Buffalo und seinem amerikanischen Lebensstil nichts gemein haben will. Da ist zum Beispiel Jimmys Sohn David, 20 Jahre alt, der stundenlang seinen zehn Monate alten Sohn Samson auf dem Arm wiegt und trotzdem „keine Zeit" hat, dessen Mutter Tina nach amerikanischem Recht zu heiraten. „Ich gehe lieber Fische speeren", brummt er und nimmt uns mit auf einen Air Boat Ride hinaus ins *sawgrass*.

David Tiger verdrückt sich, so oft er kann, in die Sümpfe, um Frösche zu jagen und Fische zu speeren. Ein Verzehr der Beute liegt ihm fern, die Jagd ist nur ein Alibi: Flucht aus dem öden Reservatsalltag. Hinter der Sonnenbrille verbirgt der hünenhafte Indianer die stille Verzweiflung über die Sinnlosigkeit seines vom Weißen Mann finanzierten Daseins

Pa-hay-okee, fließendes Gras, nennen die Miccosukee die graugrüne, schier endlose Fläche der messerscharfen Cladiumhalme, die mannshoch aus dem Sumpf wachsen. Das Fahrzeug fliegt vor dem Schub seines in einem Drahtkasten von zwei Metern Durchmesser höllisch laut rotierenden Propellers darüber hin. Es läßt eine breite Spur niedergewalzter Halme hinter sich, die sich langsam wieder aufrichten.

Wir scheuchen eine Menge Wasservögel auf. Nur einer bleibt sitzen und hält wie leblos seine abgespreizten Schwingen in die Sonne: ein Anhinga, ein Schlangenhalsvogel, der Fische unter Wasser jagt und hin und wieder sein Gefieder trocknen muß.

David thront hinten auf seinem Fahrstand hoch über unseren Köpfen, das schulterlange Haar steht waagerecht im Fahrtwind, die Sonnenstrahlen glitzern in seiner Brille aus Spiegelglas. Sein Mund steht halb offen, und obwohl das Lärmen des Motors alles übertönt, bin ich sicher, daß David singt.

Plötzlich drosselt David den Motor. Das Boot sackt ins Wasser und kommt am Ufer einer kleinen Bauminsel zum Stehen. Der hünenhafte Indianer holt seine fünfzackige Fischlanze, aus Zypressenholz geschnitzt, hervor und hockt sich auf den Bootsrand. Minutenlang lauert er in dieser Haltung, dann schnellt der Speer rauschend durch die Halme, steht ein paar Sekunden senkrecht im Wasser – getroffen! David zieht die Stange zu sich heran; an ihren Zacken zappelt ein etwa zweipfündiger Barsch.

Wir machen aus den trockenen Luftwurzeln der Mangroven ein Feuer und rösten den Fisch am Stock. Er hat, so kommt es mir vor, mehr feine Gräten als ein Mensch Haare, und er schmeckt faulig.

„Eigentlich essen wir die Fische nicht mehr", sagt David, „die Ölsardinen vom General Store schmecken besser." Er fischt nur noch, um einen Grund zu haben, draußen im *sawgrass* mit sich und der alten Welt der Indianer allein zu sein. Es ist ein unbezähmbarer Drang, der ihn immer wieder hinaustreibt – fort von der Öde der Dorfstraße mit ihrer mißratenen Ko-Existenz der Kulturen.

Davids muskulöse Arme und seine bronzefarbene Brust zeigen weißvernarbte Kratzer. Hatte David Tiger einmal eine Auseinandersetzung mit einem „Tiger", wie die wenigen in den Everglades noch lebenden nordamerikanischen Pumas von den Indianern heute genannt werden?

„Früher haben unsere Väter das noch mit Tigerkrallen gemacht," sagt David zögernd, als berühre er ein nicht für fremde Ohren bestimmtes Thema. „Es ist eine Mutprobe", fährt David fort. „Sie reißen dir mit Krallenkämmen aus Fischgräten die Haut auf, bis sie blutet."

Das Blutopfer zur Initiation ist auch ein Reinigungsritus, denn seit jeher glauben die Miccosukee an den von jeder Schlechtigkeit befreienden Aderlaß. Die Frauen sind davon ausgenommen, weil sie sich mit ihrem Monatsbluten ohnehin regelmäßig des Bösen entledigen, das, neben dem Guten, im menschlichen Lebenssaft wohnt.

Einmal im Jahr wird das Blutopfer auch heute noch als Mutprobe gefordert: beim Green Corn Dance. Im Juni, wenn der grüne Mais langsam reift, versammeln sich die Männer und Jünglinge an einem geheimen Ort weit in den Everglades zu einem Ritual, das eine Woche dauert. Die ins Pubertätsalter eingetretenen Jünglinge erhalten unter der Ritztortur der Krallenkämme ihre Mannesreife und – entsprechend ihrem Schmerzverhalten – einen neuen Namen als „Krieger". Die bereits zum „Krieger" geweihten Männer müssen ihren Mut erneut beweisen.

Dürfen Fremde, etwa wir, am Green Corn Dance teilnehmen?

„Niemals", sagt David mit überraschender Bestimmtheit. Er läßt keinen Zweifel daran, daß die Miccosukee dies als ihre ureigene Sache, als ihr letztes Rückzugsgefecht gegen die vordringende Welt des weißen Mannes ansehen.

Dieser Welt sind die meisten ihrer Stammesbrüder und -schwestern durch die vermeintlichen Wohltaten Buffalo Tigers schon erlegen. Sie stopfen sich, wie die Walküre Jane Billie, hemmungslos mit Junk-food voll, der minderwertigen Fix-und-fertig-Nahrung in Amerika: Hamburger und Hot Dogs, Cracker und Kartoffelchips, Snicks und Snakkers. Dabei waren Indianer bis in die jüngste Zeit noch an Wild, Fisch, Früchte gewöhnt, an hochwertige Proteine und Vitamine also, die sie nur in geringen Mengen zu sich nahmen, deren Trägern sie zudem beständig hinterherjagen mußten. Nun, da sie zu ungewohnter Bewegungsarmut verurteilt sind und ihre Körper mit Kohlehydraten überschwemmen, mit Teigwaren und Tütenfutter, reagieren sie wie Mastvieh in der Stallbox.

Das rapide wachsende Übergewicht, die einseitige Ernährung, der Mißbrauch ungewohnten Alkohols, aber sicherlich auch das Wissen, um die Identität gebracht worden zu sein, führt zu Folgeerkrankungen und zu Verzweiflung: Keine andere Gruppe in Amerika flüchtet auch nur annähernd so oft in den Selbstmord wie die Indianer.

Unsere Zeit im Dorf der Miccosukee vergeht wie der Alltag seiner Bewohner – öde und lustlos. Eines Tages kommt eine Aufforderung aus dem Hauptquartier: Buffalo Tiger erwartet uns nun zum Gespräch.

Lee führt mich zunächst durch das innere Reich seines Vaters, und ich mag es nicht glauben: Mit 14 Frauen – neun davon weiß – hat sich der Häuptling umringt. Ich addiere die Lehrer und Lehrerinnen hinzu, die Krankenschwestern, den Oberbuchhalter, die Bibliothekare, den Polizeichef – alles vom Stamm engagierte Angestellte, nach amerikanischem Standard bezahlt, aber ohne nennenswerten Geschäftsgang. Essen 23 weiße Müßiggänger das Brot des roten Mannes auf? Und kann sich der Häuptling dagegen nicht mehr wehren, weil er wie der Zauberlehrling die mächtigen Geister rief und nun ihr Sklave geworden ist?

Wir werden von Lee sanft in das Chefzimmer geschoben. Der Sohn ist von unserer Begegnung mit seinem Vater ausgeschlossen. Der Schreibtischwahn der Miccosukee-Verwaltung, dieser gewiß unbewußte, aber monumental vergröberte Fetischismus des weißen Mannes – am Arbeitsplatz des Vorsitzenden Buffalo Tiger wird er grotesk. Ich stehe vor einem Mahagoni-Ungetüm, auf dem das gesamte Sortiment modernster Vorstands-Elektronik ausgebreitet ist.

Dahinter sitzt ein Mann, der da ganz und gar nicht hinpaßt, der vielmehr seinem Namen alle Ehre und den Eindruck macht, stark wie ein Büffel und geschmeidig wie eine Raubkatze zu sein. Die Augen freilich in dem Indianergesicht sind die eines tragischen Helden, so schwarz und melancholisch wie der Spiegel des Mikasuki-Sees, aus dem die Indianer vom Volk der Miccosukee an Land gestiegen sind.

Zum Fragen entsteht keine Gelegenheit, denn Buffalo Tiger beginnt mit einer weichen Stimme sein Glaubensbekenntnis vorzutragen. Es ist die alte Geschichte vom roten Mann, der den Auftrag hat, die Erde zu bewahren, und vom weißen Mann, der das Schießpulver erfand, um die Erde zu zerstören.

Über dem Vorsitzenden hängt ein wohl ein Quadratmeter großes Bild. Es zeigt das Stammessymbol, das *chickee*, und den Erdenkreis in den Farben der vier Menschenrassen. Das Symbol wird gerahmt von den Konterfeis der großen Miccosukee-Häuptlinge, die ihr Volk in den drei Seminolenkriegen gegen die US-Armee angeführt haben. Ich erkenne Tuko-seemathla und Billy Bowlegs und den berühmten Osceola, die den Vereinigten Staaten die Stirn boten. Und ich erfahre von Buffalo Tiger über Wesen und Geschichte der Seminolen vieles, was mein Verständnis für das Schicksal der Miccosukee erhellt.

Die Bezeichnung Seminole – ein Wort der Muskogee-Indianer für Flüchtling, Emigrant, aber auch Pionier – steht für ein erstaunliches Phänomen menschlicher Rassentoleranz. Die elf Indianernationen Floridas – Timucua, Creek, Apalachicola, Apalachee, Mayuca, Ay, Tegesta, Togabago, Yamassee, Sawokli und Miccosukee – hatten unter ihrer ersten Begegnung mit den Weißen, den spanischen Kolonisatoren Ende des 16. Jahrhunderts, nicht viel auszustehen. Das änderte sich 1763, als die Engländer nach ihrem siegreichen Kolonialkrieg gegen die Spanier auf die subtropische Halbinsel vordrangen.

Die Siedler trieben, ausschließlich auf Landgewinn erpicht und von puritanischer Engstirnigkeit geprägt, die Reste dezimierter Indianerstämme ebenso vor sich her wie entflohene schwarze Sklaven, desertierte Soldaten und entwichene Sträflinge. Die Flüchtlinge fanden gastfreundliche Aufnahme bei den einheimischen Indianern. Aus der Mixtur der Rassen entstand eine Notgemeinschaft, deren Mitglieder sich Seminolen nannten und bei den Engländern und späteren Amerikanern als eine räuberische Horde galten.

In Wahrheit stand der Begriff Seminole für eine human-liberale Geisteshaltung von Rückzüglern aus einer Welt anscheinend gewalttätiger Irrer. 1816 gelang es der einflußreichen Sklavenhalterlobby aus Georgia und Alabama, die Mächtigen in Washington zur Entsendung eines Expeditionskorps nach Florida zu bewegen, um die Sklaven auf die Baumwollfarmen der Südstaaten zurückzuholen. Die Armee ermordete in einer Strafaktion 300 Seminolen und stellte den Rest vor die Wahl, entweder die Sklaven herauszurücken oder vernichtet zu werden.

Die Indianer entschlossen sich, ihre schwarzen Brüder notfalls um den Preis der Ausrottung zu verteidigen. In dem folgenden ersten Seminolenkrieg von 1817 bis 1818 scheiterte die US-Armee an heftigem Widerstand. Danach gingen die Seminolen zur Vorwärtsverteidigung über und ließen keinen weißen Amerikaner am Leben, dessen sie habhaft wurden. Der Begriff Seminole erhielt einen neuen, einen grausamen Klang.

Der junge amerikanische Staat begann 1835 in einem Feldzug ohne Pardon den zweiten Seminolenkrieg. Er dauerte sieben Jahre und wurde mit einer Brutalität geführt, der die Seminolen bis auf den letzten Mann zum Opfer gefallen wären, hätten sie nicht in dem jungen Indianerhäuptling Osceola, einem Miccosukee, einen genialen Führer gefunden.

Er entwickelte eine moderne Methode des Guerillakriegs, die auch der technischen und zahlenmäßigen Überlegenheit des Gegners standhalten konnte. Das Konzept war die vorweggenommene Lehre für die USA in ihrem späteren Vietnam-Desaster: „Wo sie stark sind, werden wir nicht faßbar sein. Wo sie schwach sind, locken wir sie in den Hinterhalt. Die Natur, das Wasser, der Sumpf, die Winde, das Feuer, das Gift der Pflanzen, die großen Tiere und die Insekten, das Fieber und die Erschöpfung werden unsere Verbündeten sein. Wir werden ihnen zeigen, wie es ist, die Natur zum Todfeind zu haben."

Osceola und seine kleine Seminolenstreitmacht zeigten es den Amerikanern – gleich am Weihnachtsabend des ersten Kriegsjahres. Während ein Infanterie-Regiment und zwei Artillerie-Abteilungen in die Sümpfe eindrangen und von taktischen Rückzugsgefechten der Seminolen immer tiefer in die Everglades gelockt wurden, schlüpfte Osceola an der Spitze eines Miccosukee-Kommandos durch die Befestigung von Fort King. Der kommandierende General Wiley Thompson und neun seiner Offiziere brachten gerade einen Toast auf den von ihnen erwarteten Sieg aus, da traf sie die tödliche Salve der Miccosukee-Krieger.

Vom weißen Expeditionskorps kehrten nur zwei Soldaten verwundet und im Fieberdelirium aus den Sümpfen zurück.

1842 gab die US-Regierung den Kampf, den sie in sieben Jahren nicht hatte gewinnen können, mit einer vernichtenden Bilanz auf: Sieben Generale und 1500 Mann waren gefallen. 5000 Soldaten waren schwer verwundet und 20 000 so demoralisiert, daß sie als untauglich aus der Armee entlassen werden mußten. Von den 5000 Seminolen aber waren nur noch rund 500 übriggeblieben.

Der dritte Seminolenkrieg von 1855 bis 1858 dezimierte das Restvolk noch einmal um die Hälfte. Die letzten 250 Seminolen, unter ihnen etwa 50 Miccosukee, tauchten für die folgenden hundert Jahre in den Sümpfen unter. Sie blieben das einzige Indianervolk Nordamerikas, das von den Vereinigten Staaten nie besiegt wurde, das mit den Amerikanern niemals Frieden gemacht hat – bis auf den Tag im Jahre 1981, an dem Buffalo Tiger den Vertrag von Tallahassee in der Hauptstadt Floridas unterzeichnete.

„Osceola", sagt Buffalo Tiger und deutet auf den mit zwei Adlerfedern geschmückten Kopf über dem seinen, „starb 1838 in einem Armeegefängnis in South Carolina an den Folgen eines Hungerstreiks. Er ist bis zum letzten Atemzug für die Rechte der Indianer eingetreten."

Häuptling Buffalo Tiger, der sich seiner modernen Stammespolitik entsprechend Chairman – Vorsitzender – nennen läßt, ist stolz auf seine großen Vorgänger, deren Bilder in seinem Büro hängen. Osceola mit den zwei Adlerfedern, der Miccosukee-Führer im zweiten Seminolenkrieg, starb in einem Armeegefängnis. Holatter Micco, genannt Billy Bowlegs, mußte nach dem dritten Seminolenkrieg nach Arkansas emigrieren

Der Häuptling der Miccosukee ist stolz auf seinen unbeugsamen Vorfahren. Er, der Prozeßsieger von Tallahassee, sieht sich eingereiht in die Köpfe über seinem Schreibtisch. Er hat als einziger Indianer Nordamerikas für sein Volk mit den USA einen guten Vertrag gemacht, der bis heute nicht gebrochen wurde – aber eben nur einen Vertrag. Jetzt steht Buffalo Tiger vor den Folgen dieses Papiers, dessen Paragraphen von Weißen, von seinen eigenen Angestellten, auf die Art des weißen Mannes mit Leben erfüllt wurden, und zwar mit einem Leben, das die Indianer weder führen wollen noch verstehen können.

Buffalo Tiger, der vielleicht letzte Häuptling der Miccosukee, einer der letzten nordamerikanischen Indianerführer, ist gescheitert, und er weiß es, wenn er es auch nicht sagt. Die Häuser der Weißen, die er seinen Miccosukee bauen ließ, sind zu Grabsteinen seines restlichen Stammes geworden. Der große Gleichmacher hat ein kleines Volk erreicht.

Ich gehe zurück durch das kühltemperierte Hauptquartier, vorüber an den dünn lächelnden weißen Damen, die Buffalo Tigers Allerheiligstes hüten. Auf dem Tamiami Trail lastet, wie bei unserer Ankunft, brütende Hitze, der Asphalt flimmert. Wenig später sehe ich den Häuptling der Miccosukee in seinem Cadillac in Richtung Miami davonfahren, heim in sein Haus im Vorort Hialeah, wohin es sein Herz zieht.

Das Herz der letzten Miccosukee wird am Tamiami Trail bleiben, kurz vor der großen Biegung nach Nordwesten.

In den USA hat der Indianerkrieg nie aufgehört

Anklänge an germanische Drachensagen: Der Holzschnitt aus dem 16. Jh. zeigt den Alligatorfang der Indianer Floridas

Die weißen Amerikaner bemühen häufig den Begriff „Indianerproblem". Die Indianer selber sagen: „Wir haben nur ein Problem in den Vereinigten Staaten, und das sind die Weißen." Aus indianischer Sicht läßt sich das Problem mit drei Buchstaben benennen: BIA – Bureau of Indian Affairs.

Indianer sind Staats-Mündel. Die Indianerbehörde in Washington wurde 1824 als Abteilung des Kriegsministeriums gegründet und untersteht seit 1849 dem Innenminister. Das Büro übt bis heute die totale Aufsicht über individuelles und kommunales Leben in den Reservaten aus und verhindert sämtliche Versuche stammeseigener Selbstverwaltung und Selbstversorgung. Es regelt die Nutzung und den Verkauf von Land, es fungiert als Arbeits- und Wohnungsvermittlung für die Indianer, es verwaltet die Gelder der Stämme, es stellt in den Reservaten die Polizei, und es übernimmt Erziehung und Bildung der Ureinwohner. Das BIA ist als Kontrollbehörde für etwa eine Million registrierter Indianer unter 245 Millionen US-Staatsbürgern allgegenwärtig.

Der von Buffalo Tiger geführte Rest-Stamm der Miccosukee in Südflorida ist eine der seltenen legalen Ausnahmen von dieser Bevormundung.

Lieber Freitod als Anpassung. Mit Hilfe der Kirchen versuchte das Indianer-Büro seit Beginn des 20. Jahrhunderts, die Kinder von ihrer Stammeskultur weg und hin zum American Way of Life zu führen. Die Schüler wurden, um sie dem Einfluß der traditionell gesinnten Eltern zu entziehen, oft Tausende von Kilometern vom Heimatreservat entfernt in BIA-Internate verschickt. In diesen Boarding Schools drohten drastische Strafen allein für den Gebrauch der Muttersprache.

Da Indianern das individuelle Leistungsdenken fremd ist, versagen die Schüler meist unter dem Druck der Notengebung und im Wettbewerb der Klasse. Die hohe Selbstmord- und Alkoholikerquote unter den Jugendlichen hat hier zweifellos ihren Ursprung.

Mit AIM haben sie ein Ziel. Aus den Reihen der Stadtbevölkerung der Anishinabe-Indianer (Ojibwa) von Minnesota kam Ende der sechziger Jahre der erste Widerstand gegen Washingtons Methoden des Ethnozids: In Minneapolis/St. Paul gründete sich die Selbsthilfe-Organisation „American Indian Movement". AIM, das zugleich das englische Wort für „Ziel" ist, wurde schnell zum Symbol des indianischen Widerstands in Kanada und den USA. Während die Frauen in der Bewegung das alternative Modell der Survival Schools, der Überlebensschulen, aufbauten, das bald in anderen Reservaten Nachahmungen fand, sorgten die Männer für spektakuläre Aktionen vor der Weltöffentlichkeit. Der bislang wirksamste Protest war 1973 die symbolische Besetzung des historischen Ortes Wounded Knee, wo 1890 die 7. US-Kavallerie mehr als 200 Männer, Frauen und Kinder der Minneconjou-Lakota vom Volk der Sioux niedergemetzelt hatte.

Nach jenem Massaker hatte für die letzten aufsässigen Indianer das Leben in den verordneten Reservaten begonnen. Sie wurden einige Jahrzehnte lang nach den Methoden der Inquisition behandelt: Wer religiösen indianischen Zeremonien beiwohnte, erhielt keine Lebensmittel mehr. AIM schließlich wurde für die Sozialhilfeempfänger in den indianischen Gettos zu einem Inbegriff der Hoffnung.

Außen rot – innen weiß. Die Indianer-Bewegung inszenierte folgende Protestaktionen: Besetzung der Gefängnisinsel Alcatraz 1969–1971, „Marsch der gebrochenen Verträge" und Besetzung des BIA-Hauptgebäudes in Washington 1972, Reise zu den UN nach Genf 1977 und schließlich 1978 der „Longest Walk" – der Protestmarsch von der West- zur Ostküste des Kontinents, um die Trennung zwischen Traditionalisten und Progressiven sichtbar zu machen. Während die einen die Konsumwerte des Westens weitgehend ablehnen und in ihrer Religion, Medizin und den sozialen Strukturen der Weltsicht ihrer Vorfahren folgen, sind die anderen Befürworter der Wachstumsgesellschaft und unterstützen das BIA. Die traditionell Gesinnten nennen die Fortschrittsorientierten „apples" – Äpfel: außen rot, innen weiß.

Diese Spaltung der Völkerschaften drückt sich in fast allen Reservaten durch die Existenz zweier Regierungen aus. Ein von Washington gestützter Stammesrat konkurriert mit dem Einfluß der traditionellen Häuptlinge und spirituellen Ältesten. Diese Situation trägt sich unterschwellig auch bei den Miccosukee am Tamiami Trail zu, wo die sogenannten Independents, die sich von Häuptling Buffalo Tigers weißenfreundlicher Stammespolitik absetzen, ihrem traditionellen Lebensstil außerhalb des Reservats nachgehen.

Den Gang zur Urne verweigert. Die Institution des demokratisch gewählten Stammesrats wurde vor 50 Jahren, im Juni 1934, von der Regierung mit dem „Indian Reorganisation Act" eingeführt und sollte eigentlich zur Selbstverwaltung der Stämme führen. Da sich jedoch die um Einstimmigkeit bemühte indianische und die nur auf Mehrheit zielende europäische Demokratie-Auffassung widersprechen, repräsentiert das Tribal Council selten den Willen des gesamten Stammes. Die Traditionalisten verweigern meist den Gang zur Urne.

Die Stammesräte erwiesen sich in den vergangenen Jahren als gefügige Geschäftspartner der Energiekonzerne. Den Kohleabbau auf Black Mesa, einem Tafelberg im Hochland Arizonas, versuchte die Mehrzahl der Hopi zu verhindern. Vergebens: Mit Einwilligung des überwiegend zu den Mormonen übergetretenen Rates baut die Peabody Coal Company aus Missouri den Berg im Tagebau ab. Seitdem ist der Maisanbau der traditionellen Hopi in der extrem regenarmen Region gefährdet. Der Kohleabbau auf Black Mesa beunruhigt die Indianer auch aus spirituellen Gründen: In der Hopi-Mythologie symbolisiert er die Mitte der Welt; seine Unversehrtheit garantiert das Gleichgewicht der Erde.

Opfer bringen nur Indianer. Der Schutz geographischer Heiligtümer in den USA wurde den indianischen Nationen innerhalb wie außerhalb ihrer 294 Reservate und Siedlungen mit Reservatsstatus in der Ära Carter 1978 durch den „American Indian Religious Freedom Act" zugesichert. Das Gesetz wird jedoch von den Konzernen auf Rohstoffsuche unterlaufen. Regionen mit dichten Ressourcen – schätzungsweise mehr als ein Drittel der hochwertigen schwefelarmen Kohle und mehr als die Hälfte des US-Urans liegen unter Indianerland – wurden von Washington auf Druck aus Wirtschaftskreisen zu „National Sacrifice Areas" – nationalen Opfergebieten – erklärt. Zum Opfer fielen damit auch Teile der Black Hills im Bundesstaat South Dakota, heiliges Bergmassiv der Lakota und Tsitsista (Cheyenne). Der Abbau von Uran in indianischem Gebiet – in South Dakota, New Mexico, Arizona ebenso wie in der kanadischen Provinz Saskatchewan – geschieht selten unter den üblichen Sicherheitsvorkehrungen. Offene Abraumhalden mit gefährlicher Reststrahlung führten bereits zu einer hohen Quote von Miß- und Fehlgeburten unter indianischen Frauen. Noch 1975 befanden sich von 384 Uranfördergruben der USA lediglich vier auf öffentlichem Land, alle anderen auf indianischem Boden.

Der Griff nach den Bodenschätzen charakterisiert nach Meinung der traditionellen Ureinwohner die letzte Phase der Vernichtungskriege der Weißen gegen die Indianer.

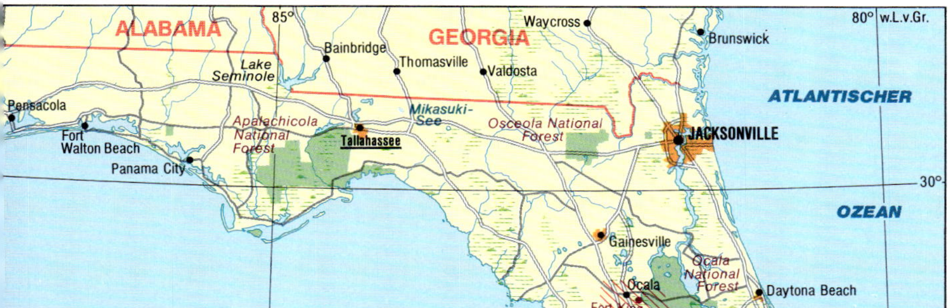

Einst gehörte den Seminolen – und mithin auch den Miccosukee – ganz Florida. Nach drei Kriegen gegen die USA zogen sich die Indianer in die Everglades zurück, ein Gebiet immerhin noch von der Größe Hessens. Heute wohnen die Miccosukee in einem schmalen Reservat von nur 150 Meter Breite am Tamiami Trail

Vom Eise befreit verkommen die H

Lappen *Nördlich vom Polarkreis, dort, wo die Skandinavier erst mit Hilfe moderner Technik Fuß fassen, geht seit alters ein geheimnisvolles Volk seinem Wanderhirten-Dasein nach: die Rentierlappen. Sie kamen einst aus Asien und entwickelten als erste in den menschenfeindlichen Weiten der norwegischen Tundra eine dauerhafte Lebensform. Sie wird bestimmt vom alljährlichen Zug der Rentiere aus dem Binnenland ans Meer, von der Winterweide auf die Sommerweide. Die überwiegende Mehrzahl der 30 000 Lappen oder, wie sie sich selber nennen, Samen ist inzwischen seßhaft geworden auf der Kruppe des skandinavischen Löwen. Im Herzen der Finnmark aber, in der Unwirtlichkeit von Norwegens nördlichster Provinz, hat sich das traditionelle Hirtenhandwerk der Rentierhalter bewährt und bewahrt. Zwar sind es nur noch ein paar Dutzend Familien, die vor Einsetzen des Tauwetters im April oder Mai ihren vieltausendköpfigen Herden auf den langen Treck folgen und dafür das warme Haus gegen das zugige Zelt, das bequeme Auto gegen den harten Schlitten eintauschen. Doch die Handvoll hartnäckig an der Rentierzucht, am freien Leben in der Wildnis hängenden Halbnomaden ist es auch, die stets den Regierungsplan durchkreuzt, der alle Lappen zu Skandinaviern machen will. Nun versucht die norwegische Regierung, die Kultur der Rentierlappen mit sozialer Wohlfahrt und viel Geld zu Tode zu sanieren*

ten der Arktis

Johan Lojge führt das Rentier, das den Schlitten mit dem Proviant zieht, durch den Altschnee der arktischen Tundra Nordnorwegens. Das Oberhaupt der Lojge-Sippe verkörpert die Tradition unter den Rentierlappen. Der erfahrene Hirte möchte die *flytte*, den Zug der Rentiere von der Winter- zur Sommerweide, nach den Gesetzen der Väter betreiben. Doch seine Söhne sind auf ihren modernen Motorschlitten schon weit voraus, und Johan muß, zur Nachhut versetzt, in ihren Spuren hinterherlaufen

Immer in der Spur des Vordertieres zieht die Renherde in Gruppen westwärts, der Küste zu. Die endlose Schneewüste der norwegischen Provinz Finnmark ist der Lebensraum des arktischen Halbwilds und seiner Wanderhirten. Der lange Winter, das harte Klima und die kargen Weiden zwingen Mensch und Tier zum Wechsel in Zonen, die das Überleben möglich machen: mal ins Binnenland, mal ans Meer

Rentiere auf dem langen Marsch zur Sommerweide, wo die trächtigen Kühe mit letzter Kraft ihre Kälber ins Gras legen. An den der Sonne zugewandten Bergflanken ist die Schneedecke meist dünn genug, daß sich die Paarhufer ein Maulvoll Rentiermoos freischarren können, das sie im Weiterziehen wiederkäuen

Jochen, Anders und Ellen bauen das *lavvo* auf, das ebenso praktische wie einfache Lappenzelt. 14 in der Spitze verschränkte und kreisförmig aufgestellte Birkenstämmchen, deren eines die Kette für den Kaffeekessel hält, bilden das Gerüst. Zwei Zeltplanen werden, einander überlappend, außen herumgeschlagen. Ein paar Armvoll Birkenreisig und darauf ausgebreitete Rentierfelle bieten den Hirten ein Ruhelager. Alles, sogar das Feuerholz, muß auf den Schlitten mitgeführt werden, denn in der verschneiten Einöde gibt es nichts

Kaffeepause nach einem Streckenabschnitt, dessen Länge und Dauer nicht die Hirten, sondern die Rens bestimmen. Das Lager gerät zu einem scheinbaren Chaos gleichzeitig ablaufender Überlebenshandlungen. Die zentrale Funktion hat das Feuer. Es wärmt Mensch und Hund, trocknet die nasse Kleidung, taut den Schnee im Topf zu Kaffeewasser und dient der Zubereitung einer warmen Mahlzeit. Alles auf der *flytte* ist auf die Bewahrung von Körperwärme gerichtet, besonders für den Säugling in seiner tragbaren Fellkrippe

Morgens um vier schlägt die frostigste Stunde des Lagerlebens. Es hat über Nacht durch den Rauchabzug des Zeltes geschneit, die Feuerstelle ist erkaltet, der Rest Suppe im Topf gefroren. Johan, sein Jüngster Mikkel und Guge, der Lappenspitz, sind förmlich ineinander gekrochen. Hinter dem Laken schläft die Tochter Ellen, diesmal die einzige Frau in Johans *lavvo*. Wer wird an diesem Morgen als erster aufstehen und Feuer machen?

Die Herde hat sich für eine Ruhepause entschieden. Die Hirten nutzen die Gelegenheit und fangen mit dem Lasso ein paar frische Ochsen aus dem Rudel, um sie gegen erschöpfte Zugtiere auszutauschen. Nur die kastrierten Hirsche eignen sich zum Schlittenziehen. Der Rentierhalter überprüft das mit einem Messerschnitt markierte Ohr. Jede Familie hat, ähnlich dem Rinderbrandzeichen, ihre eigene Markierung

Die hinter der Herde herziehende Schlittenkarawane hat das Hochplateau am Saum des norwegischen Küstengebirges erreicht. Der Eismeerwind pfeift ungehindert über die 1000 Meter hohe Ebene und bläst Oge, dem Lappenknecht, schmerzende Schneekristalle ins Gesicht. Die nach dem 200 Kilometer langen Marsch erschöpften Rentiere wittern Meeresluft und kämpfen sich mit letzter Kraft voran. Die Sommerweide ist nah

L4503

Am Mauersund bei Nordreisa schlagen die Hirten ihr letztes Lager auf. Die Herde wird in die den vier Familien gehörenden Anteile geschieden: Die Rentierhalter fangen aus der gegen den Uhrzeigersinn trabenden Herde die Leitbullen heraus, denen die zugehörigen Tiere folgen. Der Marine-Transporter bringt die Herde auf die Sommerweide der Insel Arnøy

Zwei Jahre zuvor: Die 4000 Rentiere umfassende Herde der Lojge-Sippe schwimmt, wie seit alters, durch den Mauersund zur Sommerweide – an der Spitze ein Hirte im Motorboot, der den Leitbullen an der Leine führt. Damals gingen nur zwei geschwächte Rens durch Abdrift verloren. Diesmal brachen sich – beim Verladen aufs Schiff – 14 Tiere die Beine und mußten notgeschlachtet werden. Die Abkehr von den alten Sitten fordert ihren Tribut

Es hat zu schneien begonnen. Wir sitzen in Jochens hölzernem Lappenhaus und schauen in die wirbelnden Flocken. Der Ofen strahlt behagliche Wärme ab. Inga setzt schon wieder den Kaffeekessel auf. Das Klappern der Herdringe ist der einzige Laut in der Küche. Uns ist das Reden vergangen.

Jochen hat die Landkarte der Finnmark, Norwegens nördlichster Provinz, vor sich ausgebreitet. Unablässig folgen seine Blicke den Bergzügen und Tälern, den Flußläufen und Hochebenen, den Seen und Sümpfen. Dabei kennt er die Landschaft längst auswendig, auf der Karte so gut wie in der Natur.

„Es hat keinen Sinn", bricht Jochen endlich das Schweigen. „Wir finden die Herde nicht mehr. Nicht einmal ihre Fährte."

Michael und ich gucken ratlos aus dem Fenster. Draußen steht der Motorscooter mit den beiden hochbepackten Anhängerschlitten. Wir sind abmarschbereit. Doch mit jeder Schneeflokke sinkt unsere Chance, die Rentierherde und die Lappenkarawane zu finden. Der Schnee begräbt ihre Spuren und unsere Hoffnung, den Zug der Rens zu erreichen: den letzten Treck dieses Jahres.

Schnee ist Ende April in Norwegisch-Lappland nicht ungewöhnlich. Hier, in der *vidda*, der wüstenhaften Wildnis, wie die Norweger ihr von den Gletschern der Eiszeit kahlgehobeltes Land jenseits des Polarkreises nennen, endet der Winter erst im Juni und fängt schon im August wieder an. Das war immer so. Anders als früher aber ist die *reindrift* selten geworden, die mobile Rentierhaltung der Lappen.

Ihr Höhepunkt ist – für Mensch und Tier gleichermaßen aufregend – die *flytte*, der Abtrieb der Herden von der Winter- zur Sommerweide. Er wird von den Muttertieren in Gang gesetzt, die ihre Kälber nicht in Kälte und Futternot, sondern in einem milderen Klima und auf frischem Rentiermoos zur Welt bringen wollen.

Wenn die *flytte* beginnt, lebt das Nomadentum der Rentierlappen wieder auf. Während des 200 Kilometer langen Marsches aus dem zentralen Binnenland zur Nordmeerküste erstehen für kurze Zeit die Sitten und Bräuche des früheren Wanderhirtendaseins. Zwar sind die Berg- oder Rentierlappen bereits ebenso seßhaft geworden wie ihre Verwandten im Wald, an der See und an den großen Flüssen. Doch für zwei bis drei Wochen jährlich, von Ende April bis Mitte Mai, müssen die Herdenbesitzer die Bequemlichkeit der Zivilisation den Anforderungen der Wildnis opfern: Zelt statt Haus, Schlitten statt Auto, Lagerfeuer statt Heizung, Herdenwache statt Fernsehabend.

Wir sind zu diesem Tausch bereit, wir sind es schon seit vielen nutzlos verstrichenen Tagen, seit wir mit Johan Lojge, dem Chef der im Distrikt Kautokeino einflußreichsten *siida*, einer Vereinigung von Familien zu gemeinsamer Arbeit, unsere Teilnahme am *flytten* vereinbart haben. Doch der Aufbruch aus dem Winterlager verschob sich immer wieder. Mehrmals bereits – manchmal frühmorgens und manchmal spät in der Nacht – kam das Kommando zum Abmarsch. Wir wurden von einem rüde an der Hüttentür polternden Boten zur Eile getrieben, aber immer stolperten wir mit unserer stets gepackten Ausrüstung in einen blinden Alarm.

Wir schlafen inzwischen in unseren Kleidern und haben die Schneeanzüge griffbereit neben den Schlafsäcken. Aber unser Glaube an die Abmachung mit Johan, dem Oberhaupt der Lojge-*siida*, ist brüchig geworden.

Als wir zum abgesprochenen Termin in Kautokeino anlangten, dem Lappenzentrum der Finnmark, war es eine große Hochzeit, die dazwischenkam. Sie beschäftigte das 600-Einwohner-Dorf fünf Tage lang. Dann verhinderte plötzlich einsetzendes Tauwetter den Abmarsch. Schließlich kam den Lojges die Familie Utsi zuvor, deren Herde unversehens aufbrach und die Route besetzt hielt, auf der auch Johan die ersten Etappen *flytten* wollte. Damit sich die Herden nicht vermischten, mußte man den Utsis drei Tage Vorsprung geben. Und jetzt ist es der Schnee, der uns in Jochens Küche hält. Freilich nur uns, denn die Lojges und ihre Herde sind bereits unterwegs. Sie haben uns nicht benachrichtigt. Wir haben die Neuigkeit beiläufig im Dorf erfahren.

Ist denn in Lappland, diesem Land der Trolle und Hexen, des Aberglaubens und der Schwarzen Magie, auf nichts Verlaß?

„Die trächtigen Kühe bestimmen den Aufbruch", sagt Jochen. „Wenn sie gehen, geht auch die Herde. Die Hirten können nichts anderes tun als auf diesen Augenblick warten."

Jochen ist unser Pfadfinder. Er lebt seit 15 Jahren in Kautokeino und ist mit Inga, einer Lappin aus seßhafter Familie, glücklich verheiratet – einerseits. Seine Liebe gilt aber andererseits dem Leben in der Wildnis, dem Jagen und Fischen und allem, was mit der *flytte* zusammenhängt. Darin ist er Profi, besser gar als mancher Lappenhirte.

Nur: Jochen ist kein Lappe. Dem Paß nach ist er Norweger, von Geburt indessen Deutscher. Das hat ihm die Anerkennung der Rentierlappen jahrelang verwehrt und ihn zum „Tyske Jochen" gestempelt, zum Deutschen Jochen. Jetzt, da er mit seiner Lappenfrau zwei Kinder hat, nennen sie ihn den Inga-Jochen. Doch von den Lappen vollends aufgenommen ist er deshalb keineswegs. Und so erfährt er vieles nicht, was in Kautokeino passiert – auch nichts vom Aufbruch der Lojges.

„Die Lojge-*siida*", sagt Inga, „zieht immer über die südliche *flytte* entlang der finnischen Grenze. Vielleicht holt ihr sie dort ein?"

„Wir brauchen aber klare Sicht", sagt Jochen. „Und Frost. Das Schlittengespann wiegt mit uns fast eine Tonne. In dem weichen Schnee versacken wir bis über die Ohren."

„Und der Wetterbericht?" frage ich.

„Das Wetter ist hier schneller als das Radio", sagt Jochen. „An einem Tag kannst du Schnee, Sonne, Nebel, Regen, Frost haben, alles zusammen."

Er geht hinaus und leichtert die Langschlitten hinter dem Scooter. Der für zwei Wochen bemessene Proviant magert ab auf drei Brote, drei Pfund Margarine, sechs Dosen Fisch, sechs Büchsen braune Bohnen, eine Seite gedörrtes Rentierfleisch, Kaffee und Tee. Unsere Kleidung schrumpft bis auf eine Garnitur zum Wechseln: „Falls ihr mal schwimmen müßt."

Endlich geht's los! Jochen will dem Schnee trotzen, wohl auch den Lojges. Michael und ich richten uns auf den knochigen Gepäckleibern der Anhänger ein. Proviant, Benzinkanister, Ausrüstung sind in Rentierfelle und Zeltpersenning eingeschlagen und auf der Sitzpritsche aus Birkenstämmen festgezurrt. Wir werden viele Stunden darauf zubringen, in wechselnder Haltung, damit die Beine nicht einschlafen: rittlings, seitlings, bäuchlings.

Jochen startet den Scooter. Das Schneemobil ist einem Motor-

Hochzeit in Kautokeino, dem Lappenzentrum der Finnmark: Nach der Trauung stellt sich das Brautpaar inmitten der Festgesellschaft vor der alten Holzkirche dem Fotografen. Die Feier findet in der kalten Architektur eines Glas-Beton-Baus statt: einem von der Regierung eigens für die Lappen erstellten Kommunikationszentrum

roller ohne Räder ähnlich. Es hat zwei stählerne Lenkkufen vorn und ein Lamellenlaufband aus Hartgummi hinten. Es funktioniert wie der Antrieb eines Raupenfahrzeugs, und es macht auch soviel Lärm.

Wir fahren zum Fluß hinunter, dem zugefrorenen Kautokeinoelva. Auf seiner Eisdecke kommen wir am schnellsten aus dem Ort heraus, stromaufwärts in südlicher Richtung, wo irgendwo die Lojge-*siida* und ihre Herde marschieren.

Im dichten Schneetreiben entzieht sich Kautokeino dem Blick zurück. Uns hat sich die Ansicht des Dorfes ohnehin bis zum Überdruß eingeprägt: Etwa hundert Holzhäuser, zwei Tankstellen, drei Supermärkte, die Norske Spårekassen und die abseits auf einem Hügel thronende ochsenblutfarbene Holzkirche. Sie ist das meistfotografierte Gotteshaus am Polarkreis und stets Hintergrund des beliebtesten Postkartenmotivs: der Lappenhochzeit.

Wir haben sie ja wirklich erlebt und uns darüber gewundert, daß es sie wirklich so gibt, wie sie auf Postkarten aussieht: Hunderte von Lappen im rotblauen Wams mit Faltenröckchen unter dem protzigen Gürtel, mit Schnabelschuhen und einer mehrzipfligen Mütze, die einer rheinischen Narrenkappe ähnelt.

Kautokeinos Lappen tragen ihr traditionelles Kostüm auch alltags und gerade dann, wenn keine Fremden da sind. Die lange totgesagte Kultur der Nomaden von einst erlebt – zumindest äußerlich – eine Wiedergeburt, die auch die Jugend erfaßt hat. In der Dorfdisco haben wir mehr Lappenblau als Blue jeans gesehen. Im kurzen Sommer freilich, zur Touristenschwemme, lassen die meisten, als genierten sie sich, das bunte Kleid im Schrank. „Dann ziehen sie Hosen und Lederjacken an", sagt Jochen.

An der Brücke über den Fluß passieren wir zwei junge Burschen beim Eisangeln. Sie sind, obwohl halb eingeschneit, in ihrem leuchtenden Blau-Rot schon von weitem zu erkennen. Das letzte, was wir von Kautokeino sehen.

Das Lappenzentrum ist, so steht es im Reiseführer, „ein *sentralsted*, eine jener nordnorwegischen Gemeinden, deren Einwohnerzahl (600) zur Stadterhebung nicht ausreicht, die aber dennoch städtische Funktionen wahrnehmen sollen". Ursprünglich verdankt Kautokeino seine Existenz der Lage an der Rentierroute zwischen den Winterweiden im Südosten und den Sommerweiden im Nordwesten Lapplands; so bedeutet der Name in der Lappensprache denn auch „Mitte des Weges". Hier machten die Lappenkarawanen seit je „halblang".

Der Rastplatz entwickelte sich zum Tausch- und Handelszentrum, zum festen Treffpunkt der umherziehenden Hirten. Man traf sich zu Hochzeiten und Taufen, zum österlichen Jahrmarkt und zum Schlachtfest im Herbst. Die Wettrennen der mit weißen Renochsen bespannten Schlitten wurden zur Attraktion für Norweger und Fremde. So läuteten die Glocken am Hals der Zugtiere den Anbruch des touristischen Zeitalters im Distrikt Kautokeino ein.

Die norwegische Regierung nutzte den traditionellen Ort, um die letzten Nomaden des Nordens seßhaft zu machen. Die unwirtliche Tundra der Finnmark bot – außer der Rentierzucht – ihren Bewohnern keine andere Erwerbsmöglichkeit als Fischerei, Jagd und ein bißchen Landwirtschaft. Dem Ausbau der Agrikultur war jedoch die *reindrift* im Wege.

Der extensive Zuchtbetrieb mit dem arktischen Halbwild erfordert nicht nur weiträumige Weide, sondern während der *flytte* vor allem freien Durchzug: quer durchs Land auf einer Breite von 30 Kilometern. Denn die Rentierherden suchen sich ihren Weg selber, und der macht bei dem wechselhaften Wetter häufig Abweichungen nötig: um tiefverschneite Täler, ungangbare Sümpfe, aufgetaute Seen und Flüsse herum.

Das seit Jahrhunderten geübte Recht auf freien Durchzug mochte die Regierung in Oslo den Rentierlappen nicht nehmen. So versuchte sie in den sechziger Jahren, als sich im Storting – dem norwegischen Parlament – eine von den Ölfunden in der Nordsee beflügelte Sozial- und Reformpolitik durchsetzte, den Halbnomaden in der armen Nordprovinz ein seßhaftes Leben schmackhaft zu machen.

Kautokeino, einst nur Tausch- und Lagerplatz, erhielt die Schrittmacher der Zivilisation: Schule, Krankenhaus, Touristenhotel. Der Hausbau wurde vom Staat mit Zuschüssen gefördert, der Kauf von Autos, Trekkern und landwirtschaftlichem Gerät war steuerfrei. Und Samvirken, die staatlich gestützte Konsumgenossenschaft Norwegens, offerierte den Lappen ein

Leben „von der Gefriertruhe in den Mund" zum Sonderrabatt.

Das fahrende Volk nahm die Verlockung an und zog für jenen Teil des Jahres, in dem man die Herden sich selber überlassen kann, in die von der öffentlichen Hand bereitgestellten Quartiere. Manche gaben die *reindrift* ganz und gar auf und richteten sich für das Leben hinter dem warmen Ofen ein.

Jedoch: Die zum Stillsitzen verführten Lappen warten noch immer auf Arbeit. Denn die geplante Agrarreform, die Urbarmachung der *vidda*, blieb in der weltweiten Wirtschaftsflaute stecken, und die Erlöse aus dem Ölgeschäft erwiesen sich als weit überschätzt.

Heute hat Kautokeino die höchste Arbeitslosenquote Norwegens. So sind die blaurotbunten Lappen zum – freilich pittoresken – Sozialfall geworden, den alljährlich im kurzen Sommer Tausende von Touristen fürs Fotoalbum ablichten. Von ihnen lebt ein bescheidenes Heimgewerbe, das für den *samehusfliden*, den Souvenirmarkt, nach Lappenmotiven schöne Mützen, Schnabelstiefel, Dolche und Silberschmuck handfertigt.

Ellen Susann ist seßhaft geworden und fertigt in Heimarbeit Lappenschuhe aus Rentierfell für den *samehusfliden*, den Souvenirladen für die Touristen. Enkelin Lena schaut zu. Die Familie der alten Frau, die traditionsbewußt zu ihrer Kultur steht, hat im Zweiten Weltkrieg ihre Rentierherde an die deutsche Wehrmacht verloren. Seither sitzt Ellen hinterm warmen Ofen

Die standhaft gebliebenen Rentierlappen fühlen sich in ihrem Halbnomadendasein bestärkt. Die *reindrift*, die ambulante Rentierzucht, bleibt für sie in diesem Ödland die einzig natürliche Wirtschaftsform. Sie wird diktiert vom Wanderinstinkt der arktischen Hirsche. Dieser Trieb ist eine Anpassung an die geographische Lage mit ihrem besonderen Klima.

Auf den Schären und an den Fjorden der vom Golfstrom aufgewärmten Nordmeerküsten gibt es die in diesen Breiten besten Weiden. Sie sind aber nur von Mai bis September nutzbar, weil die hohen atlantischen Niederschläge im Winter – bei sporadischem Frost – eine meterdicke verharschte Schneeschicht produzieren. Sie läßt das Ren nicht an das Rentiermoos und an andere Flechten gelangen.

So müssen die Tiere tief ins Binnenland ausweichen, wo die Weiden zwar magerer, aber zugänglicher sind. Hier drückt das Kontinentalklima die Quecksilbersäule bis auf 40 Grad minus, aber es fällt nur wenig und zudem lockerer Schnee, den die Paarhufer leicht vom Futter fortscharren können. Doch spätestens Anfang Mai sind die Tundraböden kahlgefressen. Dann lockt die fette Weide an der Küste, und die ans Licht der Welt drängenden Kälber schließlich lösen das Signal zum Rückmarsch aus.

Die Verfolgung ihrer Herden durch die Wildnis ist für die Lappen alles andere als ein folkloristischer Spaziergang. Es ist eine Kräfte und Nerven zehrende Strapaze. Das erfahren auch wir bereits nach den ersten Kilometern unserer Schlittenfahrt.

Gleich hinter Kautokeino beginnt die *vidda*, und zwar so unmittelbar und feindlich, wie sie sich unverändert von der finnischen Grenze im Osten bis zur Küste im Westen erstreckt. Es ist ein fast menschenleeres Gebiet von der Größe der Schweiz, eine Einöde, ein Niemandsland ohne Straße oder Schiene, ohne Weg und Steg.

Irgendwo hinter dem nackten, im Schneegestöber verborgenen Horizont zieht „unsere" Herde. Sie zu finden kommt mir so vor, als wollte ein Fallschirmspringer aus tausend Metern Höhe auf einem Fliegendreck landen.

Jochen läßt sich nicht beirren. Er kämpft sich Kilometer um Kilometer durch ein Gelände voran, in dem ich allein keine hundert Meter schaffen würde. Michael und mich auf den Langschlitten im Schlepp, bahnt sich der Scooter mit einem Schwall von Schmelzwasser vor dem Bug über halb aufgetaute Seen und halb zugefrorene Bäche seinen Weg. Wieder und wieder hängen wir im dichten Gestrüpp der nur kniehohen Tischbirken fest oder bleiben im tiefen Sulzschnee der Sümpfe und Täler stecken.

Gelegentlich müssen wir herunter vom Schlitten und, bis zur Hüfte eingesunken, das Gespann wieder flottmachen. Mal dampfen wir unter Norwegerpullover und Schneeanzug wie in der Sauna, mal frieren wir im eisigen Fahrtwind, als hockten wir nackt auf dem Gepäckbuckel.

Bis zum Abend, nach sechs Stunden, haben wir nur acht Kilometer zurückgelegt und bereits unser Repertoire an Flüchen aufgebraucht.

„Schwitzen ist der Anfang vom Tod", zitiert Jochen eine Lappenweisheit und lädt Stangen und Planen vom Schlitten ab: Biwak. In zehn Minuten steht das *lavvo*, das Lappenzelt. Zwölf Birkenstämmchen werden, an den Spitzen miteinander verschränkt, im Kreis aufgestellt. Dann wird die Persenning um den Kegel herumgelegt wie eine Serviette um den Hals einer Champagnerflasche. In der Spitze bleibt eine Öffnung, damit der Rauch des Lagerfeuers abziehen kann. Dieser so einfache wie sichere Zeltbau ist rund um die nördliche Kappe des Erdballs zu Hause: von den Tipis der Indianer Nordamerikas bis zu den Jurten der Steppenvölker Zentralasiens.

„Wir müssen Frost abwarten", entscheidet Jochen: „Nur ein, zwei Grad unter Null, und wir haben *skåre*." Das heißt: eine verharschte Schneeoberfläche, auf der Scooter und Schlittengespann nicht mehr einbrechen. Ohne Anhänger und bei günstigem Untergrund bringt es ein Schneemobil auf mehr als 100 Stundenkilometer, mit uns als Ballast freilich kaum auf die Hälfte, und auch das nur kurz.

Gegen Mitternacht, der fahlhellen Geisterstunde im Nordlandfrühling, passiert das Wunder, das laut Jochens Wettervorhersage freilich an der Tagesordnung ist: Es hat aufgehört zu schneien, der Himmel ist klar, und als ich vor das Zelt trete, knirscht der Schnee: Er ist *skåre*. Obwohl die Sonne Ende April nördlich des 69. Breitenkreises nur noch kurz unter den Horizont sinkt, ist es empfindlich kühl geworden.

„Weiter", drängt Jochen.

Wir fahren bei gleichbleibendem Licht zweimal 24 Stunden

durch die weiße Monotonie. Unser halbwacher Schwebezustand wird nur alle paar Stunden durch einen kalten Imbiß unterbrochen. Zum Teekochen bleibt keine Zeit. Wenn ich auf die Uhr sehe, muß ich schließlich raten, ob es zehn morgens oder abends ist.

Auf dem Kamm eines Hangs hält Jochen unvermittelt an. Unten im Tal, am moosbraun abgetauten Ufer eines vereisten Sees, steht die Herde. Sie wirkt viel kleiner, als ich mir eine Masse von 4000 Rentieren vorgestellt habe. Auf einer schneefreien Landzunge schweben durchsichtige blaue Rauchfahnen über vier Zeltspitzen. Wirklich: Wir haben die Lojge-*siida* eingeholt. Meine Gier nach einem Schluck heißen Tee ist grenzenlos.

„Lea go dos vidni?" ist das erste, was wir hören, als wir durch die Öffnung des Zeltes von Johan Lojge kriechen: „Habt ihr Schnaps mitgebracht?"

Es ist Johans ältester Sohn Nils, der das sagt: auf samisch, der Lappensprache. Er tastet uns mit einem kalten Blick ab, der durch das schiefe Lächeln in seinem verrunzelten, nur 29 Jahre alten Gesicht nicht freundlicher wird. Alle Rentierlappen haben diese vorzeitig gealterten Gesichter. Das macht das dichte Faltennetz rund um die Augen, die man unablässig schützen muß: vor dem schneidenden Fahrtwind auf dem Schlitten, vor Schneeblindheit bei gleißender Sonne, vor dem beißenden Rauch am Feuer im Zelt.

Der Rauch zwingt auch uns gleich in die Lage, die jeder Lappe einnimmt, wenn genügend Platz am Feuer ist: auf der Seite, mit angewinkelten Beinen, den Kopf bequem auf den Ellenbogen gestützt. So nämlich ist das Gesicht auf Flammenhöhe und außer Reichweite des Rauchs.

Das Innere eines Lappenzelts teilt eine gedachte Linie in verschiedene Wohnbereiche. Sie führt vom Eingang mitten durchs Feuer zur gegenüberliegenden Wand. Dort steht die Proviantkiste, das Allerheiligste des Küchenareals. Rechts wohnen die Frauen und Kleinkinder, links die Männer und halbwüchsigen Jungen, die schon bei der Herde helfen können. So entsteht während der nächtlichen Wachablösung keine unnötige Störung. Gäste schlagen sich auf die Seite ihres Geschlechts, und zwar gleich am Eingang, im Vorzimmer sozusagen.

In Johan Lojges Zelt leidet die Ordnung unter einer Männermajorität, die durch Jochen, Michael und mich noch weiter zu ungunsten der einzigen Frau verschoben wird: Johans Tochter Ellen, 22 Jahre alt. Johans Frau Ragnhild ist diesmal zu Hause geblieben und auch sein zweitältester Sohn Johan. Der lernt in Tromsø Automechaniker und hat zur *flytte* keine Lust mehr.

So sitzen wir nur Johan, Nils und seinem Drittältesten, dem 23jährigen Anders, gegenüber. Mikkel, 13 Jahre alt und der Jüngste, ist draußen auf dem See beim Eisangeln, wobei er mit einem Auge die äsende Herde überwacht.

Ellen nimmt den Kaffeekessel vom Haken. Er hängt an einer in der Zeltspitze befestigten Kette über dem Feuer. Mein Blick haftet wie hypnotisiert an dem dampfenden Gebräu, das schwarz und duftend die Becher

Die Nacht im Mai ist hell jenseits des Polarkreises. Während sich Tochter und Söhne im Zelt nach der harten Hirtenarbeit ausschlafen, treibt es den alten Johan und seinen Hund Guge hinaus. Verhält sich die Herde ruhig? Hat sich auch keiner der angepflockten Zugochsen in seinem Halsstrick verheddert? Johan ist immer wachsam

füllt. Doch für uns gibt es, mit entwaffnender Selbstverständlichkeit, weder Kaffee noch eine Einladung. Ich spüre dort, wo eben noch die Gier nach etwas Heißem saß, kalten Zorn aufsteigen.

„Warum seid ihr losgezogen, ohne uns Bescheid zu sagen?" frage ich und sehe Johan an.

Das Oberhaupt der Lojge-*siida* – er ist 58 Jahre alt und sieht aus wie mindestens 70 – setzt den Becher ab und lächelt. Ich zähle fünf Zähne in seinem faltigen Mund, drei oben, zwei unten. Will er sich über mich lustig machen?

Johan sagt nichts. Er gibt nur einen Strahl Tabaksaft von sich, mitten ins aufzischende Feuer.

Jochen geht hinaus und kommt mit unserem eigenen Tee, unserem eigenen Topf, unserem eigenen Schnee wieder. Wird er, um ihn in kochendes Wasser zu verwandeln, die nötige Hitze vom Feuer nehmen dürfen? Jochen stellt den Kessel einfach in die Glut und fängt mit dem Alten ein Gespräch an, auf samisch und offenkundig heiteren Inhalts.

Johan kichert. Er langt mit der Hand in den Bauch seiner Lappenbluse und zieht eine flache Flasche mit einer violetten Flüssigkeit heraus. Was über dem tiefsitzenden Gürtel der Lappen meist wie ein Fettbauch aussieht, ist der Stauraum für alle Dinge, die man gern trocken und stets zur Hand haben will: Tabak, Zigarettenpapier, Pfeife, Kautabak, Zündhölzer, Geld. Und mitunter auch die Schnapsflasche.

Johan reicht sie uns herüber. Das Zeug wirkt wie reiner Alkohol, der mit dem aufgesetzten Saft irgendeiner Beere genießbar gemacht worden ist. Im ersten Augenblick bin ich verblüfft, daß Johan seinen kostbaren Hausgebrannten, aber nicht seinen Kaffee mit uns teilt. Doch das Lappen-Einmaleins ist einfach: Was jeder selber machen kann, muß kein anderer für ihn machen.

Die Frage, warum man uns nicht vom Aufbruch benachrichtigt oder gar auf uns gewartet hat, wird nicht mehr beantwortet: Das haben die Rentiere so entschieden.

Wir sollen für den Rest der Reise, erklärt Johan, gleich dort bleiben, wo wir jetzt sind: auf der linken, der Männerseite. Er und seine vier Kinder richten sich in der Frauenhälfte ein. Das ist großzügig, auch wenn wir für unser Logis bezahlen müssen.

Wir können die Wärme nicht lange genießen. Mikkel kommt mit einem Schwall kalter Luft ins Zelt und wirft eine Lachsforelle auf die Proviantkiste. „Die Herde zieht weiter", sagt er und greift sich mit frostblauen Fingern einen Becher Kaffee.

Im *lavvo* bricht das Chaos aus. Ich stehe hilflos im Durcheinander von Zeltplanen, Birkenstangen, Rentierfellen, Kochtöpfen, Feuerholz. Wo immer ich zugreifen will, stehe ich im Wege oder tue etwas Falsches. Als sich der scheinbare Wirrwarr nach zehn Minuten zu einem geordneten Weitermarsch entzerrt hat, vermisse ich meine Handschuhe. Ich habe meine Lektion gelernt: Jeder hat auf der *flytte* seinen eingespielten Part. Meiner ist es zunächst, auf mich selber und mein Zeug aufzupassen. Zum Glück habe ich ein paar Ersatzhandschuhe mit.

Mikkel, 13 Jahre alt und jüngster Sohn von Sippenchef Johan, besitzt schon eine kleine Rentierherde, die sich an jedem Geburtstag vergrößert. Noch gilt die größte Leidenschaft des jungen Rentierhalters dem Eisangeln auf den zugefrorenen Seen am Wege der *flytte*. Und meist fängt der Kleinste in der Familie die größte Lachsforelle

Als die Planen von den drei anderen Zelten rutschen, sehen wir die weiteren Familien der *siida*. Da sind Isak und Karen Anna mit dem 16jährigen Sohn Mikkel Johan und dem Hirten Oge. Dann der glatzköpfige Johan Hendrik und seine Frau Berit. Die beiden haben keine Kinder, aber einen freiwilligen Helfer: den norwegischen Polizisten Finn Erik, der gegen Kost und Logis seinen Urlaub als Lappenknecht verbringt. Nützliche Naturburschen wie er sind den Lappen stets willkommen. Und, wenn sie statt Lohn zu kosten noch Geld für die Verpflegung mitbringen, auch stille Naturschwärmer wie Lillian, eine norwegische Lehrerin, die – unaufhörlich fröstelnd – mal an Isaks, mal an Johan Hendriks Feuerstelle sitzt.

Das vierte Zelt gehört dem Eigenbrötler Aslak. Er hat seine Familie nicht dabei, aber eine stämmige Holländerin, die ihm zur Hand geht. Nelljette studiert Anthropologie an der Universität Groningen und will über die Lappen ihre Doktorarbeit schreiben. Sie macht schon ihre dritte *flytte* mit und sagt beständig „Samen", wenn sie von den Lappen spricht.

Auch wir haben natürlich gelesen, daß sich der nordskandinavische Volksstamm selbst „Samen" nennt: das mit dem finnischen Suomi verwandte Wort für „Menschen". Herkunft und Bedeutung der Bezeichnung „Lappe" sind umstritten. Einerseits könnte es ein veraltetes schwedisches Wort finnischen Ursprungs für „Verbannter" sein, andererseits eine Verballhornung der spätlateinischen Vokabel „lapes" für „Wolfsgezücht". Doch Jochen, der in eine Lappenfamilie eingeheiratet hat, akzeptiert ohne weiteres das Wort „Lappe" für seine Verwandten, denn „denen ist in Wahrheit völlig egal", sagt er, „wie sie von Nicht-Lappen bezeichnet werden". Also haben auch wir es bei dem Wort Lappe belassen, an dem sich offenkundig niemand stört – außer Nelljette.

Uns interessiert, woher diese fremdartigen Menschen kommen, die sich mit ihrer gedrungenen Gestalt und ihren gelegentlich asiatisch geschnittenen Gesichtern anthropologisch von den Norwegern, den Nachfahren der Wikinger, unterscheiden. Darüber weiß die Holländerin gut Bescheid: darüber nämlich, daß es eigentlich niemand so recht weiß.

Die etwa 30 000 Lappen, die sich auf die Kruppe des skandinavischen Löwen zurückgezogen haben, sind schon untereinander so verschieden wie die Landschaften der europäischen Arktis. Lappland – das ist das Wohngebiet eines wahrscheinlich aus Asien stammenden Volks auf vier Staatsterritorien: Die Lappen leben zwischen dem norwegischen Küstengebirge im Westen und der sowjetischen Halbinsel Kola im Osten, sie siedeln vom Nordkap bis zur schwedisch-finnischen Ostseeküste im Süden. Die Gesamtfläche ist größer als Frankreich und hat nur eine Million Einwohner, deren samischer Anteil lediglich drei Prozent beträgt.

Ihre Sprache ist ein mit dem Altfinnischen verwandtes uralisches Idiom. Diese Verwandtschaft mit dem Finnisch-Ugrischen stützt unter allen Theorien über die Herkunft der Lappen diejenige, daß sie – als asiatisches Halbnomadenvolk – von jenseits des Urals vor etwa 3000 Jahren nach Nordskandinavien eingewandert sind und sich mit den Finnen vermischt haben, die bereits zuvor aus Asien gekommen waren.

Als erster Europäer hat der römische Geschichtsschreiber Tacitus vor bald 1900 Jahren aufgezeichnet, was ihm über die Lappen, die damals als Finnen angesehen wurden, zu Ohren gekommen war: „Die Fennen leben in ganz ungewöhnlicher Wildheit und widerwärtiger Dürftigkeit. Sie besitzen keine Waffen, keine Pferde, kein festes Haus. Zur Nahrung dienen ihnen wildwachsende Pflanzen, zur Bekleidung Felle. Ihre Lagerstätte ist der Erdboden. Überallhin ziehen die Frauen mit. Sie und auch die kleinen Kinder haben vor wilden Tieren keinen anderen Schutz, als daß sie in einem behelfsmäßig hergestellten zeltartigen Geflecht aus Zweigen leben."

Die Bekleidung mit Fellen und das Lagern auf dem Erdboden ist den Lappen bis heute – wenigstens während der *flytte* – ebenso geblieben wie die Gewohnheit, Frauen und Kinder mitzunehmen und Schutz in Zelten zu suchen. Die allerdings sind nicht mehr, wie vor hundert Jahren noch, mit Birkenrinde gedeckt, sondern mit Tuch. Und was das Volk spaltet, ist die unterschiedliche Form der Seßhaftigkeit. Sie hat auch zur sprachlichen Aufspaltung geführt.

Die auf Dauer seßhaften samischen Bauern und Fischer der norwegischen Fjorde können die Waldlappen der schwedischen und finnischen Taiga ebensowenig verstehen wie diese die Berg- oder Rentierlappen der *vidda*. Und nur sie – mit etwa 3000 Menschen lediglich zehn Prozent aller Lappen – betreiben die *reindrift*, sind noch als ethnische Einheit zu erkennen. Die über vier Staaten versprengte Mehrheit des Volkes ist inzwischen stark mit Skandinaviern vermischt; die Gruppen kommen miteinander kaum noch in Berührung. In der Sowjetunion gibt es – offiziell geschätzt – 1900, in Finnland 3000, in Schweden gut 6000 und in Norwegen 20 000 Lappen. Darin enthalten sind nicht die Menschen samischer Herkunft, die sich völlig in den modernen Staat und seine Zivilisation integriert haben.

„Und sie halten nichts voneinander", sagt Nelljette. „Die bäuerlichen Samen verachten die Rentierhirten, die Nomaden machen sich über ihre seßhaften Vettern lustig. Für die Norweger aber sind sie allesamt Barbaren, nicht viel besser als Landstreicher."

„Und du bist für die Lappen eine *ringu*", feixt Jochen. Nelljette bekommt einen roten Kopf. Das Wort bedeutet „weibliche Fremde", aber eigentlich soviel wie pingelig oder geziert.

Die Fremden schlechthin sind für die Lappen die *datša*, „die auf dem Pferd kommen". Früher waren es die Steuereintreiber: Norweger, Dänen, Schweden, Finnen, Russen. Deren unerbittliche Zinspolitik hat den Lappen seit mehr als 300 Jahren den Glauben an die Gerechtigkeit des Staates, an jedwede Obrigkeit gründlich ausgetrieben. Statt dessen hat sie ein tiefes Mißtrauen gesät, eine kategorische Ablehnung alles Fremden. Denn für die Lappen war „fremd" immer gleichbedeutend mit Feind.

Bei den alten Lappen ist jene Zeit noch nicht vergessen, in der sie während der *flytte* für jedes Rentier auf vier verschiedenen Hoheitsgebieten Steuern zahlen mußten. Wenn sie sich weigerten, wieder und wieder beim Überschreiten der offenen und nicht eindeutig festgelegten Staatsgrenzen zwischen Rußland, Finnland, Schweden und Norwegen den Zehnten zu entrichten, wurden sie von den berittenen Steuerinspektoren quer durch Lappland verfolgt. Die Grenzübertritte etwa russischer Fiskusfahnder bis nach Schweden und Norwegen waren durch Stillhalteabkommen unter den Hauptstädten gedeckt.

Die Reaktion der Lappen war: Sage keinem Fremden etwas, und schon gar nichts über die Anzahl deiner Rentiere. Die Norweger prägten für dieses Verhalten die Redewendung „er lügt wie ein Lappe". Und „Meyers Konversations-Lexikon" von 1877 wußte sich auf die Lappen keinen anderen Vers zu machen als: „Von Haus aus gutmüthigen und sanften Charakters, sind sie infolge des auf ihnen lastenden Druckes träge, feig und mißtrauisch geworden und zeigen sich von dieser ungünstigen Seite besonders der herrschenden Rasse gegenüber."

Als „herrschende Rasse" spielen sich heute die Norweger den Lappen gegenüber wohl nicht mehr auf, aber es gibt Unterschiede, auch in der Öffentlichkeit. Im feinen Speiserestaurant des „Turisthotel" von Kautokeino, einer im Winter beliebten Tagungsstätte norwegischer Geschäftsleute, werden Lappen nicht bedient. Wenn aber mal einer, dem man offiziell den Zutritt nicht verwehren kann, die Stiefel unter dem weißen Tischleinen ausstreckt, wird er vom Personal so lange wie Luft behandelt, bis er sich still hinausschleicht – oder randaliert. Dann setzt man ihn „aus gegebenem Anlaß" vor die Tür.

„Ich war immer stolz darauf und glaubte daran", sagt Lillian, die Lehrerin aus den südnorwegischen Bergen, die drei Jahre in Südafrika gelebt hat, „daß es in meiner Heimat keine Rassenprobleme gibt. Seit ich in Kautokeino unterrichte, weiß ich es besser."

Rassendiskriminierung nach Art der südafrikanischen Apartheid gibt es in Norwegen selbstverständlich nicht. Jedermann kann sich leicht davon überzeugen, daß es den Lappen, auf Kosten aller Steuerzahler, so gut geht wie nie zuvor und besser als jedem arbeitslosen Durchschnittsnorweger. Wird nicht alles, was sie zum Leben brauchen, großzügig subventioniert? Freilich: Mit wem man den Tisch teilt, das wird man sich, so denken die meisten Norweger, wohl noch aussuchen können.

Dürfen Michael und ich, die *datša*, die Fremden, uns angesichts solcher Praktiken wundern, wenn man uns nicht gleich mit jener Gastfreundschaft behandelt, wie sie sonst am Lagerfeuer üblich ist?

Die Feuer sind verloschen. Herde und Hirten ziehen weiter. Die Rentiere trotten in weit aufgefächerten Linien eine kahle Berglehne entlang, stets den höheren Stellen im Gelände folgend, wo die Sonne Moosinseln aus der Schneedecke herausgebrannt hat. Dort verharren sie eine Weile und fressen.

Die Tiere bieten einen traurigen Anblick. Ihr struppiges graues Winterfell zeigt kahle Stellen, viele haben – wenigstens auf einer Seite – die Geweihstangen verloren. Bei den Rens tragen, als einzigem Vertreter der Hirschfamilie, auch die Kühe die mehrfach gegabelte Kopfwehr. Sie bewahren sie, um sich brünstige Bullen vom trächtigen Leib zu halten, bis zum Kalben auf der Sommerweide.

Bei den männlichen Tieren hat das alte Geweih schon jetzt bucklig sprießendem Neuwuchs Platz gemacht. Die Kampfstangen müssen früh genug hart sein für die Kämpfe der Rivalen während der Brunst. So bietet sich uns das paradoxe Bild, daß Hirschkühe ein Geweih tragen oder wenigstens ein halbes, und die Hirsche keines.

Die Lappenkarawane marschiert auf Rufweite über den Tiefschnee der Talsohle neben der Herde her. An ihrer Spitze Nelljette, den Leitochsen am Strick. Tapfer plagt sich die Samen-Doktorandin, mitunter bis zum Bauch im Sulzschnee, mit dem schlechtesten Job der *flytten*.

Ellen, Karen Anna, Berit und die Kinder kauern, die Beine unter Fellen und Decken vergraben, auf den hölzernen Langschlitten. Sie werden, wie die unbemannten Gepäckschlitten, von halbzahmen Renochsen gezogen. Jochen, Michael und ich sind als Nachhut des auf Spur getrimmten Trosses eingeteilt. So fahren wir Stunde um Stunde durch die weißverschneite Einöde. Sie bietet den Sinnen nichts als endlosen Raum für ziellose Gedanken.

Die Männer und ihre Söhne hingegen müssen jetzt hellwach sein. 4000 halbwilde Hirsche beisammenzuhalten, das erfordert – anders als der reiterische Gewaltakt viehtreibender Cowboys – das feine Gespür des guten Hirten. Er muß dem Fluchtinstinkt, den Ausbruchsversuchen einzelner Herdentrupps eine Nasenlänge voraus sein.

„Leider", sagt Jochen, „ist es heute nicht mehr weit her mit der Rentiernase der Lappen. Sie haben mehr Benzingestank in der Nase als den Geruch der Herde."

Noch vor wenigen Jahren stand der Hirte auf Skiern. Damit vermochte er versprengten Tieren auch in unwegsames Gelände zu folgen, etwa in halb aufgetaute Sümpfe, in denen ein Motorscooter rettungslos versinken würde. Heute hocken die Herdenbesitzer und ihre Helfer auf den schnellen Schneemobilen, den Hütehund auf dem Sozius. Das ist bequemer, zwingt aber zu einer schlittengängigen Route, und die ist in der Regel ein Umweg, der die Tiere mehr Zeit und Kraft kostet.

Es dauert nicht lange, bis wir über das erste todgeweihte Tier stolpern, eine tragende Kuh. Sie liegt, mit eingebrochenen Läufen, abseits der Fährte. Mit dem schäbigen Winterfell und der einen Geweihstange auf dem gesenkten Kopf sieht das Tier unendlich verlassen aus.

„Sie lassen es einfach verenden?" frage ich Jochen. „Warum laden sie es nicht auf einen Schlitten oder schlachten es wenigstens?"

„Nach der Winterweide", sagt Jochen, „taugt das Fleisch nichts. Geschlachtet wird im Herbst, nach der Rückkehr von der Sommerweide. Und mitnehmen? Guck dir die vollgepackten Schlitten an. Wie sollen wir da noch Tiere aufladen, die zusammenbrechen?"

Ein Kalb hat Zahnschmerzen, weil es seine Milchzähne verliert. Es mag nicht mehr fressen und ist völlig entkräftet. Eigentlich ist auf den schwerbeladenen Schlitten kein Platz mehr. Doch das Tier wird, sorgsam eingehüllt, auf der Pritsche verstaut und mitgeschleppt. Weil es als Zuchtkalb wertvoll ist – und dem kleinen Mikkel gehört

Für ein anderes Tier indessen, ein einjähriges Zuchtkalb, wird später Platz gemacht. Es verliert gerade seine Milchzähne und kann deshalb nicht mehr äsen. Berit hüllt das geschwächte Kalb in Sackleinen und bindet es sorgsam auf einen Schlitten. Der kleine Mikkel sieht stumm und kritisch zu. Das Kalb gehört ihm.

Und nicht nur dieses Tier. Der 13jährige besitzt bereits eine kleine Herde von zwei Dutzend Rens. Die Kinder der Rentierlappen bekommen von Eltern und Verwandten zur Taufe, zum Geburtstag, zur Konfirmation Rens geschenkt, damit sie, wenn sie sich eines Tages selbständig machen, einen Grundstock haben. Die Rentabilität der Rentierzucht fängt bei 200 Tieren an. Die familiäre Vermögenspolitik soll die Zukunft sichern: die der Herde und des Gewerbes.

Der alte Johan hat, was das angeht, seine Zweifel. Wir treffen ihn, nachdem er an der Herdenspitze abgelöst worden ist, auf dem Scheitel des unendlich lang ansteigenden Hangs. Der Alte hat sich, den Kopf mit dem Arm aufgestützt, in der klassischen Haltung der Lappen auf dem Schlitten ausgestreckt und schaut den talwärts trottenden Rens nach. Sie scheinen über den Wolken zu schweben, denn wir befinden uns in der eisigen Höhe von tausend Metern über dem Meeresspiegel.

„Hast du eine Zigarette?" fragt Johan und zeigt auf seine fünf restlichen Zähne. Die Pfeife kann er damit nicht mehr halten, und der Kautabak ist ihm zu langweilig.

Jenseits des Tals ragt ein klobiger Bergrücken auf. Sein Haupt, von dem der Wind lange Schneefahnen weht, überragt uns noch um gut 350 Meter. Es ist der Raisduoddarhaldde, Finnlands höchster Gipfel. Irgendwo im Tal zwischen ihm und uns verläuft die finnisch-norwegische Grenze. Sie ist im Prinzip offen, doch während der *flytte* auf diesem Stück von norwegischen Grenzern streng bewacht. Denn die Lappen erhalten aus Oslo nach jedem Treck Schadensersatz für Rentiere, die über die Grenze entlaufen sind – tatsächlich oder auch nur angeblich. Für alle diese Tiere zahlt Finnland gemäß einem zwischenstaatlichen Abkommen an Norwegen einen Wertausgleich.

Seltsamerweise bleiben die verloren gemeldeten Rens in der Regel unauffindbar. Die Regierung argwöhnt, daß sie von den norwegischen Lappen oder den finnischen oder von beiden betrogen wird. Vielleicht eine Revanche für die multilaterale Steuereintreiberei der Vergangenheit?

Ein Hubschrauber der Grenzpolizei fliegt unterhalb unserer Füße durch das Tal. Das Knattern seines Rotors dröhnt noch zwischen den Bergen, als er längst verschwunden ist. Auf dem uns gegenüberliegenden Schneefeld bewegt sich ein schwarzer Punkt schnell auf viele kleine Punkte zu: Finn Erik holt mit seinem Scooter einen Trupp versprengter Rentiere aus Finnland zurück. Das Motorengeräusch klingt bis zu uns – so nah wie ein Rasenmäher auf dem Nachbargrundstück.

„Nur noch Scooterspuren im Schnee", sagt Johan. „Siehst du eine einzige Skispur? Vor fünf Jahren gab es hier oben keine Motoren. Nur Bretter und Hundegebell. Ein Mann auf Skiern war genauso schnell wie ein Scooter, weil er keine Umwege machen mußte. Seine Arbeit machten die Hunde."

Johan ist verbittert und ungewöhnlich gesprächig. Die ganze Richtung paßt ihm nicht. Zu seinen Füßen liegt Guge, sein dickfelliger, altersgrauer Lappenspitz.

„Heute ist alles motorisiert", sagt Johan. „Sie jagen das Wild vom Flugzeug aus und fahren mit Scootern, Autos, Treckern zum Fischen an die Seen und Flüsse. Bald wird die *vidda* leer sein. Habt ihr hier etwa schon mal einen Vielfraß gesehen?"

Nein, wir haben weder Wolf, Luchs noch Fuchs gesichtet und schon gar nicht den legendären Rentierkiller, den größten Vertreter aus der Gattung der Marder, der in Lappland einst eine Plage war. Im „Turisthotel" in Kautokeino steht ein ausgestopftes Exemplar, das ich zunächst für einen kleinen Braunbären gehalten hatte. Alles, was wir an lappländischer Fauna bisher aufgescheucht haben, sind Schneehühner und Raben.

Tatsächlich sind Bär und Wolf, Vielfraß und Adler – vom schwedischen Schriftsteller Axel Munthe vor fünfzig Jahren noch als die ärgsten Rentierräuber beschrieben – in der Finnmark so gut wie ausgestorben. Das scheint unbegreiflich angesichts des weiten, unbesiedelten Landes, in dem die Menschen nur eine winzige Rolle spielen. Es ist die Maschine, die den Menschen befähigte, selbst in den unzugänglichsten Winkel dieser jüngst noch unberührten Wildnis vorzudringen.

Das Zeitalter der Motoren brach in Lappland spät, aber umso heftiger an. Für die Menschen, deren Mobilität in der arktischen Eislandschaft stark eingeschränkt und immer mit Strapazen verbunden war, war die Entdeckung der ungehinderten Beweglichkeit wie ein Rausch. Das Auto, der Motorscooter, das Flugzeug – plötzlich schrumpften Wochenexpeditionen zu Tagesreisen, reduzierten sich Skilangläufe zum Katzensprung. Für den Lappen erfüllte sich mit der maschinengegebenen Bewegungsfreiheit das Märchen von den Siebenmeilenstiefeln. Er zog sie nicht mehr aus.

Michael und ich waren in Kautokeino außer den Hunden die einzigen Fußgänger – ständig auf der Hut vor PS-berauschten Lappen, die auch die hundert Meter von ihrer Hütte bis zum Briefkasten mit dem Auto fuhren. Die ziellose Raserei besonders der Jugendlichen hat so überhand genommen, daß nun ein Verbot für jede Art von Motorfahrzeug in der *vidda* von Anfang Mai bis Ende September verhängt wurde – für jenen Zeitraum, in dem Fauna und Flora neues Leben hervorbringen. Nur die Rentierhirten und ihre Helfer sind von dem Verdikt ausgenommen.

So ist es nicht eine Zunahme der Bevölkerung, sondern die extreme Erweiterung ihres Aktionsradius' durch die Motorisierung, die den natürlichen Lebensraum der Wildtiere eingeschränkt oder – wie für Bär und Wolf – vernichtet hat. Die neue Bewegung um der Bewegung willen führt dabei zu grotesken Phänomenen.

Der Angelausflug ist zum beliebtesten Wochenendvergnügen geworden. Man fliegt mit dem Wasserflugzeug zu den abgelegensten Bergseen und landet, wo das Wasser am tiefsten und zugleich die beste Beute zu erwarten ist: Lachs, Salm, Forelle. Viele bis vor kurzem unberührte Gewässer sind bereits leergefischt. Andere, gewissermaßen vor der Haustür, deren Besuch das Anwerfen des Motors vermeintlich nicht lohnt, bersten inzwischen vor Fischreichtum.

Das Maschinenzeitalter hat auch die *vidda*, die Schneewüste der Finnmark, erreicht. Statt der Skier von einst bevorzugen die Hirten heute die schnellen Motorschlitten mit 90 und mehr Pferdestärken. Das erleichtert das Schleppen von Proviant und Feuerholz, bringt aber auch Probleme. Die schweren Scooter sinken oft im Schnee ein und belasten Mensch und Tier mit ihrem Lärm

„In diesen Seen reduziert sich das Wachstum der Fische", erzählt Jochen. „Sie haben nicht mehr genug Nahrung, sie laichen immer öfter, am Ende stellt sich Zwergwuchs ein."

Von der Motorsucht sind auch die Junghirten während unserer *flytte* befallen. Jeder von ihnen fährt einen japanischen Motorscooter neuester Generation: 90 PS, bullig gestylt, für den Sulzschnee aber viel zu schwer. Auf ihnen veranstalten Nils, Anders, Mikkel und Oge beim Flügeltreiben der Herde Kurzstreckenrennen, ohne Rücksicht auf die schreckhaften Muttertiere. Besonders Nils handhabt sein Schneemobil mit der rabiaten Lust eines Jungen vom Lande, der sein erstes Moped ausprobiert.

Der alte Johan haßt diesen Motorkult. Aber statt ein Machtwort zu sprechen, verdrückt er sich lieber mit seinem vom Ochsen gezogenen Schlitten in eine Position, in der er seine Ruhe hat: weit vor oder hinter der Karawane. Dabei ist ihm die Rechnung klar, die das Motorenzeitalter ins Rentiergeschäft gebracht hat.

Von den 4000 Tieren der Vier-Parteien-*siida* besitzt seine Familie ein Viertel: 1000. Eine solche Herde bringt – durch Schlachterlöse und Fellverkauf – einen Umsatz von jährlich 150 000 Mark. Ein Scooter kostet 10 000 Mark. Johans Familie unterhält davon vier. Also frißt der Anschaffungspreis der Motorflotte bereits gut ein Viertel eines Jahresumsatzes – und pro *flytte* mehr als 1000 Mark für Brennstoff. Und wenn nächstes oder übernächstes Jahr ein neues Modell auf den Markt kommt, muß man es natürlich haben.

„Mitunter muß ein Scooter zehn Kilometer hin- und zurückfahren", sagt Jochen, „um zwei, drei versprengte Rentiere aufzutreiben. Hätten die Hirten noch gut ausgebildete Hunde, würde dafür ein Kommando genügen. Aber wenn man Scooter fährt, kann man keine Hunde trainieren."

Auch Oge, Isaks Knecht, hat keinen Hund mehr. Das macht seine Arbeit als Treiber mitunter wirkungslos, wenn sich eine Gruppe besonders störrischer Renbullen weder durch Motorenlärm noch durch Geschrei von einem verlockenden Moosflecken weitertreiben lassen will. Dann bleibt Oge nichts anderes übrig, als laut zu bellen wie ein Hund, denn nur vor den Vierbeinern, die in Hinterläufe beißen können, haben die Rens wirklich Respekt.

Je mehr sich solche Randbeobachtungen häufen, desto mehr zweifle ich an der Achtung der Hirten vor ihrem Traditionshandwerk. Wieso, zum Beispiel, haben Nils und Anders, Ellen und Oge das gleiche Kaufhauszeug am Leib wie wir – kunstfaserverstärkte Scooteranzüge, die als dauerhafter Schutz gegen Kälte und Nässe so wenig taugen wie unsere Daunenschlafsäcke und Schafwollsocken?

Längst schon sind wir Johans Beispiel gefolgt und haben unsere Stiefel und Handschuhe mit dem drahtigen Heu aus Riedgras gefüttert, das auch dann noch warm hält, wenn es naß ist. Nur zu gern würde ich meinen ganzen teuren „Survival"-Krempel, den berühmte Bergsteiger angeblich bei jeder Temperatur

Nils, Johans Ältester, schätzt zwar das materielle, aber nicht das kulturelle Erbe seines Vaters. Während der Alte von der Zipfelmütze bis zum Beinkleid, das aus den strapazierfähigen Schienbeinstreifen des Rentierfells genäht ist, im wildniserprobten Lappenhabit steckt, zieht der Junge den Kunstfaser-Overall aus dem Kaufhaus vor. Der wärmt zwar nicht so wie die Filzbluse, entspricht aber dem schicken Scooter-Look

und in allen Lagen getestet haben, gegen die eine Hose eintauschen, die Jochen auf der nackten Haut trägt, ohne jemals darin zu frieren. Sie ist wie der *paeske*, der Fellmantel, ein Meisterstück der Anpassung an die Natur. Seine Erfinder haben den Rentieren dafür wachen Sinnes auf die Beine gesehen. Jochen, der *datša*, den sie den Tyske Jochen geschimpft haben, weiß zu schätzen, was die Junior-Lappen nicht mehr wahrhaben wollen.

„Seht euch ein Rentier an", sagt Jochen, „das durch den verharschten Schnee marschiert. Welcher Teil seines Körpers wird am meisten geschunden? Die Schienbeine. Also hat die Natur diese Glieder besonders strapazierfähig ausgestattet." Folgerichtig ist die traditionelle Lappenkleidung nicht aus dem großflächigen Rückenfell gefertigt, sondern Streifen für Streifen aus dem nur fünf Zentimeter breiten Schienbeinpelz, wasserdicht mit doppelter Naht.

Auch die blaurote Tuchbluse, die wir anfangs für ein folkloristisches Festtagskleid gehalten haben, zeigt sich unserem Regenumhang überlegen. Während wir unter der Gummihülle mal schwitzen, mal frieren, saugt das atmungsaktive Filztextil der Lappen die Nässe auf und gibt dabei Wärme nach innen ab.

Nach dem ebenso einfachen wie genialen Grundsatz, daß die Natur der beste Lehrmeister des Menschen ist, haben sich die Bräuche der Lappen entwickelt und vererbt. Die Elterngeneration der Lojges steht, ohne Zweifel, zum Erbe ihrer Vorfahren, nutzt aber gleichwohl dort, wo es sinnvoll erscheint, die Vorteile des Fortschritts. Ihre Kinder dagegen, die Herdenbesitzer von morgen, haben die guten Sitten abgelegt wie ein altes Kleid. Nur ein Generationsproblem?

„Viele Lappensöhne begreifen überhaupt nicht", sagt Jochen, der gern Rentierzüchter geworden wäre, „was für ein Erbe an gewachsenem Wissen sie zugleich mit der Herde übernehmen könnten. Die Alten leben es ihnen zwar vor, doch die Jungen modernisieren blindlings drauflos. Und zwar nicht aus ökonomischen Gründen, sondern aus Bequemlichkeit."

Jochen, der Nicht-Lappe, hat das alte Wissen der Lappen übernommen. Seine Erfahrungen mit der arktischen Wildnis haben bestätigt, daß man hier mit Rentierfell, Filzbluse, Birkenholzfeuer besser durchkommt als mit Anzügen aus Kunstfaser, Astronautenstiefeln, Primuskocher. „Wer war als erster", so sagt er, „am Südpol und auch heil wieder zurück? Amundsen mit seinen Hundeschlitten – oder Scott mit seinen Schneemobilen?"

Für ihn ist der Fall klar, und für uns inzwischen auch: Die kostümbewußten Lappen unter den Jugendlichen in Kautokeino sind die seßhaft gewordenen Nomaden von einst. Den Verlust ihrer traditionellen Lebensweise versuchen sie mit der Zurschaustellung ihres Nationalhabits zu überdecken. Sie tragen es gleichsam wie ein Trauerkleid aus Anlaß ihrer verstorbenen Vergangenheit. Die anderen aber, denen die Zukunft gehört, die letzten Erben eines Lappenlebens mit eigener Identität, glauben ohne die Tradition auskommen zu können. Wozu braucht man Hosen aus Rentierfell, wenn man genügend Rentiere hat?

Wie sehr diese Einstellung bei den jungen Herdenbesitzern vorherrscht, beweist Mikkel, Isaks 17jähriger Sohn. Er interessiert sich brennend für mein Tonbandgerät und die Möglichkeit, es als mobile Disco auf dem Scooter zu benutzen: „Dann hört man den Krach nicht so." Schließlich fragt er, wie viele Rentiere ich dafür haben will: drei, vier – vielleicht zehn?

Ein Rentierkalb hat einen Wert von 400 Mark. Eine Zuchtkuh kostet 1000 Mark. Die Mentalität seines Vaters, der sich von jedem Ren nur schwer trennen kann, hat Mikkel nicht geerbt, auch nicht die unglaublich erscheinende Fähigkeit aller Hirten der Vätergeneration, jedes einzelne Tier in einer tausendköpfigen Herde bei seinem Namen zu kennen, den sie ihm nach bestimmten Merkmalen gegeben haben.

Den alten Johan bekümmern diese Aussichten. Ihm geht die Herde über alles. Die schwärzeste Stunde seines Lebens war jene, in der er der Vernichtung Tausender von Rentieren zusehen mußte. „Die Herde deiner Schwiegermutter Ellen Susann war auch dabei", sagte er zu Jochen. Das war im Zweiten Weltkrieg. Lappland war von deutschen Truppen besetzt, die Männer wurden von der Wehrmacht zu Hilfsdiensten verpflichtet. Johan zog die Freiheit vor und versteckte sich in den Bergen. „Ich konnte nur tagsüber Feuer machen", erzählt er, „nachts flog die britische Luftwaffe Angriffe auf die deutschen Stellungen. Sie schossen auf jeden Lichtschein."

Und dann schossen auch die Deutschen. Bei ihrem Rückzug vor den Sowjets eröffneten sie aus der Luft das Feuer auf die Rentierherden. „Sie mähten mit Maschinengewehren Tausende von Rens nieder. Wochenlang stank die *vidda* von ihren Kadavern." Johan ist noch jetzt fassungslos: „Sie wollten den Russen keinen Proviant in die Hände fallen lassen. Aber ihre Depots mit Hunderttausenden von Konserven haben sie nicht gesprengt."

Wir sitzen, als Vorhut eingeteilt, auf einer Bergkuppe und warten auf die Herde. Johan hat uns einen Windschutz gebaut: einen hochkant aufgestellten Langschlitten mit einer schräg darüber gespannten Persenning. So sitzen wir wie in einem kleinen Zelt und strecken dankbar die schlittenmüden Beine aus.

Zehn Tage sind wir jetzt mit der *flytte* unterwegs. Die Zeit ist vorübergeglitten wie die konturlose Landschaft. Ein Tag: Das ist die Erinnerung an ein wärmendes Feuer, ein Margarinebrot, einen Becher Kaffee und, wenn wir Glück hatten, an ein paar zusammenhängende Stunden Schlaf. An manchen Tagen haben wir das *lavvo* an fünf verschiedenen Stellen auf- und abgebaut, immer angepaßt an das Marschtempo und den Kurs der Herde.

Weil wir nur wenig Schlaf finden, leiden wir unter der Kälte, dem Wind, der Nässe doppelt. Der tagelange Ritt auf dem Gepäckhügel des schüttelnden Anhängerschlittens hat uns zermürbt. Wir wundern uns nicht mehr über die alten Gesichter der Lappen: Um die Augen herum sehen wir nun genauso zerknittert aus wie sie.

Auch die Rentiere leiden unter dem langen Marsch, vor allem unter dem Futtermangel. Wir haben drei weitere Tiere verloren. Sie fielen immer mehr zurück und blieben schließlich liegen. Selbst Guge, Ranne und Dilco, die Lappenspitze, vermögen die moribunden Rens weder mit Gebell noch mit Geknuff aus ihrer vorletzten Ruhe zu bringen. Schießlich lassen sie von den Tieren ab. In ein paar Stunden werden die Krähen und Füchse dasein.

Nach dem langen Marsch durch die Tischbirken-Tundra und über die Hochebenen fahren wir bergab in das Samueldalen, einen Einschnitt in das 1200 Meter hohe Küstengebirge. Das Geläut der Glocken am Hals der Zugochsen verschmilzt im vielfach an den Felswänden gebrochenen Echo zu einer Musik, als habe jemand sein Transistorradio lautgedreht. Lillian, die Naturschwärmerin, sagt verzückt: „Das ist das wahre Leben."

Wahrscheinlich verdrängt sie, daß die Lojge-Familien, wie die meisten anderen Rentierlappen auch, zwei Häuser besitzen, um sich von diesem Leben zu erholen: eines an der Winterweide bei Kautokeino, eines an der Sommerweide am Mauersund. Und im Sommer, wenn die Mükkenplage beginnt, fahren Isak und Karen Anna auf Urlaub nach Gran Canaria, manchmal gleich für zwei Monate.

Denn der Besitzer von 1000 Rentieren ist ein wohlhabender Mann. Der durchschnittliche Wert eines zweijährigen Rentiers beträgt 600 Mark. So ist die viertausendköpfige Herde der Lojge-*siida* gut zweieinhalb Millionen Mark schwer. Dafür läßt es sich, auf dem Frühjahrs- und Herbstzug, zweimal drei Wochen im Jahr gut schlecht leben.

Außer den Steuererleichterungen und Subventionen für den Zuchtbetrieb, mit denen der norwegische Sozialstaat sein notorisch schlechtes Gewissen gegenüber seiner einst schlecht behandelten Minderheit beruhigt, stärkt Oslo den Züchtern auch noch beim Marktwettbewerb den Rücken. Das *reindriftskontor* im Landwirtschaftsministerium garantiert für ein Kalb unter zehn Kilo einen Abnehmerpreis von 640 Kronen, etwa 230 Mark.

Der Garantiepreis für Kälber wirkt wie eine Abschlachtprämie und hält ein übermäßiges Anwachsen der Herden in Grenzen. Außerdem verschafft man damit dem zarten, nordisch-exotischen Wildbret in mitteleuropäischen Küchen das Image einer Delikatesse.

Ein unerwartetes Nebengeschäft hat sich vor wenigen Jahren in Fernost aufgetan: Die Japaner kaufen frisch abgeworfene Geweihe auf. Als Granulat in einen Liebestrank getan, soll dieses Aphrodisiakum Nippons Söhnen auf die Sprünge helfen.

Gegen Graupelschnee, der hart ins Gesicht peitscht, fahren wir talwärts. Die Tiere wittern bereits die Seeluft und schlagen eine schnellere Gangart an. Das Klima wird milder, der Schnee weicher. Immer wieder bleiben die Scooter stecken.

Nachdem wir einen Steilhang mühsam überwunden haben, passiert es: Ein Muttertier legt sein Kalb in den Schnee. Betroffen schaue ich auf das vom Fruchtwasser nasse Neugeborene. Wird es sich erkälten?

Doch die arktische Hirschrasse ist zäh. Das Renbaby erhebt sich nach wenigen Minuten und stakst – seine Schritte werden erstaunlich schnell sicherer – hinter seiner Mutter her. Das Tempo der Herde kann es natürlich nicht halten; Mutter und Junges fallen zurück.

Aslak, der Eigenbrötler, wikkelt das Kalb in Persenning und bindet es vorsichtig auf seinen Schlitten. Er macht das fachkundig und behutsam wie eine Säuglingsschwester. Das Muttertier indessen, das ein paar Schritte geflohen ist, begreift den Vorgang offenbar nicht. Wir sind schon hundert Meter weitergezogen, da durchbricht es die Treiberkette aus Hirten und Hunden und läuft zu der Stelle zurück, wo Aslak die Nachgeburt im Schnee verscharrt hat. Schließlich bleibt es verstört am Kreißplatz stehen.

Die Renkuh hat es nicht geschafft, ihr Kalb bis zum Ziel auf der Sommerweide zu behalten. Sie mußte es unterwegs gebären. Das Kleine erholt sich vom Geburtsstress zwar erstaunlich schnell und versucht auf staksigen Beinen der Mutter zu folgen, doch es fällt immer weiter zurück. Aslak nimmt es schließlich auf seinen Schlitten, und die verstörte Mutter verirrt sich auf der Suche nach ihrem Kind unwiederbringlich in die Berge

Finn Erik, der Nicht-Lappe, kann das nicht ertragen und wirft seinen Scooter herum. In weitem Bogen nähert er sich der Kuh. Sie weicht zur Seite aus und rast auf die Bergwand zu. Die Kuh ist schneller als Finn Erik. Mit einem zweiten Scooter, in einem Zangenmanöver, wäre es vielleicht zu schaffen.

Ich blicke zu Johans Kindern hinüber und fühle Zorn aufsteigen. Anders, Nils, Ellen und Mikkel nutzen den Zwischenfall als willkommene Rast. Sie hokken auf einem Langschlitten und spielen, was sie bei jedem Biwak im Zelt gespielt haben: Hund. Es ist ein stumpfsinniges Kartenspiel, gegen dessen Regeln sich Schwarzer Peter wie eine Wissenschaft ausnimmt.

Johan, der vom Scooterfahren nichts hält, sitzt abseits und schaut in eine andere Richtung. Ich ahne, was jetzt in ihm vor-

Am Mauersund steht Johans Sommerhaus. Nach der *flytte*, die seine letzte ist, will er hier die kurze warme Jahreszeit verbringen. Seine Frau und der Rest der Familie sind schon da und räumen Sack und Pack ein. Die ewige Renfleischkost im Binnenland wird nun abgelöst von Frischfisch und gedörrtem Kabeljau, der am Lattenrost hinter dem Haus trocknet

geht, und mag ihn nicht anreden. Unterdessen entkommt die Kuh in die Berge. Finn Erik gibt auf.

Was passiert mit dem Kalb?

„Ohne Mutter kommt es nicht durch", sagt Aslak. Doch er behält das Neugeborene auf dem Schlitten. Vielleicht gibt es bald Kalbsbraten, wie ihn die Exporteure am liebsten haben: schön zart. Bei dem Gedanken spüre ich einen Kloß in der Kehle. Aber ich leide wohl nur an einer für die Lappen ganz und gar unverständlichen Sentimentalität.

Gegen Abend beginnt es zu regnen, Sturmböen peitschen Hagelschauer durch das Tal. Wir sind kurz vor Kildal, der Endstation der *flytte*, soweit sie auf dem Festland stattfindet. Jetzt liegt noch eine Wasserstrecke vor ihr.

Ich bin mit meinen Kräften am Ende und auch, was schlimmer ist, mit meiner Durchhaltemoral. Das muß nicht nur mit dem unglücklichen Mutterschicksal der Renkuh zusammenhängen, das hat wohl mit dem gesamten Verlauf dieses Abenteuers zu tun, das Europas letztem Nomadentum galt.

Regendunkle Wolken hängen tief in den Bergen, es liegt etwas wie Endzeitstimmung über der *flytte*. Was mir noch zu Beginn als die letzte sinnreiche Institution samischer Lebensweise erschienen war, das hat, von Tag zu Tag deutlicher, als Instrument zur Bewahrung der Lappenkultur an Überzeugung verloren.

Durch die scheinbar festgefügte Lojge-Sippe geht quer der Bruch mit der Tradition. Der Familienverbund hat dem Druck von außen, dem motorengetriebenen Schub der Moderne, nicht standgehalten. Zumindest die Jugend entfernt sich vom Rentierschlittenverstand der Alten und ihrem Erbe gleichsam mit der Geschwindigkeit ihrer PS-starken Scooter. Und es geht immer schneller.

„Im nächsten Jahr", so hat mir Nils, Johans Ältester und künftig Familienchef, erklärt, „werden wir uns nicht mehr mit den Ochsenschlitten belasten und auch nicht mit der Familie. Vier Hirten auf Scootern genügen. Dann machen wir die *flytte* in der halben Zeit." Für die weitere Zukunft hat er hochfliegende Pläne: In zwei, drei Jahren wird man die Herde per Flugzeug treiben. Dann ist am Boden nur noch ein Mann erforderlich, mit dem man sich über Sprechfunk verständigt. Der Rentierschlitten wird endgültig der Vergangenheit angehören.

Erleben wir also in diesen Tagen das Finale der letzten *flytte*, die diesen Namen verdient? Zumindest ist es Johans letzte. Im nächsten Jahr will er nicht mehr mit, wenn es nur noch Scooter gibt, denen sein Ochsengespann nicht folgen kann.

Wir treiben die Herde die Nacht durch und erreichen morgens die Küste am Maursundet. Die Herde wird in einen Pferch aus Maschendraht getrieben. Sie soll einen Tag ausruhen, bevor sie durch den Sund schwimmen muß, dann die Insel Kågen überquert, abermals einen Meeresarm überwindet, den Kågesundet, und schließlich auf der Insel Arnøy ihre Sommerweide bezieht.

Die Hirten verbringen die nächste Nacht in ihren Sommerhäusern am Sund. Sie sind vorgeheizt von Mitgliedern der Familie, die vorausgefahren sind. Jochen, Michael und ich kommen in Sørkjosen, dem nächsten Ort, im Hotel unter und kriechen todmüde in die Betten. Ich genieße, seit zwei Wochen zum erstenmal wieder, die Wärme, die mich von den Fingerspitzen bis zu den Zehen einhüllt.

Michael putzt sorgsam seine von Feuchtigkeit und dem fettigen Rauch des Lagerfeuers mitgenommenen Kameras, denn für morgen, wenn die Rentiere schwimmen müssen, erwartet er die stärksten Bilder des Abenteuers. Ich habe es vor zwei Jahren bereits einmal erlebt: ein archaisches, ein grandioses Szenarium, wie 4000 Rentiere erhobenen Hauptes, mit milchigen Frostfahnen vor dem Maul, in langer Kette durch den Sund schwimmen.

Wir sind schon um sechs Uhr am Pferch. Die Hirten sind unausgeschlafen und mürrisch. Allein Johan zeigt sich heiter. Er hat nun alles hinter sich. Ich frage ihn, wann es losgeht. Er grinst und zeigt vieldeutig auf die See hinaus: „Gleich."

Ich folge seinem Fingerzeig und begreife nicht, was dieses Schiff, das hinter dem Kap der Insel Kågen auftaucht, mit uns zu tun hat. Das Marinefahrzeug ist grau und trägt die Bezeichnung „L 4503" am platten Steven. Es steuert heran und klappt seine Schnauze auf den Strand: eine Landungsfähre für Panzer.

Es dauert lange, bis ich den Schock überwunden habe. Bis zur letzten Minute haben uns die Lojges im Glauben gelassen, die Herde werde schwimmen. Fürchteten sie vielleicht, wir hätten ohne dieses spektakuläre Erlebnis für die Teilnahme an der *flytte* nicht gezahlt?

Für den Fährdienst der norwegischen Marine müssen die Lappen nur eine Krone berappen, symbolisch, weil der Staat nichts verschenken darf. Er schenkt den Rentierlappen ohnehin schon zuviel: Steuern, Subventionen, Schlachtprämien. Und nun auch noch dies! Wir erleben den seltenen, den paradoxen Fall während all unserer Reisen zu den bedrohten Völkern rund um die Welt, daß hier eine traditionelle Lebensweise zu Tode saniert wird.

Die Matrosen spannen seitlich der Rampe als Abgrenzung Seile, und die Hirten beginnen mit dem Verladen der Herde. In kleinen Trupps werden die Tiere über die eiserne Klappe getrieben. Die meisten scheuen vor dem gähnenden Schiffsbauch zurück. Tumult, Tiere stürzen, die Hirten schlagen dazwischen. Am Ende haben sich mehr als ein Dutzend Rens die Beine gebrochen. Sie müssen notgeschlachtet werden. Beim Schwimmen vor zwei Jahren gingen nur zwei Tiere verloren.

Wir fühlen uns am Ende nur um ein Erlebnis betrogen, aber die auf Dauer und existentiell Betrogenen sind die Lappen selbst. Mit der radikalen Modernisierung ist die traditionelle Rentierhaltung zu einem profanen, profitlüsternen Schlachthausbetrieb verkommen. Mit der Fließbandproduktion von Rentierfleisch in der Zukunft ist einer alten, eigenständigen Kultur unabänderlich der Boden entzogen.

Johan verläßt das Schiff. Er hat dem Leittier, einem stattlichen weißen Bullen, die Glocke vom Hals genommen. Er will sie in seinem Haus an einen Haken aus Rentiergeweih hängen.

Sozialhilfe wohl, aber keine Autonomie für die Lappen

Ein bewaffneter Zöllner führt einen Rentierlappen am Halsstrick ab. Der alte Holzschnitt zeigt, wie hart die Lappen zur Steuer gepreßt wurden

Lappland, auch Samland genannt, ist kein politischer, sondern ein geographischer Begriff für das Siedlungsgebiet einer eigenständigen nordeuropäischen Bevölkerung, die vor wahrscheinlich 3000 Jahren aus Asien einwanderte. Es umfaßt das nördliche Skandinavien und erstreckt sich südlich bis Jämtland in Schweden und Süd-Trøndelag in Norwegen. Über die genaue Gesamtzahl der Lappen oder Samen, wie sie sich selber nennen, sind keine verläßlichen Angaben zu erhalten, da Norwegen, Schweden, Finnland und die Sowjetunion keine einheitlichen Kriterien zur Feststellung der ethnischen Zugehörigkeit anwenden.

Es begann mit Jagd und Fischfang. Man schätzt, daß es heute etwa 30 000 Lappen gibt: 20 000 in Norwegen, 6000 in Schweden, 3000 in Finnland und 1900 auf der sowjetischen Halbinsel Kola. Ihre zur finnisch-ugrischen Familie gehörende Sprache gliedert sich in neun Dialekte. Die inzwischen entstandene Schriftsprache basiert auf nordsamischen Dialekten, die vom überwiegenden Teil des Volkes gesprochen werden, so auch von den Rentiernomaden Nordnorwegens.

Rentierzucht und Nomadentum – dieser Doppelbegriff wird meist als Sinnbild der samischen Kultur angesehen. Doch beides ist in Wirklichkeit nie für das ganze samische Volk typisch gewesen. Bis zum 17. Jahrhundert war die Rentierhaltung eine Wirtschaftsform neben anderen, und die Lappen lebten hauptsächlich von Jagd und Fischfang.

Das Rentier half aus der Not. Während des Niedergangs des skandinavischen Pelzhandels im 16. und 17. Jahrhundert infolge billiger Einfuhren aus Nordamerika gerieten aber einige samische Gruppen des nordskandinavischen Inlands in ernste Schwierigkeiten. Sie waren abhängig geworden vom Tausch der Felle gegen Lebensmittel und wegen des allmählich schwindenden Wildbestandes nicht mehr in der Lage, sich von der Jagd allein zu ernähren. So wurde die Haltung von Rentieren intensiviert, die bis dahin überwiegend als Jagdköder und Transporttiere gedient hatten. Das Wanderhirtendasein wurde unter den Lappen zur vorherrschenden Wirtschaftsform besonders in Nordschweden und in der Finnmark. Und die Rentiernomaden wurden je nach Lebensraum „Berg"- oder „Wald"-Samen genannt.

Ein Großteil der samischen Bevölkerung – die sogenannten „Küstensamen" im Schärengebiet der Finnmark, die „Fischer-" und „Flußsamen" an den Seen und Wasserläufen des Landesinnern – machte die Umstellung auf die intensive Rentierhaltung nicht mit. Sie behielten eine Mischwirtschaft bei, denn sie lebten in den leichter zugänglichen und fruchtbareren Gebieten des Nordens. Daher waren sie früher und intensiver mit skandinavischen Kolonisten in Berührung gekommen, unter deren Einfluß sie seßhaft geworden waren und mit der Landwirtschaft begonnen hatten. Sie waren einem größeren Anpassungsdruck unterworfen als die Rentiernomaden in den unzugänglichen und lange Zeit für die Siedler wertlosen Berg- und Waldgebieten. So konnte sich bei den Rentiernomaden die samische Sprache und Tradition viel länger erhalten als unter ihren seßhaften Verwandten.

Seßhafte sieht man als „Pseudosamen" an. Der Eindruck, nur Rentiernomaden seien „echte" Lappen, wird von zwei Seiten gefördert. Einerseits von den Rentiernomaden selbst, die oft mit Verachtung auf die „modern" gewordenen Verwandten blicken, andererseits von den Behörden der skandinavischen Länder, die eine Aufspaltung nicht ungern sehen, damit es nicht zu einer gesamtsamischen Bewegung kommt. Den Organisationen, die sich in den drei nordskandinavischen Ländern aus überwiegend seßhaften Lappen gebildet haben und die als „Nordischer Samenrat" zusammenarbeiten, wird seitens der Regierungen deshalb vorgehalten, sie würden von „Pseudosamen" geführt. Und paradoxerweise wird ihnen häufig unterstellt, sie verträten einseitig die Interessen der Rentierhalter. Dies erleichtert keineswegs ihre Arbeit zur Wahrung samischer Interessen.

Gesetze mit einer Diskriminierung der Lappen gibt es heute nicht mehr. Zweifellos sind nach langen Jahren der Mißachtung und der offenen Unterdrückung Fortschritte in der Förderung eigener Identität zumindest auf kulturellem Gebiet spürbar. Besonders die samische Sprache erlebte nach dem Zweiten Weltkrieg einen Aufschwung. Heute gibt es einige samische Zeitungen, eine eigene samische Literatur und samische Sendungen im Rundfunk der von Samen bewohnten Regionen. Auch in der Schule fand die samische Sprache endlich Eingang, freilich noch ohne offiziellen Status. Den könnte sie erst erhalten, wenn die Samen auch rechtlich als eigenständige Bevölkerungsgruppe anerkannt wären. Diese Anerkennung ist ihnen bisher versagt geblieben.

Der Fortschritt frißt die Weiden. Was aber nützen alle kulturellen Fortschritte, so fragt der Nordische Samenrat, wenn die Lappen – mit Ausnahme der steuerlich bevorzugten Rentierhalter – gleichzeitig zu einer wirtschaftlich benachteiligten Unterschicht zu werden drohen? Die Hoheit über das angestammte Gebiet wird ihnen verwehrt, und die Zivilisation frißt sich mit Straßen, Bergwerken, Staudämmen, Freizeitanlagen und nicht zuletzt Flugplätzen sowie militärischen Einrichtungen immer tiefer in das Samenland hinein.

Die Rentiernomaden sehen die Weideflächen kleiner werden und sich selbst zur folkloristischen Touristenattraktion herabgewürdigt. Sie erleben, wie das Land verändert wird und wie ihre jungen Leute der Konsumgesellschaft erliegen. Ein Mitspracherecht über die Entwicklung des Nordens wird den Lappen nicht zugestanden. Es besteht, allen kulturellen Konservierungsmaßnahmen zum Trotz, die Gefahr, daß samische Kultur und Identität auf die Dauer zu einer Art intellektueller Spielerei für eine gebildete Schicht werden, die sich in der skandinavischen Gesellschaft wurzel- und heimatlos fühlt.

Die Lappen auf Kola werden Russen. Wie es um die Lappen in der Sowjetunion bestellt ist, läßt sich nicht genau beurteilen. Die Kola-Halbinsel ist für ausländische Besucher Sperrzone. Anscheinend fördern die sowjetischen Behörden die Rentierzucht, die sich unter staatlicher Kontrolle und unter Mithilfe technischer Methoden – Überwachung der Herden per Hubschrauber, Einsatz moderner Veterinärmedizin – zu einem einträglichen Wirtschaftszweig entwikkelt hat.

Über die samische Kultur auf der Halbinsel Kola ist lediglich zu erfahren, daß die samische Sprache 1979 Eingang in die Schulen gefunden hat. Eine samische Literatur besteht in der UdSSR nicht. Da die etwa 1900 Lappen auf Kola nur einen sehr geringen Prozentsatz des Staatsvolks ausmachen und da sie zudem von ihren Verwandten im Westen isoliert sind, ist zu befürchten, daß sie einer totalen Russifizierung nicht entgehen können.

Das geographische Gebiet Lappland umfaßt die Nordkalotte des skandinavischen Subkontinents einschließlich der zum Teil sowjetischen Halbinsel Kola. Rentierlappen indes leben nur noch in der norwegischen Provinz Finnmark. Ihr wirtschaftlicher Stützpunkt ist Kautokeino. Östlich davon liegen die Winterweiden der Rentiere, die alljährlich im Sommer an die Küste ziehen

In der Wüste verweht sind die Trä

Aborigines *Sie sitzen, wo immer man sie antrifft, auf dem Erdboden und träumen – eine stumme Anklage – in den Tag: in den wüstenhaften Weiten nicht anders als in den Slums der Städte. Die Ureinwohner Australiens, die Aborigines, halten seit 30 000 Jahren, seit sie auf geheimnisvolle Weise in den abgeschiedenen Erdteil gelangten, intimen Kontakt mit der Erde. Sie bedeutet ihnen alles – nur nicht Besitz. Diese Weltanschauung stand kopf, nachdem der weiße Mann vor 200 Jahren übers Wasser gekommen war und seinen Stiefel auf den fünften Kontinent stellte. Er trat nicht nur das Erstgeburtsrecht der schwarzen Menschen mit Füßen, er zertrat auch ihre allwissenden Träume von der Weisheit der Schöpfung. Können die Fremden, die aus Habgier die Landschaft zerstören und grundlos ihre Bewohner töten, wirklich Menschen von dieser Welt sein? Die mythenreichen Dreamings der Aborigines von der Erschaffung ihres Kosmos stimmen mit der Wirklichkeit der weißen Australier und dem, was diese „Zivilisation" nennen, nicht überein. Nach zwei Jahrhunderten systematischer Nachstellung scheinen die Ureinwohner am Ende zu sein. Auf ein Prozent der Gesamtbevölkerung dezimiert, physisch ausgezehrt und psychisch zerbrochen, haben die Reste des entwurzelten Volkes Zuflucht gesucht in jenen Regionen, die der Staat als ökonomisch wertlos und daher als Reservat einstufte. Doch die Aborigines, deren Kultur vordergründig arm und primitiv wirkt, bewahren – dem Zugriff entrückt – ihr immenses Wissen im Geiste. Ein neuer Anfang in der Wüste oder in der Wildnis des Arnhemland keimt hoffnungsvoll auf. Aber jetzt entdeckt die Regierung dort Bodenschätze; und der weiße Mann rückt – im Sattel von Bulldozern und im „nationalen Interesse" – abermals zum Raub an*

ne Australiens

Ronnie Banumbana hat ein Känguruh erlegt und traditionell im Erdofen gebraten: auf glühenden Holzscheiten und mit Sand bedeckt. Das Fleisch ist außen verbrannt und innen halb roh. Der Jäger vom Stamm der Pintubi gehört zur Wohngemeinschaft von rund hundert Aborigines, die sich von der Zivilisation auf einen Außenposten mitten in der Wüste zurückgezogen haben. Doch selbst hier im Camp Kintore, 300 Kilometer westlich von Alice Springs, liegen die Wellblechteile herum, aus denen sich die Aborigines nach der Vorstellung der Regierung Häuser bauen sollten

Der Mann aus Yirrkala in Arnhemland hat sich für ein Tanzritual hergerichtet. Haut und Haar sind mit einem Kreidebrei aus Korallenkalk eingeschmiert. Was den Indianern bei der Körperbemalung das Rot bedeutet, ist für die Aborigines das Weiß: die Farbe des Festes

Früher haben die schwarzen Künstler ihre abstrakt anmutenden *dreamings* in den Sand oder auf Baumrinde gemalt. Heute pinseln die Maler von Kintore ihre Deutung von der Schöpfung auf Leinwand, wie diesen im Wortsinn menschlichen „Stammbaum". Ein Barbesitzer aus Alice Springs hat das Bild bestellt. Doch die Gegenleistung, ein Gebrauchtwagen, hatte nach kurzer Zeit nur noch Schrottwert. Das Camp aus Wellblechteilen und Matratzen genügt den anspruchslosen Menschen, die seit Urzeiten Erdhocker sind

Wandjuk Marika und sein Sohn Paul haben auf ihrem Fischzug nur einen Krebs gefangen, obwohl die Meereslagune am Außencamp der Marika-Sippe ein Paradies für Seetiere ist. Auch Klan-Chef Wandjuk, den es weit fort nach Melbourne in die Ehe mit einer weißen Frau verschlagen hat, fühlt sich auf seinem angestammten Land am Golf von Carpentaria so paradiesisch wohl, daß er mit Reis und Krebs gleich ein Strandpicknick machen will

Schule im Außenposten von Yirrkala: Obwohl die ein halbes Hundert Menschen umfassende Marika-Sippe gewissermaßen im Sommerlager lebt, kommt dreimal die Woche die Lehrerin – auch eine Marika – ins Wellblech-Klassenzimmer zum Unterricht. Englisch lesen und schreiben steht auf dem Stundenplan, und im Aufsatz eines Elfjährigen heißt es: „Ich gehe gern in die Stadt zum Einkaufen, aber nicht in die Kneipe." Das Alkoholproblem wird schon in der Schule bekämpft

Wandjuk Marikas Enkeltochter Natiti kann, in guter Hut ihres Klans, hoffnungsvoll in die Zukunft blicken. Doch auf die meisten Aboriginal-Kinder wartet ein Leben voller Diskriminierung: auf dem Spielplatz am Ayers Rock nicht anders als in Yirrkala, wo ein Junge einen toten Fliegenden Hund gefunden hat – einst ein Leckerbissen für die Ureinwohner. Daß die Jugend zwischen Wellblech und Autoschrott aufwächst, ist noch das kleinste Problem

„Nipper" Winmati ist erst kürzlich an den Ayers Rock, das Nationalheiligtum der Aborigines, gezogen. Wenn der Alte vom Stamm der Jankuntjatjara nicht seinen *dreamings* nachhängt, die er in den Sand malt und gleich wieder auslöscht, geht er bei den Touristen betteln. Australiens Postkartenmotiv Nummer eins – inzwischen zum Schutzpark für die in der Umgebung lebenden Ureinwohner und Tiere erklärt – wird alljährlich von Millionen Neugierigen besucht

Im Esplanade Park in Darwin, im Blickfeld der vielgeschossigen Nobelherberge „Travelodge", sitzen tagtäglich meist die Frauen und trinken den billigen australischen „Mosel". Die Mutter mit dem Säugling stammt von der deutschen Mission Hermannsburg, deren humanitär gedachtes Modell schon 1908 von dem weltreisenden Arzt Erhard Eylmann als gescheitert erklärt wurde. Von den trockenen Reservaten einmal abgesehen, könnte die Trinkerszene so überall in Australien stattfinden. Besonders aber in Alice Springs, wo sich drei betrunkene Frauen erst die Kleider herunterreißen, dann prügeln und schließlich versöhnen. Ein seltenes Verhalten bei Aborigines, die selbst unter Alkohol nicht aggressiv sind

Sie sitzen auch heute morgen noch genauso da wie gestern. Die sieben Frauen wirken wie ausgestopft. In ihrer Mitte steht eine Zweiliterflasche Wein, daneben liegt reglos ein Säugling. Eine schwarze Hand tastet sich aus den Rocklumpen, umklammert mit Mühe die Flasche und hebt sie, wie in Zeitlupe, an den Mund.

Ich blicke aus dem Fenster des Hotels „Walkabout" auf den gepflegten Rasen vor dem Eingang. Der weiße Gärtner schreitet, einen Schlauch hinter sich herziehend, gemessen die Front der Blumenrabatten ab. Seine wassersprühende Faust zaubert einen Viertelregenbogen über die leuchtendroten Scheinblüten, die bei uns Weihnachtsstern heißen. Auf dem Bürgersteig schieben zwei junge Frauen ihre Kinderwagen vor sich her: Mütter, die sich im Glück ihrer Babysorgen sonnen und anscheinend soeben von der Dauerwelle kommen. Als sie vorüberschlendern, drosselt der Gärtner rücksichtsvoll den Wasserstrahl.

Niemand scheint die Aboriginal-Frauen auf dem Rasen wahrzunehmen. Keiner sorgt sich mit einem Blick um das wie leblos daliegende Baby-Bündel. Die schwarz-weiße Begegnung läuft ab wie jene in zwei Bildhälften geteilte Filmszene, in der links das Raumschiff und rechts die Bodenstation keinen Kontakt miteinander haben.

Ich will hinaus, irgend etwas tun, wenigstens für das Kind.

Eine Hand greift sanft nach meinem Arm. Wie ein Schatten ist Wandjuk Marika neben mir aufgetaucht. „Du kannst nichts machen", sagt er. „Sie werden immer trinken. Bis zum letzten Cent."

Aber sieht denn niemand, daß sie sich umbringen? Wie können die Weißen das zulassen?

„Die Weißen sehen es nicht", sagt Wandjuk, „weil sie uns gar nicht wahrnehmen."

Wandjuk Marika, 52 Jahre alt, Michaels und mein Gefährte, ist tadellos gekleidet wie stets, seit er sich mit uns in der Welt der Weißen bewegt. Hemd, Shorts, Kniestrümpfe, Halbschuhe entsprechen dem Schild am Eingang: „Footwear and correct dress to be worn at all times". Doch jeder weiß, daß das Gebot allzeit korrekter Kleidung den Schwarzen das Betreten des Hotels generell verwehrt. Denn wer unter ihnen hätte, außer Wandjuk, schon Schuhe oder hielte sich gar an die Kleiderordnung des weißen australischen Gentleman?

So entlarvt der Kleidererlaß eine weiße Gesellschaft, die unter sich bleiben will. Zwar sind, nachdem die Bürgerrechte für die Ureinwohner Schritt für Schritt eingeführt worden waren, seit 1969 alle Menschen in diesem Land vor dem Gesetz gleich, doch vor der Kneipentür und der Hotelrezeption sind die Weißen gleicher. Hätte der schwarze australische Bürger Wandjuk Marika, Träger des Ordens „Member of the British Empire", ohne unsere Begleitung im Hotel nach einem Zimmer gefragt, so hätte man ihm – trotz einwandfreier Kleidung und untadeligen Benehmens – höflich entgegnet: „Sorry, we are fully booked."

Wir gehen zum Parkplatz, vorüber an den stumm trinkenden Frauen.

„Hello, Wandjuk", ruft eine von ihnen und winkt mit der fast leeren Flasche. Sie enthielt jenen landeseigenen Zweidollar-Mosel, der in den *grog shops*, den Alkohol-Verkaufsbuden, speziell für die Aborigines bereitgehalten wird. Das aufgedunsene Gesicht der Frau verzieht sich zu einem zahnlosen Grinsen: „Dein Freund könnte uns eine Flasche spendieren."

„Nein, Schwester", sagt Wandjuk freundlich. Er geht hinüber, hebt das Kind vom Boden und legt es in den Schoß einer Frau, der die Brust aus der Bluse hängt. Der Säugling sucht, mit geschlossenen Augen und offenem Mund, schmatzend nach der Mamille. Wandjuk lächelt befriedigt und zieht mich weiter. Wieviel Alkohol mag die Mutterbrust mit der Milch spenden?

„Missionar!" rufen uns die Frauen hinterher. Das ist das Schimpfwort der Aborigines für jeden, der nicht mit ihnen trinkt, wenn sie *on the piss* sind: auf Sauftour.

Wandjuk, Michael und ich steigen in den Jeep und rollen langsam durch Nhulunbuy. Durch das adrette Städtchen mit rund 4000 überwiegend weißen Einwohnern kann man nur im Schrittempo fahren. Auf der rasengesäumten Straße spielen Kinder Baseball. Sie haben riesige Zahlen auf den Rücken ihrer T-Shirts. Vor komfortablen Bungalows, in blühenden Gärten, auf Parkwegen und Tennisplätzen bewegen sich sportlich gekleidete Menschen heiter und gelassen wie Feriendauergäste. Man sieht Nhulunbuy nicht die Bergbaustadt an, die sie ist: eine Wohn- und Schlafsiedlung am Golf von Carpentaria, vor zehn

Jahren für die Arbeiter einer der größten Bauxitminen der Erde in den Busch gezirkelt.

Die Stadt ist gegen jede erdgebundene Annäherung von der Außenwelt abgeschlossen. Mangrovensümpfe und Tropenwälder versperren Schienenstrang und Landstraße den Zugang. Er ist nur zur See und durch die Luft möglich. Wir sind mit dem Flugzeug in Gove gelandet, einem eigens für die Versorgung der Bauxitmine in die Wildnis betonierten Flugplatz.

Nicht weit davon liegt Yirrkala, eine Siedlung der Aborigines. Sie ist Wandjuk Marikas Heimat, hier hat der hochgeachtete Chef einer weitverzweigten Sippe seine Wurzeln. Das halbe Hundert Menschen gehört dem Stamm der Riratjingu an, der auf der weit in die Arafura-See hinausragenden Halbinsel Gove zu Hause ist, dem Nordostausläufer von Arnhemland. Der dschungelbedeckte Landstrich ist Australiens Anteil am erdumspannenden Gürtel des äquatorialen Tropenwaldes: eine exotische Landschaft in einem weitgehend wüstenhaften Kontinent.

Das Arnhemland gehört zum Northern Territory, das im wesentlichen von Canberra, der australischen Hauptstadt fast am anderen Ende des Erdteils, verwaltet wird. Denn das zum Outback, zum Niemandsland, zählende Nordterritorium ist noch weit vom Status eines australischen Bundesstaats entfernt. Die Wildnis aus Wüste und Wald beherbergt, auf einer Fläche fünfmal so groß wie die Bundesrepublik, nur 127 000 Menschen, die Hälfte davon in den beiden Verwaltungsstädten Darwin an der Nordküste und Alice Springs im Landesinneren.

Den landschaftlich schönsten, aber auch unzugänglichsten Abschnitt hat Canberra zum Reservat erklärt, zum größten in sich geschlossenen Home Land für die Ureinwohner: Arnhemland, knapp 100 000 Quadratkilometer, ein Gebiet so groß wie die DDR. Darauf haben, seit Inkrafttreten der Land Rights Act von 1977, die 7000 dort lebenden Aborigines ihr eigenes Landrecht. Es wird von einem gewählten eingeborenen Landrat und von den Gemeinderäten – den Land Councils und Town Councils – wahrgenommen. Dieses Land, die Erde seiner Väter, will Wandjuk uns zeigen.

Wir rollen durch eine rostrote Erdwanne, die mal einen, mal zehn Meter unterhalb der ursprünglichen Oberfläche liegt.

Auf dem autonomen Land der Aboriginal-Gemeinde Yirrkala in Arnhemland baut der australo-schweizerische Konzern Nabalco die bauxithaltige Erde ab. Das den Ureinwohnern inzwischen gewährte Landrecht im Northern Territory läßt die Ausbeutung von Bodenschätzen zu, wenn ein „nationales Interesse" vorliegt. Die Landeigentümer erhalten zwar eine Entschädigung, müssen aber zusehen, wie ihre heiligen Plätze weggebaggert werden

Hier scheint nicht ein einziger Klumpen Lehm an seinem Ort belassen. Der Mutterboden von Wandjuks Vaterland ist abgetragen wie das Kleid einer Vogelscheuche. Durch den Untergrund fressen sich Baggerungetüme mit Schaufeln, in denen jeweils eine Lokomotive Platz fände. Sie häufen die bauxithaltige Erde auf ein straßenbreites Förderband, das rastlos einer klotzigen Verladeanlage mit eigenem Hafen zuarbeitet: Nabalco, der Welt größter Aluminiumhersteller.

Die Gesellschaft, von dem Schweizer Leichtmetall-Giganten Alusuisse mit 70 Prozent der Anteile beherrscht, begann 1969 mit dem Schürfen – acht Jahre vor dem Landrechtsgesetz zugunsten der Ureinwohner. Doch auch das Gesetz machte der Ausbeutung des Bodens keineswegs ein Ende. Das Schürfrecht ist mit dem Tabu des „nationalen Interesses" belegt und von den Rechten der Aborigines ausgenommen. Zur Zeit werden jährlich 2,2 Millionen Tonnen Bauxit gefördert. Das Ziel liegt bei fünf Millionen Tonnen. Das gesamte Vorkommen wird auf 221 Millionen Tonnen geschätzt, und die Genehmigung zum Abbau läuft bis zum Jahr 2053.

Die Umwandlung der Heimaterde Wandjuks in das vom Fortschritt benötigte Leichtmetall beschert den Grundeigentümern, den in Yirrkala ansässigen Riratjingu-Leuten, an Gewinnbeteiligung alljährlich eine Million australischer Dollar – etwa 2,3 Millionen Mark. Das scheint eine stattliche Summe für das halbe Tausend Aborigines zu sein und ist doch nur ein Trostpflaster gegen den Schmerz der Verzweiflung. Können die Konzernherren in der heimatbewußten und als unantastbar geltenden Schweiz ermessen, was die Menschen von Yirrkala empfinden, wenn sie zusehen müssen, wie die Weißen die Erde des schwarzen Mannes Tag für Tag außer Landes tragen?

Um im Tagebau an das Bauxit zu kommen, müssen die Bergarbeiter mit Schildbaggern die Bäume und Felsen aus dem Weg räumen. Für sie sind das nur ärgerliche Hindernisse. Aber für die Ureinwohner tilgen die Bulldozer mit jeder Landschaftsmarke unwiederbringlich einen heiligen Platz vom Erdboden. Jeder einzelne Baum, jeder größere Gesteinsbrocken, jedes Wasserloch ist beschrieben, gedeutet und als Heiligtum überliefert von den Vorfahren, die an diesen Stätten begraben liegen. Nabalco und die Regierung haben – als gutgemeinten Ersatz für das zerstörte Naturquartier unter freiem Himmel, als Preis für die erzwungene Seßhaftigkeit der Wildbeuter von einst – die Gemeinde Yirrkala zu einer Siedlung ausgebaut, freilich nach australischem Muster. Die 1935 von den Methodisten ausgerechnet auf einem uralten Ritualplatz und Treffpunkt der Riratjingu gegründete Missionsstation wurde 1975 zu einem Massenquartier aus rund hundert Fertighäusern in Einfachstbauweise verwandelt.

Die 647 Einwohner, einschließlich der weißen Verwaltungs-Hilfskräfte auf der Lohnliste des Town Council, haben es in Yirrkala längst nicht so komfortabel wie die Bergarbeiter in Nhulunbuy. Doch das wollen die Aborigines auch gar nicht. „Vier Wände und ein Dach", sagt Wandjuk, als wir, geblendet und

Mit Korallenkalk bemalte Aborigines führen zeremoniell eine der Ihren, die weißgekleidete Krankenschwester Loretta Marika, zum traditionellen Tanzplatz von Yirrkala. Gleich wird Commodore Johnston, der höchste Verwaltungsbeamte des Northern Territory, der Schwester den Orden des Britischen Empire (M. B. E.) für ihre Verdienste bei der Bekämpfung der Lepra verleihen

sprachlos, von einer Anhöhe auf die im Sonnenlicht gleißenden Wellblechdächer hinabsehen, „sind für uns dasselbe wie die schwarze Kiste, in die ihr eure Toten sperrt."

So erwarten wir also auch nicht, Wandjuks Vetter Roy Marika, den Vorsitzenden des Town Council, zu Hause anzutreffen. Die Tür steht offen, drinnen brummt die Klimaanlage, an den Fensterscheiben läuft das Schwitzwasser herab. Der aluminiumgerahmte Kunststoffkubus ist so leer wie die auf dem Boden herumliegenden Cola-Dosen. Nicht einmal ein Sitzmöbel birgt das trostlose Heim.

Roy Marika döst in der Mittagssonne auf einer Schaumstoffmatratze hinter dem Haus. Er stemmt zur Begrüßung seine lange, dürre Gestalt knapp mit dem Ellenbogen auf – eine eher symbolisch gemeinte Aufmerksamkeit. Von seinem Hals baumelt ein Kreuz an blauweißrotem Band: auch er ein Träger des M.B.E., des „Member of the British Empire". Das ist im Commonwealth, dem Australien angehört, der unterste Orden. Die Krone von England pflegt ihn freigebig an verdienstvolle Vertreter der eingeborenen Bevölkerung zu verteilen: eine Politik, die, wenn schon nicht Royalismus, so doch Loyalität zur Regierung fördern soll. Roy empfing den Orden freilich für eine Unternehmung, die sich gegen die amtliche Gewalt richtete – als Führer der schwarzen Landrechtsbewegung.

„Wir haben sieben Jahre vor Gericht für unser Recht gekämpft und endlich gewonnen", sagt der Ratsvorsitzende der autonomen Aboriginal-Gemeinde Yirrkala, „und wir haben in unserem allerersten Beschluß entschieden, daß künftig kein Weißer unser Land ohne unsere Einwilligung betreten darf."

Nur durch Wandjuks Vermittlung und augenscheinlich höchst widerwillig erhalten Michael und ich die Genehmigung, Yirrkala zu besichtigen. Das Betreten und Fotografieren von Privatgrundstücken wird uns ausdrücklich untersagt. Aber was hätten wir auch Neues festhalten wollen? Es bietet sich uns überall stets wiederkehrend das Bild von den Menschen auf der Rasenfläche des Hotels „Walkabout". Nur daß hier der Griff nach dem *grog* fehlt: Der Gemeinderat hat Alkohol in Yirrkala verboten. Die Uraustralier hocken – Männer, Frauen, Kinder – vor ihren leeren, ihren unbewohnbaren Häusern und schauen wie abwesend auf den glitzernden Golf von Carpentaria hinaus. Über seine Wasserfläche ist, das mag ihnen nicht aus dem Sinn gehen, der weiße Mann vor dreieinhalb Jahrhunderten auf ihren Kontinent gelangt.

Die Menschen dieses Landes, das die niederländischen Entdecker 1623 nach ihrem Expeditionsschiff „Arnhem" tauften, wohnten seit vielen tausend Jahren in einem für ihr Jäger- und Sammlerleben gesegneten Teil des überwiegend unfruchtbaren Kontinents. Die wald- und tierreiche Landschaft bot Nahrung im Überfluß. Unter den ursprünglich rund 600 Stämmen der uraustralischen Rasse, deren Gesamtbevölkerung bei Ankunft der Europäer auf 300 000 Menschen geschätzt wird, sind die Arnhemlander mit hoher Wahrscheinlichkeit die ältesten. Ihre Vorfahren gehörten, wie Radiokarbon-Untersuchungen ausgegrabenen Steinzeitgeräts ergeben haben, der ersten Einwanderungswelle vor mindestens 30 000 Jahren an.

„Meine Ahnen kamen von weither aus dem Norden", erzählt Wandjuk in akzentfreiem, aber tonlosem Englisch. In der Tat gilt als wahrscheinlich, daß die Aborigines aus Indien stammen und über die während einiger Eiszeiten zusammengerückte Landverbindung zwischen Südchina und Australien – Philippinen, Borneo, Celebes, Neuguinea – nach Arnhemland einwanderten.

Es ist die träge Stunde nach Mittag. Wir lagern, benommen von Licht und Hitze, im Sand der Yirrkala-Bucht und blicken auf einen Strand, der zu den schönsten Australiens zählen würde, wäre er nicht von Papierfetzen, Plastikmüll und leeren Dosen übersät.

„Einige von uns und andere, die nach uns kamen, wanderten durch den ganzen Erdteil und ließen sich da und dort nieder. Aber meine Leute, die ersten Australier, sind hier geblieben. Dies ist unser Land. Wir wollen kein anderes."

Wandjuk hat dem unsozialen Wohnungsbau der weißen Bodenschatzausbeuter den Rücken gekehrt. Er sieht auch den Unrat zu seinen Füßen nicht. Für ihn sind das vergängliche Requisiten einer lächerlich kurzen Zeitspanne in der Ewigkeit der australischen Menschheitsgeschichte, die weit in die *Dreamtime* zurückreicht. Wandjuks Bewußtsein weilt in jener Traumzeit, in dem universellen

Gedankengewölbe, das sich die Uraustralier von der Schöpfung einst gemacht und bis heute bewahrt haben.

Die *Dreamings*, die zeit- und raumlosen Tagträume, bergen den Kosmos der Aborigines: die Geheimnisse der Erde, der Kreatur, der in allem wohnenden Geister der Ahnen. Wohl keine Kultur beruft sich so uneingeschränkt auf das Wissen der Vorfahren. Und solange diese Erfahrungen nicht preisgegeben werden, glauben sich die Ureinwohner auf australischem Boden jedem Fremden überlegen.

„Wir sind die wahren Herren dieses Landes", sagt Wandjuk. „Was immer der weiße Mann mit seiner Technik gegen unsere Welt einsetzt – es bringt uns nicht aus dem Gleichgewicht, nicht die Bagger und auch nicht der *grog*." Freilich: Wenn man einem Aboriginal das Land nimmt, ist er verloren. Es ist das einzige, was er hat und woran ihm liegt.

Die Bedürfnislosigkeit der australischen Ureinwohner war und ist ihre stärkste Waffe gegen den Versuch der weißen Kolonisatoren, sie zu unterwerfen, zu integrieren, sie von der Zivilisation abhängig zu machen. James Cook, der Entdecker und Begründer der ersten britischen Australienkolonie New South Wales, schilderte die Ureinwohner 1778 in seinem Tagebuch verwundert als „sanftmütige, soziale Menschen, die manchem Europäer als elende Wilde vorkommen mögen, in Wahrheit aber weitaus glücklicher sind als wir. Sie fühlen sich von der Natur mit allem versorgt und lehnen es hartnäckig ab, auch nur in irgendeinem Punkt mit uns zu tauschen". Das war dem Seefahrer, der seinem König Georg III. mehr Kolonien gewann als jeder zuvor, noch bei keinem anderen Volk während seiner pazifischen Erkundungen widerfahren. Gleichwohl begannen Cooks Nachfolger unverzüglich mit der Verfolgung und Dezimierung der Aborigines.

Kapitän Arthur Philipp, Australiens erster Gouverneur, nahm 1788 für seinen König symbolisch vom ganzen Kontinent Besitz. Von seinen Ausmaßen und Einwohnern besaß damals freilich niemand die geringste Vorstellung. Am allerwenigsten wußten die rund tausend Sträflinge davon, die Philipp an Bord seiner Invasionsflotte aus englischen Gefängnissen mitgebracht hatte. Sie waren die weißen Ursiedler und bildeten die kolonisatorische Keimzelle des heutigen modernen Australien.

Die kurze, nur knapp 200jährige Geschichte Anglo-Australiens hat, was die Beziehung zu den Ureinwohnern betrifft, an grausiger Beständigkeit nicht ihresgleichen auf der Erde. „Sie war über all die Zeit vergleichbar mit dem alltäglichen Routinebetrieb einer Großschlachterei", stellt der australische Anthropologe Geoffrey Stead, Berater im Land Council von Alice Springs im Herzen Australiens, nach Einsicht in teilweise bis heute verschlossen gehaltene Polizeichroniken fest.

Die Denkweise, die hinter diesen Greueltaten stand, wird deutlich durch ein Gesetz, das der Gouverneur von New South Wales 1824 erließ. Es wies Armee und Polizei an, die Aborigines wie Freiwild abzuschießen, wo immer man sie in den Siedlungen und deren Umkreis antraf. Diese Maßnahme sollte angeblich dem Viehdiebstahl durch Eingeborene vorbeugen. Doch sie setzte unablässig sich ausbreitende Ausschreitungen in Gang.

Eines dieser Massaker brütete 1832 der Polizeikommandeur von Bathurst in der Nähe von Sydney aus. Er ließ seine berittene Truppe ein halbes Hundert Aborigines einfangen und in einen *billabong* jagen, einen kreisrunden Morast. Als die unschuldigen Schwarzen bis zu den Hälsen eingesunken waren, gab der Chef das Kommando „Kopfschuß im Galopp".

Der Methodisten-Missionar Reverend Threlkeld hat die folgende Greueltat aufgezeichnet, in einer Sprache, der die Worte fehlen: „45 Köpfe wurden ausgesucht und an Ort und Stelle gekocht, um sie von der Hirnmasse zu befreien. Die blanken Schädel wurden in eine Kiste verpackt und im Hafen von Sydney gelagert. Sie sollten den Polizeikommandeur auf seiner späteren Rückreise nach England begleiten." Als Trophäen für sein Jagdzimmer?

So trug sich, längst in der aufgeklärten Neuzeit, auf dem erst spät kolonisierten fünften Kontinent eine Neuauflage aller Verbrechen des Frühkolonialismus zu. An den Aborigines wiederholte sich der Völkermord der spanischen Konquistadoren an den Maya, die Sklavenjagd der Araber unter den Schwarzafrikanern, der Landraub aller abendländischen Kolonialmächte außerhalb Europas. Eines freilich unterschied den überseeischen Holocaust der Alten Welt grundlegend von dem der weißen Australier. Die Aborigines hatten kein Gold, sie taugten auch nicht als Sklaven, und Land gab es mehr, als die Weißen verkraften konnten: Die australischen Ureinwohner wurden wie Känguruhs abgeschossen, weil man mit ihnen nichts anderes anzufangen wußte. Um die Wende zum 20. Jahrhundert, nach gut hundert Jahren Weißenherrschaft, gab es keine 60 000 Aborigines mehr. Die Zahl der Weißen war unterdessen von tausend auf acht Millionen gewachsen.

Den meisten der knapp 15 Millionen Australier ist bis heute nicht bewußt, daß die methodische Verfolgung der uraustralischen Menschen ganze Stämme mit eigenständiger Kultur und Sprache vernichtet hat, ehe ihre ethnische Individualität bemerkt werden konnte. Anthropologen gehen davon aus, daß es vor der weißen Invasion auf diesem Erdteil ungefähr 600 verschiedene Stämme und mindestens 200 unterschiedliche Sprachen gegeben hat, 80 davon allein in Arnhemland. Die Chance, auch nur Relikte dieser Eigen- und Bodenständigkeit aufzuspüren, ist dahin. Zwar hat sich die Zahl der mindestens halbblütigen Aborigines inzwischen wieder auf 150 000 – ein Prozent der Gesamtbevölkerung – erhöht, aber es gibt nur noch etwa 40 000 vollblütige Ureinwohner. Die meisten sind auf dem Kontinent so verstreut, daß nicht einmal die Ältesten unter ihnen wissen, wo ihre Wurzeln einmal gewesen sind.

Wir haben, bevor wir nach Arnhemland kamen, die Weite des Kontinents nach solchen Ureinwohnern abgesucht, die erkennbar in ihrer Tradition und Kultur leben. Wir haben Erschütterndes gefunden.

Die Aborigines saßen, wohin wir auch kamen, auf der Erde, die ihnen nicht mehr gehört, und tranken sich langsam um den Verstand: in den Vororten von Darwin an der Nordküste nicht anders als im ausgetrockneten Flußbett des Todd River mitten in Alice Springs, der Frontstadt im Zentrum des Kontinents.

Aborigines marschierten in einer 5000 Menschen starken Demonstration durch Brisbane, die Hauptstadt des Bundesstaats Queensland, und schrien zu den geschlossenen Fensterläden der Weißen hinauf: „Wir wollen unser Landrecht!" Und dann mußten sie sich, in einem zur selben Zeit gesendeten Rundfunkinterview des Honourable Victor Bruce Sullivan, des für Landrechtsfragen zuständigen Wirtschaftsministers des Bundesstaats, auch noch sagen lassen: „In Queensland können die Aborigines so lange auf ihr Landrecht warten, bis sie schwarz im Gesicht werden."

Aber wir sind nicht nur auf schwarze Verzweiflung und weißen Zynismus gestoßen. Da gibt es, im zentralaustralischen Reservat Haasts Bluff, das hoffnungsvolle Experiment der weißen Aboriginal-Freunde Andrew Crocker und Daphne Williams. Die beiden Kenner alter Eingeborenenkunst haben eine Agentur gegründet, deren Ziel es ist, die Aborigines zum Weitermalen ihrer farbigen *Dreamings* auf Baumrinde und Leinwand zu ermuntern. Die „Papunya Tula Art Company" in Alice Springs liefert den Malern

Für ihr Landrecht streitend, ziehen rund 5000 Aborigines mit ihren wenigen weißen Sympathisanten durch Brisbane, die Hauptstadt des Bundesstaates Queensland. Doch die Sprechchöre und das Sonnenbanner der Landrechtsbewegung bleiben von denen, die gemeint sind, ungehört und ungesehen. Die Bewohner der radikal weißen Stadt haben vor der bislang größten Aboriginal-Demonstration in Queensland Türen und Fensterläden geschlossen

in den Reservatsstationen Papunya und Kintore nicht nur das Arbeitsmaterial, sondern verkauft die Gemälde mit Gewinn für die Urheber in den Städten des Ostens und veranstaltet vielbeachtete Ausstellungen im Inund Ausland. Das hilft den Menschen in den Reservaten, ihre Identität zu wahren oder zu ihr zurückzufinden.

In Yirrkala malt niemand mehr. Hier haben die von dem Industriegiganten Nabalco gezahlten Tantiemen, die der Gemeinderat – um dem Alkoholkonsum vorzubeugen – bargeldlos als Gutscheine für den Kauf von Lebensmitteln und Bedarfsgütern an seine Mitbürger weitergibt, alle künstlerischen Initiativen erstickt. Wozu arbeiten, warum den Geist anstrengen, wenn der Lebensunterhalt bis zum Jahre 2053 gesichert ist?

Und doch gibt es, zumindest in Wandjuks Sippe, eine Bewegung, in der sich Menschen gleichsam an den eigenen Haaren aus dem Sumpf der allgemeinen Apathie gezogen haben: zurück zur Natur. So jedenfalls sieht es Wandjuk.

Seine Sippe hat, kaum war die Regenzeit mit ihren prasselnden Niederschlägen vorüber, im April Yirrkala verlassen und ihr Wintercamp aufgesucht, das hierzulande einer Sommerfrische gleichkommt. Es liegt auf der Landzunge Bradshaw am Golf von Carpentaria, etwa 15 Kilometer von Yirrkala entfernt.

Wir brauchen, um die kurze Strecke zu bewältigen, 14 Stunden: von Sonnenaufgang um sechs Uhr bis zwei Stunden nach Sonnenuntergang. Die Fahrt mit dem vierradangetriebenen Wagen geht durch ein Stück Wildnis, die alles hat, was australische Landschaft enthält: Busch, Dschungel, Sumpf, Wüste. Ich begreife, weshalb der sonst unerschütterliche Pioniergeist der australischen Siedler von der Kolonisierung des Arnhemland abgelassen, weshalb die Regierung es den Ureinwohnern als Home Land überlassen hat.

Wir zwängen uns durch den klettenden Dornbusch aus Akazien, Kakteen und Luftwurzeln. Wir stecken einen Kilometer weiter ein paarmal bis zu den Achsen im zuckerweißen Treibsand eines Wüstenstücks und passieren kurze Zeit darauf einige *billabongs*, schlammige Wasserlöcher und mangrovendurchwurzelte Sumpfstreifen. Aus ihnen erhebt sich urwelthaft eine mißlaunig grunzende Herde wilder Wasserbüffel und kreuzt ein paar Meter vor der Kühlerhaube unseren Weg. Wir müssen schließlich im folgenden Urwald umgestürzte Bäume beiseite räumen, aus deren Blattwerk sich Legionen grüner, ätzende Säure absondernder Ameisen über unsere rotverbrannte Haut hermachen. In all dem Ungemach und bei 35 Grad Hitze wiederholt Wandjuk zusehends vergnügter seinen lapidaren Satz: „Ist es nicht wie im Paradies?"

Es ist schon Nacht, als sich die Scheinwerferstrahlen des Jeeps in tiefschwarzem Wasser spiegeln. Wir sind am Ziel, am Strand des Pazifischen Ozeans.

Wo ist das Camp?

„Morgen", sagt Wandjuk und streckt sich, ohne weitere Erklärungen, im Sand aus. Für einen Aboriginal ist der Erdboden das natürlichste aller Lager. Wir hingegen ziehen einen weitverzweigten Baum vor, der wie geschaffen für unsere Logisgewohnheiten einzeln am Strand steht. Wir knüpfen unsere Rucksäcke und Hängematten in die knorrigen Äste und fühlen uns, einen Meter hoch sacht über dem Sand pendelnd, sicher in einer nachtschwarzen, unbekannten Umgebung.

Ich kann lange nicht einschlafen. Aus dem Wald rufen Nachtvögel, auf das Wasser klatschen Fische. Ich fühle mich von der Welt so abgenabelt, wie es dieser seltsame Erdteil in der Tat für Jahrtausende war.

Als sich nach der letzten Eiszeit vor zwanzigtausend Jahren die Meeresspiegel wieder hoben und die Terra Australis von der übrigen Welt trennten, wurden auch die Altaustralier von der restlichen Menschheit isoliert. Indonesische Seefahrer, Trepangfischer von Makassar, berührten als erste Anfang des 16. Jahrhunderts die Küsten von Arnhemland und bescherten den Australiern zweierlei: Die umherstreifenden Jäger und Sammler lernten von den hochzivilisierten Asiaten den Bootsbau, die Töpferei und den Feldanbau; die andere Hinterlassenschaft der makassischen Seeleute war die Lepra.

Die sporadischen Landgänge der ersten europäischen Besucher, der Niederländer Anfang des 17. Jahrhunderts, brachten dagegen schon Marter, Mord und Totschlag. Aus dieser Zeit stammt das Schimpfwort der Arnhemlander für den weißen Mann: *balanda*. Die Uraustralier haben es von den niederländisch kolonisierten Indonesiern: eine verballhornte Form für „Holländer".

Die Gewalttaten der an Australien nicht näher interessierten Niederländer blieben eine kurze, wenn auch schreckliche Episode. Doch sie waren ein Vorgeschmack auf das dauerhafte Elend, das die angelsächsischen Nachfolger 1869 mit der Gründung von Palmerston, dem heutigen Darwin, ins Arnhemland brachten. Dort war Gold gefunden worden. Die Briten holten bis 1888 etwa 7000 Chinesen als Kulis zum Goldschürfen in die Stadt; diese frühe Industrialisierung unter erbärmlichen hygienischen Bedingungen verwandelte den ganzen Landstrich bald in eine Seuchenhölle. Zu der bereits grassierenden Lepra kam 1884 die Malaria. 1885 folgten Ruhr und die Vitaminmangel-Krankheit Beriberi. 1886 brach eine Typhus-Epidemie aus. 1887 schließlich wüteten die Pocken. Die bis dahin in Australien unbekannten Seuchen fanden unter den Ureinwohnern die meisten Opfer. Sie hatten noch keine Resistenz aufgebaut.

Währenddessen machten die Chinesen die Ureinwohner mit dem – damals legal gehandelten – Opium bekannt, und die Europäer lehrten die in Scharen süchtig gewordenen Aborigines die einfachste Methode, an den

An einer vom weißen Mann unberührten Bucht am Golf von Carpentaria liegt das Buschcamp der Sippe Marika aus Yirrkala. Hier bietet die Natur alles, was dem Leben der Aborigines entspricht: Land, Jagd und Fischfang. Das von der Regierung gespendete Wellblechhaus ist unbewohnt, die Marikas schlafen im Freien auf der Erde, die ihnen hier noch gehört

teuren Stoff zu kommen: die Prostitution. Die Aborigines schickten ihre Frauen und Töchter in die Männercamps der Goldgräberstadt und erhielten darauf außer der Beischlafbeute eine weitere, bis dahin unbekannte Segnung der Zivilisation: Geschlechtskrankheiten. Der Medical Officer der Regierung meldete 1910 in seinem Gesundheitsrapport, daß „von hundert untersuchten Aboriginal-Frauen nur eine ohne venerischen Krankheitsbefall" war.

Der vorläufig letzte apokalyptische Reiter geißelte die Arnhemlander mit der Tuberkulose. Daran starben bis 1930 zwei Drittel der Urbevölkerung.

Als die Missionare um diese Zeit nach Arnhemland kamen, waren die Aborigines auf einen kümmerlichen, kranken Rest von rund 2000 Menschen dezimiert. Die frommen Väter der Anglican Church Missionary Society und der Methodist Overseas Missions mußten, bevor sie an das Seelenheil der „armen Heiden" denken konnten, erst einmal deren körperliche Leiden heilen. Die Missionsstationen hatten mehr Hospitalbetten als Kirchenstühle, waren eher Lazarett als Gotteshaus. Heidenmission hieß damals nach einem unter den Fathers und Reverends verbreiteten Wort „to smooth the pillow of a dying race": einer sterbenden Rasse das Kopfkissen glätten.

Die Ureinwohner sind nicht ausgestorben. Die Seuchen und Krankheiten sind gebannt wie das Opium und die Prostitution. Der gegenwärtige Feind ist der Alkohol; das Verbot des Verkaufs an die Aborigines wurde 1964 aufgehoben. Doch auch

Neben einem Sonnenkollektor, der die Energieversorgung im Lager ergänzen soll, trainiert Wandjuk Marika seine Enkelkinder in der alten Kunst des Lesens und Legens von Fährten jagdbarer Tiere. Die Kinder lernen schnell, was seit Generationen vergessen schien. Gary, der älteste Junior im Klan, redet – wenn das Funkgerät nicht gerade defekt ist – stundenlang mit seinen Freunden in der Funkbude von Yirrkala

diese Gefahr ist, zumindest in den von Aboriginal Councils kontrollierten Reservaten und Siedlungen, im Schwinden. Sogar auf der Landzunge Bradshaw, im Außenposten des Marika-Clans, ist Alkohol verpönt.

Wandjuk weckt Michael und mich, als noch milchige Nebelschwaden die handbreit über den Meereshorizont aufgestiegene Sonne verschleiern. Wir suchen trockenes Holz und brauen uns über dem Feuer Tee. Wandjuk zeigt auf die in der Brise schwingenden Hängematten, zeigt hinaus auf das sanft an den Strand schwappende Gewässer: „Euer Hotel, euer Supermarkt."

Die Lagune, mit nur einem schmalen Durchlaß zur offenen See, wirkt wie am vorletzten Schöpfungstag. An ihren Ufern ist kein Mensch zu sehen, aber ihr Spiegel ist in steter Unruhe von seltenem Getier: Da zeigen sich in den glasklaren Fluten Riesenschildkröten, Salzwasserkrokodile, Delphine, Seehechte und Krebse. Aber ich sehe auch Haifinnen dicht unter dem Strand kreuzen und verzichte auf ein Morgenbad.

Doch wo sind die vor der Langeweile in Yirrkala geflohenen Bewohner dieses Paradieses?

Wir gehen, geblendet von der glitzernden Helle des Himmels und der See, den unberührten, grieshellen Sandstrand entlang. Wir winden uns durch die rundgeschliffenen Gesteinsbrocken einer weit ins Meer ragenden Felsbarriere, und dann stehen wir unvermittelt auf der Strandsichel einer kleinen Bucht. Hier lagert die Sippe Marika.

Was für ein Lager!

Da steht eine Wellblechbaracke groß wie ein Lagerschuppen – leer. Da ragt aus dem ufernahen Busch ein metallener Wasserturm – leck. Da rostet im Sand eine Motorpumpe – kaputt. Da hängt am Stamm einer Kasuarine ein Funkgerät – defekt. Den Gipfel an Fortschrittsschrott stellt ein kleines Kraftwerk aus Solarzellen dar, das – halbvollendet – als Wäschetrockner dient. Der offenbar schon im Entstehen verworfene Zivilisationsversuch stammt aus der Beteiligung am Bauxitgewinn.

Im Wind- und Sonnenschatten der nutzlosen Blechtrümmer liegen – auf unbeschreiblich schmutzigen Fetzen von Dekken, Matratzen, Plastikplanen – die Emigranten aus Yirrkala: rund drei Dutzend Marikas, überwiegend Frauen und Kinder und ein paar halbwüchsige Jungen. Die Männer haben sich offenbar für die Nähe der *grog shops* in Nhulunbuy entschieden.

Wandjuk stellt vor. Da ist Großtante Minky. Die Alte nimmt mir wortlos die brennende Zigarette aus der Hand und schiebt sie in ihre kalte Pfeife. Da sind Cousine Mary, Schwiegertochter Henriette, Sohn Paul – der dritte von elf männlichen Wandjuk-Sprößlingen.

Wandjuk selbst verwandelt sich binnen weniger Stunden vom städtischen Gentleman zum ländlichen Patriarchen. Erst verliert er einen Schuh, dann sind Sonnenbrille und Schlips verschwunden, schließlich entledigt er sich des Hemds und geht glücklich unter seinen Leuten umher. „Dies ist unser wahres Leben", sagt er zu Michael und mir wieder und wieder, und wir nicken betreten und sprachlos.

Gibt es hier, frage ich mich, auch nur einen Menschen, der, auf sich selbst gestellt, existieren könnte, flössen nicht die Dollar von Nabalco?

Doch dann belehren mich Wandjuk und seine Erben eines Besseren. Fasziniert sehe ich zu, wie der jetzt halbnackte Mann, einem schwarzen Guru gleich, im Sand hockt und seiner Schar von Enkelkindern *tracking* beibringt, das Legen und Deuten von bis aufs Tüpfelchen authentisch wirkenden Tierspuren. Mit der Fingerfertigkeit eines Schattentheaterspielers zaubern die mal verschränkten, mal rücklings verdrehten, mal auf Gliedknöcheln tanzenden Hände Büffelhufe, Schlangenleiber, Schildkrötenpanzer, Vogelfüße, ja, sogar Froschhüpfer in den lockeren Sand. Noch mehr verblüfft mich, mit welcher Eleganz und Schnelligkeit die Kinder die Tricks aufschnappen.

An jedem Tag, den wir mit der Sippe im Camp zubringen, entdecken Michael und ich in dem vordergründig verschütteten Leben der Aborigines den unverdorbenen Kern. Wir brauchen uns bald die Kleiderlumpen, die Plastikfetzen, den ganzen herumliegenden Krempel nicht mehr krampfhaft wegzudenken, um etwas von der ursprünglichen, der von der Zivilisation noch unberührten Verfassung dieser Menschen zu verspüren. Wahrscheinlich waren sie in ihrer fundamentalen Lebensauffassung nie anders als heute – einst zwar nicht so angeschmuddelt vom leicht verderblichen Kulturkram des weißen Mannes, aber stets von einer unbeirrbaren Gleichgültigkeit gegenüber allem nicht lebensnotwendigen

Besitz. Und was wir als schmutzig empfinden, ist nichts als die Patina ihres uralten, ungestörten Verhältnisses zur Erde.

Diese Menschen sind Erdhokker. Sie haben in einem tropischen Klima, das keine Häuser nötig macht, seit 30 Jahrtausenden auf der Erde unter freiem Himmel oder in Höhlen gelebt, geliebt, geschlafen und gegessen – warum sollten sie nun ihren Lebensgrundsatz ändern?

Was sie umbringt, ist der Alkohol und der Mangel des Rechts auf ihr eigenes Land. Mit der Trunksucht könnten sie fertig werden. Im Marika-Camp herrscht völlige Abstinenz. Lediglich die halbwüchsigen Jungen ziehen sich dann und wann in ihre Baumhütte im Busch zurück und geben sich einer Ersatzdroge hin, dem *petrol sniffing*. Dabei schnüffeln sie mit der Nase aus einer passend zurechtgebogenen Konservendose die berauschenden Dünste eines benzingetränkten Lappens ein.

Auf die Dauer ist dieses *petrol sniffing* gefährlich, weil die Gase die Gehirnzellen vernichten. Doch Wandjuk oder Tante Minky passen auf, daß die Schnüffelei nicht überhand nimmt. Und sie sorgen auch dafür, daß die Jungen wieder lernen, Fische in der Lagune zu speeren.

Mit der Zuerkennung des Landrechts, dessen Verweigerung in Queensland und dessen unbefriedigende Regelung in anderen Bundesstaaten nach Meinung australischer Soziologen und Psychologen vielfach die Ursache von Alkoholismus und Apathie sind, hat die Bundesregierung in Canberra auf dem Northern Territory einen hoffnungsvollen Anfang gemacht. Hier beträgt inzwischen das gesamte für die Aborigines reservierte Gebiet einschließlich Arnhemland 382 000 Quadratkilometer – größer als beide deutsche Staaten zusammen.

Damit freilich ist noch keineswegs das Problem des Zugangs zu den zahllosen heiligen Plätzen der Eingeborenen gelöst, die ihnen vielerorts genommen oder zerstört worden sind. Das hat ihre ahnenbezogenen *Dreamings*, das hat ihre Kultur zum Sterben verurteilt.

Wandjuk führt uns eines Tages auf einem Dreistundenmarsch landeinwärts zu einem Felsen. In unseren Augen ist es ein gewöhnlicher Brocken von Doppelmannshöhe. „Von hier kommt der Geist, der mich geboren hat und mit Leben erfüllt", sagt Wandjuk, „hierher muß ich immer, wenn der Geist mich treibt, zurückkehren können, sonst stirbt meine Seele."

Hat jeder Aboriginal solch einen Geisterfelsen?

„Es kann ein Baum, eine Quelle oder einfach nur ein Platz sein", erklärt Wandjuk. „Der Ort ist dir schon vor der Geburt bestimmt."

Die Lokalisierung des Geistes für das noch ungeborene Leben unternimmt ein Stammesweiser, denn die alleswissenden Aborigines haben und brauchen keinen Schamanen. Der Weise findet die für den im Mutterleib werdenden Menschen zuständige spirituelle Kraft und setzt sie mit beschwörenden Formeln aus ihrem irdischen Standort frei. Der Geist fährt in die Gebärmutter, erweckt das Baby zum Leben und holt es ans Licht der Welt. Von nun an gehören Mensch, Geist und spiritueller Platz untrennbar bis zum Tod zusammen: Dies ist die einfache, immer wiederkehrende Trinität im Glauben der Aborigines.

„Alle Aborigines haben außerdem noch einen gemeinsamen heiligen Stein", sagt Wandjuk. „In ihm lebt die Wurzel unseres Volkes. Das ist Ayers Rock."

Michael und ich haben diesen größten Basaltmonolithen der Erde gesehen. Vom heiligen Geist der Aborigines haben wir dort allerdings so wenig gespürt, wie davon den heruntergekommenen Uraustraliern anzumerken war, die an seinem Fuß ihr Dauercamp aufgeschlagen haben, um durch ihre Armseligkeit die Besucher zum Spenden von Geld zu animieren. Der Geist muß sich wohl tief in die Schründe des vom roten Staub der zentralaustralischen Wüste überpuderten Felsklotzes zurückgezogen haben. Wie anders könnte er es mit den Hunderttausenden von Touristen aushalten, die alljährlich über den steinernen Buckel trampeln und ihren Unrat in seine Runzeln werfen?

Doch das ist jetzt vorbei. Die australische Regierung hat den Rock, diese monumentale Postkarten-Attraktion, an die Aborigines zurückgegeben, die ihn ihrerseits – clever, wie sie durch ihre Landrechtsverhandlungen mit den Weißen geworden sind – an den Staat mit der Auflage ausgeliehen haben, aus ihm einen sauber gehegten Naturpark zu machen.

Lehren die Naturmenschen ihre gescheiterten Zivilisatoren nun Mores? Und: Sind die *Wasp*, die White Anglo-Saxon Protestants, die Nachfahren der

Ein Junge tanzt vor seinen Kameraden im Benzin-Rausch. Neben dem Alkoholmißbrauch ist *petrol sniffing* das größte Problem – besonders unter den jugendlichen Aborigines. Da die autonomen Gemeinderäte Alkohol aus allen Reservaten verbannt haben, ist die Schnüffelei mit Hilfe eines benzingetränkten Lappens in einer leeren Konservendose zur leicht gemachten Ersatzdroge geworden

sendungsbewußten Pilgerväter, fähig umzudenken? Können sie begreifen, daß Menschen, denen das Eigentum an Boden unbekannt ist, ein Beispiel zu geben vermögen?

Als wir auf unserer Rückfahrt von Bradshaw spät am Abend den Nhulunbuy vorgeschobenen Zivilisationsposten Gove erreichen und einkehren wollen, begegnet uns abermals das archetypische Phänomen weißer Borniertheit.

Der Besitzer des Motels „Hideaway" weist uns, mit Blick auf unseren schwarzen Begleiter, einen isolierten Gartentisch hinter dem Swimmingpool zu, angeblich weil sein Restaurant bereits mit Vorbestellungen ausgebucht ist. Michael wird weiß vor Zorn. Da legt ihm Wandjuk die Hand auf den Arm: „Keep cool, brother. Ich fühl' mich draußen besser." So lassen wir uns an die frische Luft setzen und das Essen vom Hausburschen servieren.

Wir, der Schwarze und die beiden Weißen, leeren eine Flasche australischen Rotweins und fühlen uns unter dem vom Himmel blickenden Hoheitszeichen der australischen Flagge, dem Kreuz des Südens, wieder so wohl wie noch tags zuvor in unserem Baumquartier bei den Marikas. Irgendwann entläßt der Motelbesitzer seine Handvoll weißer Gäste unter dröhnendem Palaver in die Nacht. Als es still geworden ist, steht er mit einer Flasche französischen Rotweins im Arm an unserem Exiltisch.

„Hello, blokes", tönt er munter in vertraulicher australischer Anrede: „Wißt ihr eigentlich, daß ihr mit dem berühmtesten Nigger des Kontinents euer Dinner gegessen habt?"

Nur Landrecht hilft den Ureinwohnern zum Überleben

Gleiche Behandlung von Schwarz und Weiß in jeder Beziehung versprach 1816 ein Plakat der britischen Kolonialregierung

Die Aborigines vom Stamm der Pitjantjatjara erklärten, als es 1978 um die gesetzliche Fassung ihrer Landrechte ging, gegenüber der Regierung des Bundesstaats Südaustralien: „Die Verbindung eines Volkes zu seinem Land beschränkt sich nicht auf die Erdoberfläche, sondern auf das Wesen des Landes. Den Pitjantjatjara ist zugesichert worden: Keine Art von Rohstoffabbau soll ohne ihre Einwilligung stattfinden." Das Veto gegen den Bergbau wurde zwar zugestanden, aber immer wieder gebrochen.

Profit bricht Landrecht. Alle Landrechtsgesetze der australischen Bundesstaaten oder die Entwürfe dazu sehen bisher nur Landübertragungen solcher Gebiete an die Ureinwohner vor, die für die weißen Australier als nicht profitabel erscheinen. Doch gelten die Rechte der Aborigines plötzlich nicht mehr, wenn auf ihrem Gebiet Rohstoffe gefunden werden.

Der Tod kommt viermal schneller. Die Ureinwohner werden seit 200 Jahren von ihrem Land vertrieben, systematisch unterdrückt, diskriminiert, entrechtet. Das hat zu miserablen Lebensverhältnissen geführt. Die Kriminalität ist die höchste der Welt. Und die Gesundheit der Aborigines ist – verglichen mit dem Standard aller Industrieländer – am schlechtesten. Sie sieht nach einer Untersuchung des „Medical Journal of Australia" für einen 1980 geborenen Aboriginal gegenüber einem weißen australischen Kind so aus:

- vierfache Wahrscheinlichkeit des Todes vor Ende des ersten Lebensjahres,
- achtfache Wahrscheinlichkeit einer Hautinfektion,
- zwanzigfache Wahrscheinlichkeit einer chronischen Erkrankung der Atemwege,
- fünfundzwanzigfache Wahrscheinlichkeit der zur Blindheit führenden Augenkrankheit Trachoma.

Als Erwachsener wird ein Aboriginal zwanzigmal eher Diabetiker, und die Wahrscheinlichkeit für eine Erkrankung an Lepra, Tuberkulose, Syphilis und Herzleiden ist ebenfalls höher als bei einem Weißen.

Problem erkannt – doch keine Abhilfe. Obwohl die sechs Bundesstaaten mehr oder weniger willkürlich mit dem Landrecht der Ureinwohner verfahren, wird dessen sozialer Wert keineswegs bestritten, wie aus der bemerkenswerten Begründung einer Gesetzesvorlage in New South Wales hervorgeht: „Es ist fast sicher, daß die Einführung von Landrechten die Kriminalitätsrate von Aborigines und die Zahl von Ordnungswidrigkeiten unter dem Einfluß von Alkohol drastisch senken würde. Dies deshalb, weil durch landwirtschaftliche Tätigkeit viele arbeitslose Aborigines aus den Städten fortziehen und so die Möglichkeit vermindern würden, Verbrechen zu begehen oder Opfer von Alkoholmißbrauch zu werden." Doch derzeit winkt wenig Hoffnung für die Aborigines. Nach einem Volksentscheid von 1967 wurde der Bundesregierung die Verantwortung für die Aborigines übertragen. Trotzdem hat sich der liberale Premierminister Malcolm Fraser bis 1982 geweigert, in jenen Bundesstaaten einzugreifen, wo Aborigines gewaltsam von ihrem Land vertrieben wurden, weil dort Bauxitminen oder Ölbohrungen Vorrang erhielten.

Das Gesetz gilt, wem es paßt. Der zur Labour-Partei gehörende Minister für

Aborigines, Clyde Holding, hat 1983 versprochen, von der dem Bund übertragenen Gesetzesmacht nachdrücklich Gebrauch zu machen.

Diesem Bundesrecht unterliegen sogar Verträge zwischen einem Bundesstaat und internationalen Firmen, etwa bei der Nutzung von Land zugunsten der Energieversorgung. So sollte zum Beispiel in Tasmanien am Franklin River ein Staudamm entstehen, der die heutigen Plätze der Aborigines unter Wasser gesetzt hätte. Da dieses Gebiet in die UN-Liste des „Kulturerbes dieser Welt" aufgenommen worden war, konnte die Bundesregierung den Bundesstaat überstimmen.

Ureinwohner ausgerottet. Doch nach dem grundsätzlichen Verständnis des insularen Bundesstaats gibt es in TASMANIEN überhaupt kein Landrecht für Ureinwohner, weil es keine Ureinwohner mehr gibt. Der letzte Angehörige des Stammes der Tasmanier ist nachweislich 1889 gestorben. Alle Aborigines auf Tasmanien müssen erst in jüngerer Zeit zugewandert sein.

Entschädigung abgelehnt. In NEW SOUTH WALES hat die regierende Labour-Partei nach langjährigen Wahlversprechen 1983 Landrechte für Aborigines eingeführt, freilich nur in Gebieten, die wirtschaftlich nutzlos sind. Der eingeborene Landrat von New South Wales lehnte dieses Gesetz als unzureichend ab, da es keinerlei Ersatz für den 200jährigen Besitzentzug des Landes biete.

Veto stets umstritten. Der bisher einzige positive Aspekt in VICTORIA ist das Gesetz zur Rückgabe des früheren Reservats von Framlingham Forest Park an die Aborigines. Es sieht außerdem ihren Einsatz bei der Waldpflege und gegen Waldbrände vor. Das Veto gegen den Bergbau ist weiterhin umstritten.

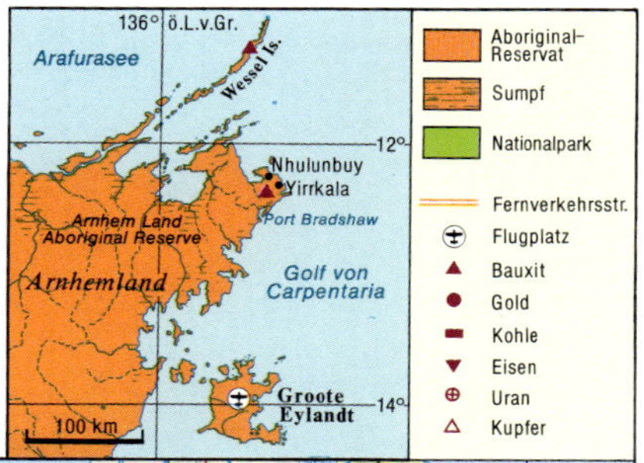

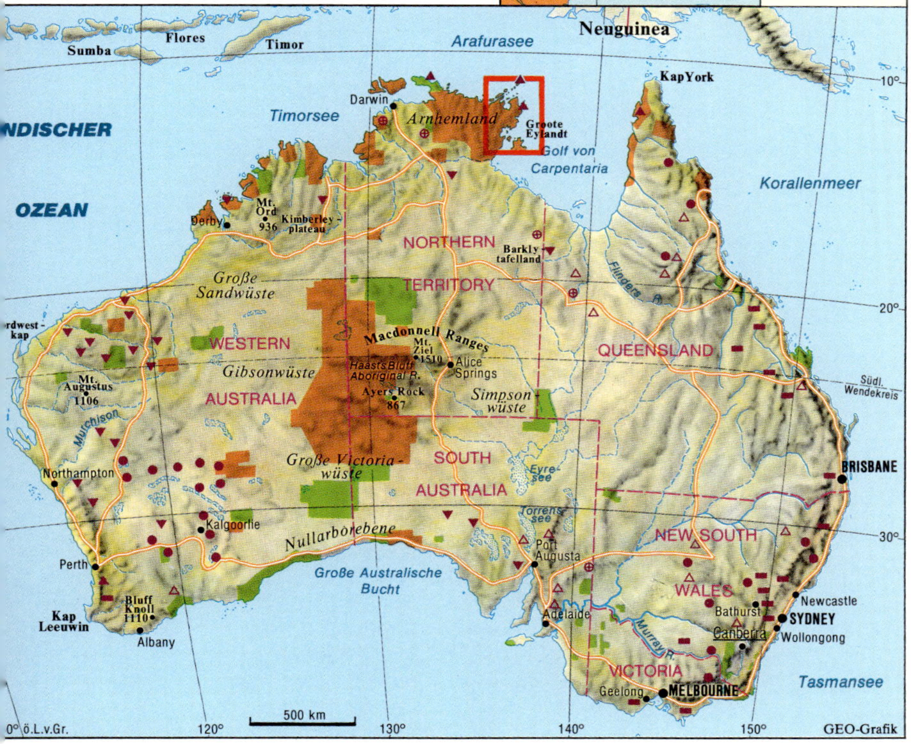

In der zentralaustralischen Wüste liegt das größte zusammenhängende Aboriginal-Reservat. Die Heimstatt der Ureinwohner ist vor dem Zugriff der Regierung nur so lange sicher, wie dort keine Bodenschätze gefunden werden. In Arnhemland, dem anderen großen Reservat, wird Bauxit abgebaut, ohne daß sich die Aborigines dagegen wehren können

Zusagen noch nicht eingelöst. In WESTERN AUSTRALIA hatte die Labour-Partei in ihrem Wahlprogramm 15 Jahre lang versprochen, alles Land an die Aborigines zu übertragen, das schon gegenwärtig durch sie genutzt werde. Nachdem die Partei an die Regierung gekommen war, setzte sie im Mai 1983 eine Kommission ein, welche die Grundbedingungen für das Gesetz klären soll: die Fragen von Pacht oder Eigentum, des Rohstoffabbaus und des Schutzes von heiligen Plätzen.

Lobby gegen Reservate. In QUEENSLAND gibt es für Aborigines keine Landrechte, und es sind auch keine vorgesehen. Statt dessen plant die von Farmern beherrschte Regierung in Brisbane, die noch vorhandenen Reservate mit Pachtverträgen auf Zeit zu versehen, damit sie ganz verschwinden.

Ab in die Wüste. Das NORTHERN TERRITORY stand bis 1977 unter der ausschließlichen Verwaltung der Bundesregierung. Sie führte die ersten Landrechte für Aborigines in Australien 1976 ein. Danach kann Aborigines Land im Eigentum des Bundes übertragen werden, wenn ihre Vorfahren dort gelebt haben. Da es sich um wirtschaftlich von den Weißen ungenutztes Land handeln muß, kommen nur Wüsten in Frage, oder, wie in Arnhemland, Gebiete, die in der Regenzeit überschwemmt sind. Als Eigentümer verwaltet eines der drei Aboriginal Land Councils das Land. Gegenüber dem Bergbau hat der Landrat ein Vetorecht, das aber „im nationalen Interesse" aufgehoben werden kann.

Nationales Interesse siegt immer. Im Bundesstaat SOUTH AUSTRALIA wurden 1981 durch Landrechtsgesetz 102 630 Quadratkilometer Wüste einem eingeborenen Land Council übergeben. Ein absolutes Veto der Aborigines gegen den Bergbau wurde letztlich nicht vorgesehen. Die Pitjantjatjara müssen nun selber mit den Bergbaufirmen verhandeln. Wenn sie sich nicht einigen, muß ein Schiedsrichter der Regierung angerufen werden. Bisher hat dieser Unparteiische noch regelmäßig im Sinne des „nationalen Interesses" gegen die Aborigines entschieden.

Die Gladiatoren der Steinzeit lassen die /

Papua *Das Land wirkt auf den Besucher wie ein Saurier – gewaltig, grotesk, zum Gruseln. Die nach Grönland größte insulare Landmasse der Welt ist ein Stück phantastischen Erdreliefs, ein Kontinent für sich: Neuguinea. Etwas von der Unheimlichkeit des vorgeschichtlichen Drachen, der als Mythos durch die Völker geistert, haftet auch den Bewohnern, den Papua, an. Sie hausen, so heißt es, hier und da noch als Kannibalen in der Steinzeit. Ins Zentrum von Papua New Guinea, in die von Viertausender-Gipfeln geschützten Highlands, trauten sich die Europäer nur sehr spät: vor gut 50 Jahren. Gewissermaßen erst gestern also entdeckte man die Melpa, einen Hochlandstamm unter den ursprünglich 600 Papua-Völkern. Wer heute zu ihnen in die Urzeit reist, dem begegnen – sogar im entferntesten Bergdorf, selbst im tiefsten Dschungel – allzu bekannte Dinge: das Kaugummi, das T-Shirt, das Kreuz – Symbole eines abendländischen Systems, nach dem der weiße Mensch die Welt und ihre Völker zu egalisieren trachtet.*

…kt im Dschungel

Nicht einmal ein halbes Jahrhundert haben die ehemaligen Kolonialherren – die Deutschen, Briten und Australier – gebraucht, um die Steinzeitmenschen an die Zivilisation zu verraten. Als ihre Schrittmacher preschen stets die Missionare vor: kaum ein Platz in Papua New Guinea, wo nicht auf kleinstem Areal drei Dutzend einander heftig widersprechender christlicher Fraktionen um Taufbereitschaft der Urbevölkerung buhlen. Die fremde Botschaft und die Verbotsordnung der westlichen Gesellschaft stürzen die Melpa in heillose Verwirrung, in das Elend letztlich der Abhängigkeit von Geld und Gütern, die man vorher weder kannte noch brauchte. Und die wenigen Dörfer, die, noch fast unberührt, der Waldverhau des Dschungels birgt, werden sehr bald der süßen Droge Fortschritt verfallen

Der Dschungel im Innern Neuguineas dampft nach einem nächtlichen Regenguß. Im Flußtal des Jimi River herrscht, im Unterschied zum kühlen Mount-Hagen-Hochland, tagsüber eine tropische Hitze von bis zu 40 Grad Celsius. In der Kochhütte, einem Unterstand für die Feldarbeiter des Dorfes Tubump, warten die Männer auf ihr Essen. Es stammt von den vor der Tür wachsenden Stauden: Kochbanane ist die Basisnahrung der Fluß-Papua

Die Familie vom Stamm der Melpa wohnt mit den Schweinen, ihrem wertvollsten Besitz, unter einem Dach. Man will das Vieh nicht nur vor Diebstahl schützen, sondern sich selbst auch vor Kälte. Im 2000 Meter hoch gelegenen Tambul-Distrikt sind Nachtfröste nichts Ungewöhnliches. Und wenn das Feuer niedergebrannt ist, dienen die Schweine als lebendige Heizung

Häuptling Tandamai schlachtet, mit einem scharfen Bambussplitter, das als Geschenk mitgebrachte Schwein aus – ein Festessen für die Leute vom Dorf Tubump. Ihr Alltag kennt nur Arbeit auf den Feldern: Sie brandroden ein Stück Dschungel, setzen einen Zaun gegen die wilden Tiere, legen Hügelbeete für Süßkartoffeln an, holen Bananenstauden aus dem Wald für die im Dorf angelegte Pflanzung

Frauen und Kinder einer Familie in Tubump rösten sich auf dem offenen Feuer vor der Hütte Kochbananen. Sie sind es gewohnt, überwiegend vegetarisch zu essen – und auch das nur einmal täglich. In solch steinzeitlich anmutender Verfassung mögen die Missionare ihre Täuflinge vor zehn Jahren angetroffen haben. Die Weißen sind gegangen. Geblieben ist ihr Kochgeschirr

In kunstreichen Kostümen und farbenprächtig geschmückt treffen Tänzer-Kontingente aus verschiedenen Hochlandprovinzen auf dem traditionellen singsing-Platz im Distrikt Tambul ein. Der eintrittspflichtige singsing-Wettbewerb soll die Schule der lutherischen Mission Kendali unterstützen. Die aus Eigeninitiative auftretenden Männer und Frauen pflegen ihr Brauchtum bereits in einem neuen Bewußtsein: Für kulturfremde Kostümstücke werden Punkte abgezogen

An der Maske des *singsing*-Mädchens sind noch fast alle Details naturgegeben. Doch die Übernahme westlicher Accessoires schreitet fort, besonders bei den Männern. Die mitunter grotesken Dekorationen sollen aber stets etwas über ihre Träger aussagen. Die Bambuskrawatte hat so viele Stäbchen wie ihr Besitzer Schweine. Die Orden an der Trainingsbluse weisen einen Dorfältesten aus. Der Sturzhelm zeugt von Motorisierung und das Auto am kostbaren Hut aus gepreßtem Menschenhaar vom Wunsch danach

GET RICH.
RICH
STAY

Diese *singsing*-Gruppe auf der Mount Hagen Show aus Anlaß des Besuchs von Queen Elizabeth II. qualifizierte sich als beste der Highlands. Die Tänzer tragen, zu Hüten gepreßt, ihr eigenes Haar auf dem Kopf und die Blätter der *ti plant* am Gesäß: eines im Schatten wachsenden Immergrüns, das bei uns als Zimmerpflanze Eingang gefunden hat

Sonntag im katholischen Missionsdorf Kiripia: Die Menschen schlendern auf und ab, denn sie wissen mit dem ungewohnten Feiertag ebenso wenig anzufangen wie mit der von den Missionaren verordneten Kleidung. Sie soll die Blöße bedecken, aber eine stillende Frau läßt den Busen heraushängen, damit sich der Säugling jederzeit bedienen kann. Die kirchlichen Kleideralmosen gewinnen, bei aller Funktionslosigkeit, unter den Händen der einheimischen Schneiderinnen fast soviel Farbenfreude wie die ursprünglichen Masken

Zum *compensation case* hat sich die Bevölkerung zweier verfehdeter Dörfer auf dem Gerichtsplatz versammelt. Früher wurde Land- oder Frauenraub durch Blutrache gesühnt, heute wird über Schadensersatz verhandelt: etwa, wie hier, nach einem schweren Autounfall. Das Dorf des zum Krüppel Gemachten erhält vom gegnerischen eine auf Tafeln ausgewiesene Geldsumme. Am Rande schütteln einander zwei alte Freunde die Hände in Geschlechtshöhe. Früher hätten sie traditionell das Genital des anderen berührt und statt Regenschirme Äxte getragen

Die Familie des „zivilisierten" Papua posiert für ein Erinnerungsfoto mit Neuankömmlingen aus dem Wald, die von ihren Landsleuten in Mount Hagen abfällig *buskanaka* genannt werden. In der Metropole der Highlands spielt sich täglich, vor dem Hintergrund moderner Supermärkte, die tragische Verwahdlung ab: vom stolzen, gestern noch unabhängigen Naturmenschen zum Sklaven der Konsumgesellschaft

& BUTCHERY
FROZEN

Tandamai kommt aus seiner Hütte und setzt sich mir gegenüber hin. Er hält die Axt in der Rechten und trägt um die Lenden neue Wäsche: ein sauberes Tuch vorn – *laplap* – und einen Busch taufeuchter Blätter hinten – *assgrass*. Seine Frau Nisi hat die Gesäßbekleidung wohl heute morgen am Fluß frisch geschnitten. Der Dorfälteste von Tubump hat sich, so scheint es, auf ein *toktok* vorbereitet, auf eine Konversation mit dem Ziel zu erfahren, warum ich hier bin: ein Fremder an einem *liklik ples*, einem kleinen Platz, drei Tagesmärsche von der Zivilisation entfernt.

Tandamai pflückt ein bleistiftdünn gerolltes Tabaksblatt aus seinem wolkig aufgeplusterten Kraushaar: „Masta likim brus?"

Ich tausche den *brus* gegen eine Zigarette und zünde mir, als sei ich's gewohnt, die Tabaksrolle an. Ätzend beißt der scharfe Rauch in meine Kehle und reizt mich zum Husten. Die Falten an Tandamais welkem Bauch schlottern vor Lachen. Hat der *masta* noch nie grünen, halbgetrockneten Tabak geraucht? Aus dem Blättervorhang der Bananenbäume ringsum dringt Gekicher, und dann kommt ein halbes Schock Kinder hervor: Das Eis ist gebrochen, man traut sich in meine Nähe.

„Ai bilong yu lukim gutpela ples?" fragt der Dorfchef.

Gewiß, das „Auge, das mir gehört, sieht einen guten Platz". Er ist so unverfälscht wie Tandamais Neumelanesisch, das hierzulande *tok pisin* heißt, sich deutscher Umschrift bedient und zu drei Vierteln aus Basis-Englisch zusammengesetzt ist. Eine Art Pidgin-Englisch also: „Eye belong you looking good place?"

Ich sitze auf dichtem, kurzgehaltenen Gras, umringt von sechs auf Pfählen gebauten Häusern. Sie sind kunstvoll aus Hartholz und Rattan gefügt und mit sauber gestecktem Schilf gedeckt. In einem, dem Haus des Unterhäuptlings Ngoreh, habe ich vergangene Nacht unter lang ersehnten Umständen geschlafen: ruhig, trocken, luftig.

Im Schatten der weit vorspringenden Giebel plaudern die Frauen und zerkleinern dabei Süßkartoffeln, Kochbananen, Kohlblätter und Yamswurzeln aus dem Garten: das Gemüse für ein *mumu*, ein Festmahl, das am Nachmittag stattfinden soll. Die Hauptzutat, die Michael und ich aus der Stadt mitgebracht haben, steht angepflockt unter dem Häuptlingshaus und wird gelegentlich von seinen hier heimischen schwarzen Artgenossen neugierig beschnuppert: ein hellborstiges Schwein aus australischer Zucht. Die einzige Methode, Fleisch unverdorben durch einen feuchtheißen tropischen Regenwald ans Ziel zu bringen, ist sein Transport in lebendigem Zustand.

Hinter den Häusern leuchtet die Blattvielfalt der akkurat angelegten Pflanzungen und Gärten chlorophyllgrün im Morgenlicht. Über mir rauschen, mitten im Dorfrund, die Zweige einer mächtigen Papua-Zeder, und irgendwo im Dschungel poltern die Stromschnellen, rumoren die Strudel des ungezähmt dahinschießenden Flusses.

Ja, ich fühle mich wohl in Tubump, einem Urwaldweiler am Jimi River im nordwestlichen

Der Häuptling des kleinen Dorfes Tubump am Jimi River, Tandamai, kleidet sich zu offiziellen Anlässen traditionell in *laplap* und *assgrass*. Sein Stellvertreter Ngoreh und dessen Frau ziehen bereits städtische Kleidung vor. Auch die Tubump-Leute sind nicht mehr gänzlich unberührt von der Außenwelt. Sie verkaufen selbstgezogenen Tabak und Kaffee auf dem Markt von Mount Hagen

Papua New Guinea. Ich erlebe den Frieden eines in seiner ursprünglichen Lebensweise kaum gestörten Naturvolks, das – ohne sich dessen bewußt zu sein – den Vorzug genießt, von der Regierung, von den Missionaren und von den Kartographen vergessen worden zu sein.

„Ten krismas ago", sagt Tandamai, also vor zehnmal Weihnachten, habe der letzte Missionar, ein lutherischer, die Gegend verlassen, nachdem alle 73 Dorfbewohner vom Stamm der Melpa getauft waren. Auch die Verbindung zur Außenwelt riß, ehe sie richtig zustande gekommen war, kurz darauf durch ein folgenschweres Mißverständnis ab. Die damals noch amtierende australische Kolonialverwaltung hatte eine Landepiste in den Wald gerodet, aber nie ein Flugzeug geschickt. Die Leute von Tubump zäunten, als Gras über die ungenutzte Versorgungsbasis gewachsen war, das Gelände ein und hielten darin ihre Schweine.

Eines Tages erschien schließlich doch ein Flugzeug. Die Aufregung in Tubump war groß. Zwar kam kein einziges Borstenvieh unter die Räder, aber der Pilot, ein notgelandeter australischer Regierungsbeamter, stieg wutentbrannt aus dem Cockpit und leerte das Magazin seiner Pistole mitten in die Herde hinein. Drei Schweine fielen tot um. Ein Waffengeprassel aus Pfeilen, Lanzen und Äxten war die Antwort. Wie durch ein Wunder brachte der weiße Mann seine Maschine wieder in die Luft.

Monate später fand man das Wrack keine 20 Meilen entfernt. Es hing in den Bäumen. Der Tank war leer und der Pilot spurlos verschwunden. Wahrscheinlich schimmelt sein Kopf irgendwo in einer Melpahütte. Denn nächst Landrechtsverletzung und Frauenraub ist das Töten fremder Schweine eine unabweisbare Ursache für Krieg oder Blutrache.

Seither hat Tubump keinen weißen Mann mehr gesehen, versichert Tandamai und wiederholt, wie sehr er sich über unseren Besuch freue und über das mitgebrachte Schwein – ein weißes, süß schmeckendes noch dazu. Wir sind ebenfalls erfreut, an diesem vergessenen Ort zu sein: erfreut weniger über das, was wir hier sehen, als vielmehr darüber, daß wir gewisse Dinge nicht sehen.

Zum Beispiel Wellblech, jenen für ein feuchtheißes Klima völlig untauglichen Baustoff, der ganz Kiripia eindeckt, eine katholi-

Ambulante Händler aus der Stadt verhökern auf den Dörfern gebrauchte Kleidung. Besonders die von Missionen in westlichen Ländern gesammelten Altkleider tauchen hier wieder auf – und mit ihnen Hautkrankheiten: Man ist zwar gewohnt, seinen Körper zu pflegen, nicht aber, das fremde Zeug zu waschen

sche Mission, in der „heidnisches" Gras weder an Gesäßen noch auf Dächern geduldet wird. Oder die Krätze, den Parasitenbefall, den schorfblättrigen Ringwurm auf der Haut der Leute von Kendall, die in den ihnen gebrauchsfremden und daher nie gewaschenen Altkleidergaben einer lutherischen Mission stecken. Oder das Elend der Frauen und Kinder im Distrikt Tambul, dessen Männer unablässig um das Geld der öffentlichen Wohlfahrt pokern und deshalb Haus, Hof und Felder verkommen lassen. Oder die verstädterte, vom Mehltau der Zivilisation beschlagene Bevölkerung der Hochlandmetropole Mount Hagen, in der sich alltäglich die aus dem Busch zugewanderten Menschen der Trunksucht, der Bettelei, der Hoffnungslosigkeit ergeben.

Was Michael und ich auf unseren Inspektionen im Zentrum der Highlands von Papua New Guinea bis zu unserem Besuch in Tubump vorgefunden haben, ist, inmitten einer Landschaft von unbeschreiblicher Vielfalt, ein zur Eintönigkeit verkommenes Dasein von Menschen, deren Leben noch vor einer Generation von kultureller Kraft eigener Art erfüllt war.

Wo sind sie hin, die rauschenden *singsings*, auf denen Tausende im phantastischen Putz ihrer Waffen, Masken und Bemalungen tagelang tanzten, trommelten, sangen? Wohin sind die aufwendigen *mokas*, bei denen mit stets gesteigerter Gabenflut die Umverteilung der lebenswichtigen Güter von einem Stamm auf den anderen gefeiert wurde? Wohin sind die fleischlüsternen *pigkills*, für die ganze Schweineherden in den Erdöfen schmorten und in einem orgiastischen Freßfest den jahrelang gezügelten Eiweißhunger der Gäste und Gastgeber stillten? Wo schließlich sind die Requisiten für die macht- und blutvollen Rituale geblieben: die martialisch gebildhauerten Kriegskanus, die Liebe und Leben tolerierenden Langhäuser, die doppelmannshohen, reichgeschnitzten Götzen, Schilde und Masken?

Ich weiß, jeder weiß, wo das alles blieb: von Missionaren verbrannt, von Kolonialherren ins Museum geschafft, von Touristen aufgekauft, von einer zivilisationsbeflissenen Regierung geächtet.

Hier in Tubump aber, hinter Waldverhau und Mangrovenfilz, hinter Steinschluchten und Stromschnellen, geschützt also von tropischer Urlandschaft, hat sich etwas von dem erhalten können, was gestern noch eine kraftstrotzende Kultur war.

Allerdings: Ein angemessenes *singsing*, etwa im Wettstreit mit einer Gegenpartei, können uns die Leute von Tubump nicht bieten, bedauert Tandamai. Es sind nur 17 Männer im Dorf – zu wenige für einen ehrenvollen Auftritt. Eine *moka*, ein festlich bereiteter Austausch ihrer und unserer Habe, muß lange vorbereitet werden. Außerdem: Was nützen ihnen unsere Kameras, Notizblöcke, Banknoten, was nützen uns ihre Schweine, Bananen, Kinamuscheln? Und ein *pigkill*, ein ausschweifendes Schweineschlachtfest, hat Tandamai bereits mit dem Nachbarstamm in Timbunki für den ersten Vollmond nach dem Ende der nächsten Regenzeit vereinbart; bis dahin muß sich die Herde weiterhin um viele Borstentiere vermehren, will man noch großartiger auftrumpfen, als es die Timbunki-Leute vor drei Jahren getan haben.

Aber unser Schwein, das Gastgeschenk, kann man nun schlachten und vor den Augen von *masta* Michaels Bilderkästen, den *bokis piksa*, feierlich aufessen.

Die Melpa kochen, wie alle Papuastämme, größere Mahlzeiten als *mumu*: im Erdofen. Das Essen in öffentlicher Gemeinschaft ist dem Ritual unterworfen, es bedarf der Zubereitung im Schoß der Erde. Sie ist den Papua heilig, spendet sie doch alles, was dem Menschen den Aufenthalt an ihrer Oberfläche ermöglicht. Und ist die natürliche Grenze des Wandels an der Oberfläche erreicht, dann ist dem Menschen die Ruhe im Erdreich gewiß, im Reich der Ahnen. Sie haben uns geboren, zu ihnen kehren wir zurück: Asche zu Asche, Staub zu Staub. Bis zu diesem Punkt können die Papua der Lehre der Missionare folgen, doch was das Christentum darüber hinaus noch wahrhaben will, jene unerbittlichen Alternativen von Himmel und Hölle, von Schuld und Buße, ist nur schwer zu begreifen.

Die Leute von Tubump haben die ihnen vor vielen Jahren mit der Taufe verabreichten Glaubensregeln der australischen Methodisten-Kirche längst vergessen. Nerim, der Medizinmann, ist wieder uneingeschränkt der Mittler zwischen Geistern und Menschen, der unzweifelhafte Meister über Totem und Tabu. Sein Geschäft ist es nun, die Grube für das *mumu* auszuheben. Er muß dabei ganz vorsichtig sein, damit das Erdbebenvolk im Zentrum der Erde nicht aufwacht. Wenn die Melpa so etwas wie eine Hölle haben, dann ist es die tiefgründige Herrschaft dieser „Unter-der-Erde-Menschen". Sobald sie nämlich geweckt werden, rütteln sie an dem Pfahl, der durch die Erde geht. Ein schreckliches Erdbeben ist jedesmal die Folge für die „Über-der-Erde-Menschen": in einer von tektonischen und vulkanischen Eruptionen geschüttelten Weltgegend eine plausible Vorstellung von irdischem Inferno.

Nerim hat, mit Hilfe der Knaben, ein etwa eineinhalb Meter im Kubus messendes Loch auf einer Lichtung hinter den Häusern gegraben. Nun tanzt der dürre, spinnenbeinige Alte ein paarmal in grotesken Sprüngen um die Grube herum, daß die Schweineknochen an seinem Binsengürtel klappern. Er murmelt Beschwörungen. Die Erdbebenmenschen rühren sich nicht. Das *mumu* kann beginnen.

Einer der Männer hält das Schwein, Tandamai schlägt ihm einen armdicken Knüppel auf den Schädel und dann noch die Axt zwischen die Augen. Auf einem Rost aus Hartholz über offenem Feuer wird das Borstenvieh abgesengt. Unterdessen haben die Knaben trockenes Holz mannshoch aufgeschichtet und es angezündet. Die Frauen schleppen kinderkopfgroße Steine aus dem Flußbett heran und werfen sie in die Glut. Sie heizen sich allmählich auf mehrere hundert Grad auf.

Nerim hackt den Schweinebauch mit der Axt auf, dann schneidet Tandamai die Einge-

Tandamai tötet das Gastgeschenk der weißen Besucher erst mit einem Knüppel-, dann mit einem Axthieb. Blut und Innereien des Schweines werden in einem Bananenblatt verwurstet. Der mit heißen Steinen, Fleisch und Gemüse gefüllte Erdofen wird mit Blättern verschlossen. In zwei Stunden ist das *mumu*, das Festessen, gar

weide und Fleischteile mit einem rasiermesserscharfen Bambusspan heraus. Das geht so schnell und geschickt, als habe der Häuptling auf den Schlachthöfen von Chicago gelernt. Er trennt die Blase heraus, preßt sie leer und füllt alle Innereien und das Blut hinein, das die Frauen mit tischtuchgroßen Bananenblättern aufgefangen haben. Auf ein solches Blatt wird die prallgefüllte Blase gelegt, die Blattränder werden in einen gespaltenen Baumstamm geklemmt: Als monströse Blutwurst hängt sie dann wie in einer Hängematte über dem Feuerrost. Die Fleischstücke verteilt Tandamai an die umstehenden Männer und Knaben, die Frauen gehen leer aus: Beim *mumu* ist Schwein Männersache.

Sie halten die Häppchen an Stöcken aufgespießt übers Feuer und verschwinden dann mit ihren Appetitmachern einzeln im Busch, als hätten sie Sorge, jemand könnte ihnen ihre Bissen fortnehmen.

Die Frauen haben die Grube mit einer Schicht Bananenblätter ausgelegt, darauf packen die Männer mit Hilfe gegabelter Stöcke die heißen Steine und obendrauf Fleischteile. Es folgen wieder Blätter, Steine und dann das mit heißen Kieseln bis in den Kopf ausgestopfte Schwein. Die dritte Lage besteht aus dem in Blättern verschnürten Gemüse, das die Frauen den ganzen Morgen geputzt haben. Mit einer letzten Schicht aus Steinen und Blättern verschließt Nerim das Erdloch, und die Knaben stecken das Geviert mit einem Zaun aus Zweigen ab, damit niemand unversehens in die Schweinegrube fällt. In zwei Stunden wird das *mumu* gar sein.

Nerim nutzt die Zeit für seinen großen Auftritt als lebende Legende. Der Medizinmann ist ein *maus warra* – mouth warrior –, also ein Mundkrieger. Das sagt nicht, daß er ein „Maulheld" ist, sondern ein Meister der Erzählkunst.

„Alles auf Erden", beginnt Nerim sein *toktok*, „ist, wie es immer war. Nur einmal, vor vielen, vielen Generationen, war es anders." Er hält erregt inne und schaut seine Zuhörer an. Der durch seine Nasenscheidewand gebohrte daumenlange Wildeberhauer zittert. Die zwei Dutzend Männer, Jünglinge und Knaben haben einen engen Kreis um ihren Dorfschamanen gebildet, die Frauen und Mädchen halten sich respektvoll abseits. Es ist nur noch das Rauschen der Zeder zu hören und hin und wieder das Knacken der heißen Steine im Erdofen. Lediglich Tandamai schabt mit einem Bambusspan gelangweilt den Lehm von seinen Fußsohlen: Ein Häuptling kennt alle *toktoks*.

„Die Menschen jener Zeit hatten kein gutes *kaikai*", fährt Nerim fort und macht die Gebärde des Essens. „Sie mußten sich mit Gras die Bäuche füllen und fanden, wenn es regnete, manchmal ein paar Würmer. Eines Tages sah ein junges Mädchen, das man zum Wasserholen an den Fluß geschickt hatte, wie ein Mann auf einer Sandbank seinen Darm entleerte. Die junge *meri* lief erschreckt ins Dorf zurück und erzählte ihrer Mutter, daß sie etwas Verbotenes gesehen habe. Denn ihr wißt ja: Frauen dürfen einem Mann nicht zuschauen, wenn er in wehrloser Haltung sitzt. Da ging etwas später die Mutter zum Fluß, um das Wasser zu holen. Der fremde Mann war fort, aber in seinem Kot fand die alte *meri* eine Süßkartoffel." Nerims Zuhörer lachen befreit: Also muß der Fremde auf der Sandbank ein guter Geist gewesen sein.

„Die *meri* hatte Angst vor der *kaukau*-Knolle und versteckte sie in der Erde", erzählt Nerim weiter. „Bald darauf wuchsen überall *kaukaus*, und die Menschen kamen von weither, um sich die Sämlinge zu holen. So hatten die Menschen etwas Gutes zu essen. Das sahen aber die wilden Schweine im Wald. Sie kamen auf die Felder und wühlten mit ihren Rüsseln herum und aßen den Menschen die *kaukaus* weg. Da entschlossen sich die Krieger, die Schweine zu essen. Denn wer Süßkartoffeln ißt, der ist selber genießbar. Von da an aßen die Menschen Schwein und hielten sich große Herden für Notzeiten, wenn die Ernte schlecht war."

Diese Geschichte hört man so oder ähnlich überall im Hagen-Hochland. Es gibt auch die Version, daß der Verzehr des Schweins den des *longpig* abgelöst habe, des „Langschweins", das nach melanesischem Verständnis nichts anderes ist als der Mensch. Doch Andrew Strathern, der Leiter des Institute for Papua New Guinea Studies in der Hauptstadt Port Moresby und wohl bester Kenner von Land und Leuten, hält diese kannibalistische Variante für importiert. Die Hochlandpapua kannten weder den Begriff *longpig*, noch hätten sie jemals Menschen aus Hunger verspeist. Der ihnen nachgesagte, aber nie eindeutig nachgewiesene Kannibalismus kann höchstens – so Strathern – rituelle Bedeutung gehabt haben. So sollen die Melpa in vormissionarischer Zeit bisweilen Herz und Hirn von Feinden gegessen haben, im Glauben, damit ihre Tapferkeit um die des Besiegten zu vermehren.

Es wird viel erzählt in Papua New Guinea, und zwar von den Einheimischen, den *lokal pipel*, ebenso wie von den Nachfahren der Kolonialherren von einst, den Deutschen, Briten, Australiern. Auch unser *toktok* am Erdofen, aus dem es durch die Blätter wohlriechend dampft, reißt nicht ab. Jetzt ist die Reihe an Ngoreh, dem Unterhäuptling: Er erzählt eine phantastisch verschlungene Fabel von der Entstehung der Welt. Ein Schwein verkörpert darin die Erde, eine Schlange erscheint als Regenbogen, und ein Hund steht für die bösen Geister.

Abermals packt mich, während Ngoreh beschwörerisch seine Gespenstervorstellungen vor den atemlos lauschenden Zuhörern ausbreitet, ein Gefühl der Hilflosigkeit, das mich bereits beim Betreten dieses seltsamen Landes beschlichen hatte. Es ist sonderbar: In Neuguinea stellen sich die Sinne auf Urzeit ein.

Das Land ist wie ein Saurier – gewaltig, grotesk, sagenhaft, zum Gruseln. Schon von fern, aus Satellitensicht, erscheint diese nächst dem menschenarmen, eintönig vereisten Grönland größte insulare Landmasse der Welt als ein Stück phantastischen Erdreliefs, das sich selbständig gemacht hat: ein Kontinent für sich. Der Schädel des amphibischen Sauriers stößt nach Westen, in den Mammutarchipel Indonesiens hinein. Seine klaffenden Kiefer schnappen nach den Molukken. Aus dem langgestreckten Körper des Urtiers tritt, vom dünnen Hals bis zum kräftigen Schwanz, das wuchtig gegliederte Rückgrat hervor – Wirbelknochen, die mehr als 5000 Meter aufragen. Das Ende des Schweifs taucht, hier und da einen Inselberg aufwerfend, östlich im Korallenmeer unter. Die stämmigen Hinterbeine schließlich sind, teils verdeckt durch die Gewässer der Torres-Straße, in Australien wieder sichtbar: als nördlichstes Horn jenes Erdteils, der einst das Mittelstück einer Landbrücke von Afrika bis Melanesien bildete. Vor etwa 20 000 Jahren, als die Meere um die Wassermassen einer nachlassenden Eiszeit anschwollen, löste sich die australische Umklammerung: Der Riesenleib Neuguineas nahm Gestalt an.

Etwas von der Unheimlichkeit des Sauriers, der als unbezwingbarer Drache durch die Mythen der Völker geistert, haftet auch den Menschen an, die man unter dem Sammelbegriff Papua zu kennen glaubt.

Ganz Neuguinea und seine vorgelagerten Inseln haben vier Millionen Einwohner. Im Hochland des Zentrums leben fast eine Million Menschen, darunter etwa 60 000 Melpa – nur einer der insgesamt mehr als 600 Stämme mit rund 700 verschiedenen Idiomen. Das Wort Papua kommt in keinem von ihnen vor. Es entstammt der malaiischen Bezeichnung für Kraushaar – *papuwah* – und der angewandten Phantasie des Portugiesen Jorge de Meneses, der im Jahre 1526 einer der ersten europäischen Neuguinea-Entdecker war. Sein Landsmann Antonio d'Abreu war zwar schon 1511 an der Westküste an Land gegangen, aber ohne nachhaltige Wirkung auf seine Bewohner.

Den Namen Neuguinea, ursprünglich Nova Guinea, verdankt das Land dem spanischen Seefahrer Inigo Ortiz de Retes und – ein weiteres Mal – dem schwarzen Kraushaar seiner Bevölkerung. 1545 hatten den Spanier, als er auf seiner Reise von den Philippinen nach Mexiko vom Kurs abkam und den pazifischen Inselkontinent streifte, die hier lebenden Menschen an die der afrikanischen Goldküste, der Kolonie Guinea, erinnert.

1569 bereits erschien „Nova Guinea" auf Mercators Weltkarte. Das Begriffspaar Papua und Neuguinea pflanzte sich mit den folgenden Kolonisatoren, den Niederländern, Briten, Deutschen und Australiern, in wechselnder Anwendung fort.

Die westliche Hälfte der Insel wurde 1828 Niederländisch-Neuguinea. Das deutsche Kaiserreich erklärte am 3. November 1884 den Nordosten einschließlich des vorgelagerten Bismarck-Archipels zum Schutzgebiet Deutsch-Neuguinea. Drei Tage später zog Großbritannien nach und proklamierte den Südosten zum Interessengebiet Britisch-Neuguinea, eine Region, die das damals noch zum Vereinigten Königreich gehörende Australien seit bereits 50 Jahren besetzt gehalten hatte – gegen den etwaigen Expansionsdrang der Niederländer und zugunsten einer Übernahme durch die Krone des Empire.

Nachdem sich Niederländer und Deutsche als friedliche Nachbarn der australischen Siedler erwiesen hatten, unterstellte Großbritannien 1888 seinen Anteil wieder der australischen Verwaltung. Der fünfte Kontinent, seit 1901 mit eigener Zentralregierung, annektierte Britisch-Neuguinea 1905 formell als Territorium Papua. Schon kurz nach Ausbruch des Ersten Weltkriegs besetzten australische Truppen am 11. September 1914 im Auftrag der Engländer Deutsch-Neuguinea, und dessen kleine Garnison kapitulierte kampflos. Die deutsche Kolonie geriet auf Beschluß des Völkerbundes 1921 als Mandat New Guinea unter australische Verwaltung.

Im Zweiten Weltkrieg, 1942, eroberten die Japaner beide Inselteile Neuguineas, mit Ausnahme von Port Moresby. Australo-amerikanische Einheiten unter dem legendären General MacArthur gewannen das Gebiet unter verlustreichen Kämp-

Etwa 50 Meter lang ist diese von Baum zu Baum gespannte Hängebrücke über den Jimi-Fluß. Der aus Bambusstücken bestehende Fußteil wird von den bis zu 20 Meter langen Ranken der Rattan-Palme gehalten. Die handgemachte Konstruktion widersteht auch der reißenden Strömung, wenn der Fluß in der Regenzeit bis zu Brückenhöhe anschwillt

fen bis Kriegsende zurück. Ein Jahr darauf überantworteten die Vereinten Nationen die beiden östlichen Inselteile Papua und New Guinea abermals den Australiern, die nun eine gemeinsame Verwaltung – auch für die ehemals deutsche Kolonie – einsetzten. Das ehemalige Niederländisch-Neuguinea, heute Irian Jaya, kam 1963 unter indonesische Verwaltung.

Nach einer 1968 begonnenen Übergangsphase der inneren Selbstbestimmung entließen die Australier Papua New Guinea am 16. September 1975 in die Unabhängigkeit. Die Mitgliedschaft im Commonwealth blieb ebenso erhalten wie der Anspruch Elizabeth' II. von England, Königin des neuen Staates Papua New Guinea zu sein, der sich inzwischen entsprechend seiner als Staatssprache anerkannten Lingua franca, dem *tok pisin*, auch Papua Niugini schreibt.

Die Monarchin war, nebst Prinzgemahl Philipp, selbstverständlich bei den Unabhängigkeitsfeiern in Port Moresby und Mount Hagen dabei gewesen. Hunderttausende Papua waren in die beiden Städte gepilgert, um ihre *kwin* zu sehen und für sie auf einem drei Tage dauernden *singsing* zu tanzen. Hunderttausende von bunten Bildern mit ihrem Konterfei ließ die Königin an ihre Untertanen verteilen, mit dem Erfolg, daß alle jene, die zu Hause geblieben waren, das *kwin piksa* an die Wände ihrer Hütten pinnen konnten.

Diesem huldvollen Public-Relations-Trick der britischen Königin verdanken – fast ein Jahrzehnt später – Michael und ich ein unerwartetes und vorschnelles Ende unserer Dorfidylle in der Abgeschiedenheit von Tubump.

Während noch die *toktoks* in Gang sind und das Schwein im Erdofen seiner Genießbarkeit entgegengart, schlagen plötzlich die Hunde an und stieben in Richtung Fluß davon. Tandamai schaut verblüfft in die Runde: schon wieder Besuch? Der Dorfälteste erhebt sich, zupft an seinem *assgrass*, schultert die Axt und geht den Leuten entgegen, die, umtanzt von der kläffenden

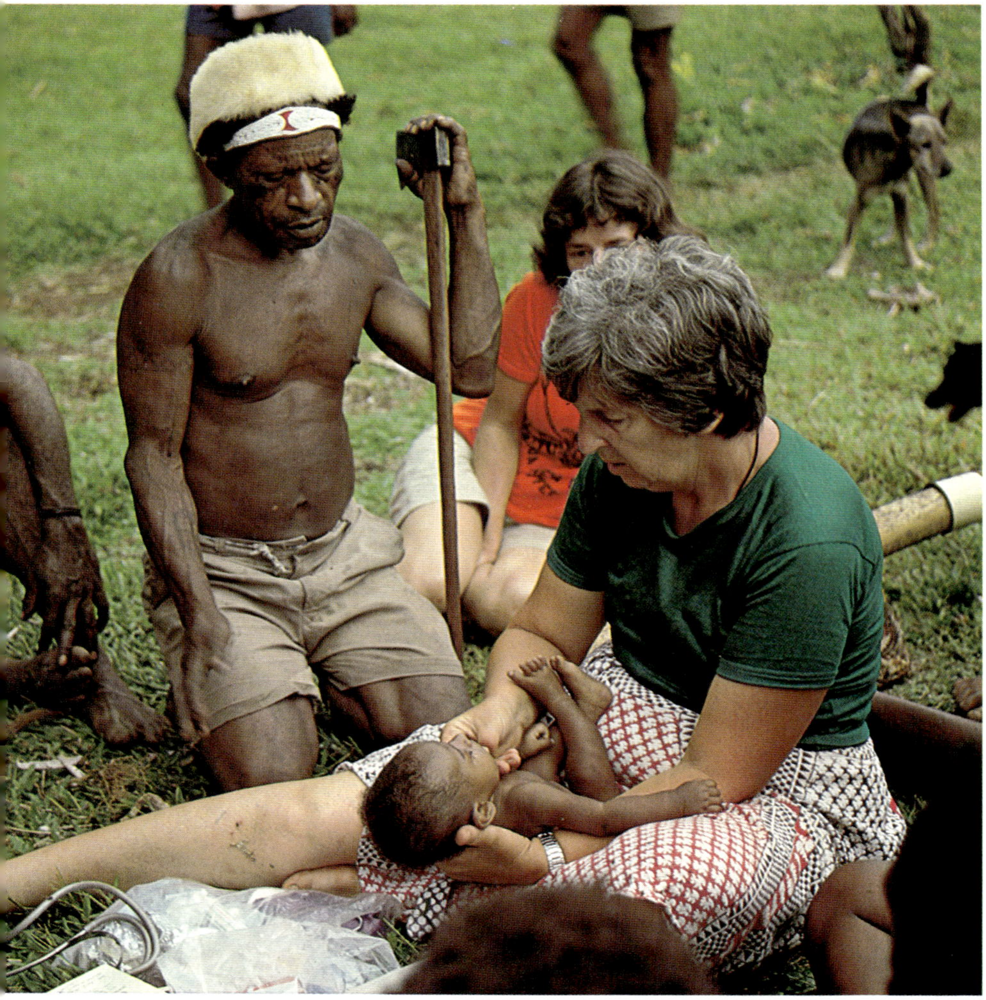

Die *doktamisis* Ruth untersucht einen Säugling auf Unterernährung, Anämie, Augenkrankheiten – die häufigsten Leiden der Kleinkinder in den Dschungelsiedlungen. Die australische Krankenschwester hat einen einwöchigen Waldmarsch hinter sich. Sie steht im Dienst der Health Patrol, der segensreichen Gesundheits-Patrouille

Meute, aus dem Blättervorhang der Pflanzungen hervorkommen.

Es sind alte Freunde, die man lange, sehr lange nicht gesehen hat. Begeistert schüttelt Tandamai den beiden Frauen und den fünf Männern wieder und wieder die Hände. Ruth, eine weiße Australierin, und Runi, eine in Kenia geborene Inderin, sind Krankenschwestern aus Mount Hagen und gehören zum Stab der Health Patrol, des Gesundheitsdienstes. Dieses System einer ambulanten Medizinfürsorge sendet seine zwei Dutzend ärztlich geschulter, dschungelerfahrener Helfer und Helferinnen in die entferntesten Waldsiedlungen, um kranken Menschen Hilfe zu bringen und insbesondere Mütter und Säuglinge zu betreuen. Die einfache, aber wirksame Buschpraxis ist von den australischen Kolonialherren eingeführt worden und ist ihre sicherlich wertvollste Hinterlassenschaft an das Entwicklungsland Papua Niugini, das sich kein aufwendiges Gesundheitswesen leisten kann.

Ruth und Runi haben gestern noch in der Nachbarsiedlung Timbunki, knapp einen Tagesmarsch entfernt, praktiziert und eröffnen nun – trotz ihrer Erschöpfung – unverzüglich die Sprechstunde auf der grünen Wiese. Eine Weile sind die Leute von Tubump unentschlossen, wem sie sich zuwenden sollen: Hier lockt das *mumu* mit köstlichem Fleisch, dort winken die *doktamisis* mit der Linderung von Leiden.

Der Konflikt löst sich schließlich entsprechend dem Ritual. Die Männer und Knaben widmen sich – unter den strengen Blicken des Medizinmanns – dem inzwischen fertiggebackenen Schwein, die Frauen und Mädchen scharen sich um die Medizinerinnen, denn von dem Festessen hätten sie, außer dem Gemüse, ohnehin nichts abbekommen.

In einem Schwall von Schwaden und Bratengeruch reißen Nerim und Tandamai die Grube auf. Alles läuft ab wie zuvor, nur in umgekehrter Reihenfolge: Blätter raus, Steine beiseite, Fleisch tranchieren und nach der Rangfolge des Lebensalters in unterschiedlich großen Portionen verteilen. Auch die fünf Begleiter der Krankenschwestern, vier Papua-Träger und ein einheimischer *doktaboi*, erhalten ein paar kleinere Stücke. Sie hocken sich in den Kreis ihrer Gastgeber und stopfen sich, unter anerkennendem Schmatzen, die von Fett triefenden Brocken in den Mund.

Der *doktaboi*, ein junger Mann namens James Parakawa, ist der Aid Post Orderly von Timbunki, ein vom Staat eingesetzter Krankenpfleger auf einem dörflichen Hilfsposten. Er ist das stationäre Gegenstück zu den ambulanten *doktamisis* Ruth und Runi. James hat sich ihnen auf ihrem Rückweg nach Mount Hagen angeschlossen, weil er Augenzeuge eines Spektakels sein möchte, von dem die Alten immer noch erzählen: dem Besuch der Königin. Er soll sich in acht Tagen wiederholen, sagt James arglos in die Runde der Schweineesser.

Tandamai fährt in die Höhe wie ein freigelassener Kastenteufel. Er schleudert, wie von Sinnen vor Freude, seine Axt in den nächsten Baum und rast dann mit wehendem *assgrass* und in höchsten Tönen jauchzend in seine Hütte. Die anderen Männer springen auf, klatschen sich auf Brust und Schenkel und rufen immer wieder: „*Kwin kam, kwin kam*" – die Queen kommt! Tandamai kehrt mit einem bunten Fetzen Papier zurück, und dann macht das Porträt der weißen *misis* mit dem türkisfarbenen Hut auf dem Kopf die Runde durch die fettigen Männerhände, bis das königliche Profil kaum mehr zu erkennen ist.

Wir wissen zwar von dem bevorstehenden Besuch der Queen. Doch daß diese Stippvisite in Mount Hagen unsere mühselig erkämpfte Inspektion eines Außenpostens wie Tubump so überraschend beenden würde, wäre uns nie in den Sinn gekommen.

Ruth und Runi können, nach der ersten Aufregung, ihre Waldpraxis zu Ende bringen. Die Mütter und Säuglinge, die sich gegen Malaria und Anämie, gegen Augen- und Darmkrankheiten behandeln lassen, werden im Dorf bleiben. Die Männer aber, die Jünglinge und die ledigen Frauen werden es morgen früh verlassen. Auf nach Mount Hagen!

Tubump kommt in der folgenden Nacht lange nicht zur Ruhe. Die *toktoks* der Männer am lodernden Feuer finden kein Ende. Sie entzünden sich unablässig neu an den Ereignissen des vergangenen, des unerhörten Tages: erst das *mumu*, dann die *doktamisis*, und als Krönung die Nachricht von der *kwin*. Während wir im Taschenlampenlicht deprimiert unsere Sachen pakken und der Zeit nachtrauern, die wir gern hier verbracht hätten, versucht Ruth, uns zu trösten.

„Beim Queen's Visit", sagt die 52 Jahre alte Krankenschwester, die vom kurzgeschnittenen grauen Scheitel bis zu den Sohlen ihrer derben Buschstiefel unerschütterliche Zuversicht ausstrahlt, „gibt es ein großes *singsing*. Da schicken alle Highlandstämme ihre Abordnungen zur berühmten Mount Hagen Show."

Aber das ist uns kein Trost. Denn wer kennt sie nicht, die Hagen-Schau, die als bombastisch aufgedonnertes Touristen-Spektakel ihre Verbreitung in alle Welt gefunden hat – auf Postern, Postkarten und dem Schmalspurzelluloid der Achtmillimeter-Amateure. Nun ruft Mount Hagen abermals die Völker aus dem Wald: auf eine papuanische Sing- und Spring-Olympiade zu Ehren einer fremden Königin, zur Befriedigung der eigenen Regierung, zur Belustigung von Troß und Touristen. Das alle paar Jahre aus besonderem Anlaß stattfindende Super-Festival, einst ein sinnvoller Vergleichskampf der verschiedenen Stämme und Dörfer, gerät seit zwei Jahrzehnten mehr und mehr zum Großen Zapfenstreich für die papuanische Volkskunst, zum kulturellen Ausverkauf auf Raten.

Auch Häuptling Tandamai und 22 der Seinen folgen dem Ruf der Buschtrommel: „*kwin kam, kwin kam.*" Wir ziehen mit ihnen zum Brückenkopf der Zivilisation, in die übervölkerte Bergmetropole, die wir vor ein paar Tagen erst verlassen haben. Wir laufen, mit der Widerspenstigkeit des Urwalds und dem Schicksal hadernd, den ganzen Weg zurück: 30 Kilometer den Guny River entlang und 1700 Meter bergauf, von 300 auf die 2000 Meter Höhe des Genebine-Passes. Dabei geht die Temperatur von mittags 35 Grad auf 10 Grad in der Nacht zurück. Der Unterschied ist für Tubump-Leute so, als träten sie aus dem Türkischen Bad in einen deutschen Novemberabend.

Dennoch treibt es die Menschen vom heißen Jimi River voran. Als die ersten Häuser von Mount Hagen in Sicht kommen, holen die Männer und Frauen ihre Federhauben, Masken, Schminkutensilien aus den mitgeschleppten Binsensäcken hervor. In dreistündiger Arbeit legen sie sich die meterhohen Hauben aus dem Schweif des Kasuars, aus Paradiesvogelfedern, aus gepreßtem Menschenhaar an. Sie hängen sich Hals- und Hüftketten aus Kinamuscheln um und tauschen die alten Grasschurze und Blätterröcke gegen neue aus dem Wald. Die meiste Mühe macht die Bemalung der Gesichter. Sie werden in messerrückendicke Farbmasken eingegipst, angemischt aus Schweinefett, Pflanzensaft, Asche und Lehm. Langsam entstehen visagistische Kunstwerke in Nachtschwarz, Blutrot, Sonnengelb, Aschgrau.

Die vertrauten Mienen unserer neuen Freunde erstarren zu fremdartigen, furchteinflößenden Fratzen, zu Präzisionswaffen der Abschreckung, ursprünglich geschaffen, um Feinde und Dämonen in die Flucht zu schlagen. Wenn die Maske als eine psychologische Wehr des Steinzeitkriegers erfunden wurde, dann haben die Melpa sie zur künstlerischen Vollendung gebracht. Einmal mehr begreife ich: Masken, Hauben, Bemalung sind – losgelöst von ihrer ursprünglichen Bedeutung – zu einem Kulturgut besonders in heutiger Zeit geworden. Sein Fortbestand setzt Traditionsbewußtsein, Wissen und Kunstfertigkeit voraus. Und dies wollen, auch wenn sie nur ein kleines Fähnlein sind, die Leute von Tubump in Mount Hagen demonstrieren.

Tandamai und die Seinen marschieren, die Axt auf der ölglänzenden Schulter, wie Gladiatoren des Urwalds in die Neuzeit von Mount Hagen ein, bereit für das große *singsing* vor der *kwin*. Sie ahnen nicht, was sie in der Stadt erwartet: die weltweit wuchernde Suchtkrankheit zivilisatorischer Gleichmacherei. Sie biedert sich den Neuankömmlingen zuerst mit harmlos erscheinenden Einstiegsdrogen wie Kaugummi, Zigaretten, Bier und T-Shirts an und zieht die Angetörnten dann binnen kurzem in die unheilbare Abhängigkeit.

Zivilisation ist, nach dem gesellschaftlichen Verständnis der internationalen Völkerfamilie, ein Ordnungsprinzip politischer Unabhängigkeit. Dieses komplizierte und beileibe nicht grundsätzlich humane Sozialverhalten der Alten Welt äußert sich gegenüber Naturvölkern durch die vermeintlichen Überlegenheitssymbole des weißen Mannes: seine Konsumgewohnheiten, seine Technik, seine Kleidung, sein Auftreten, sein Geld.

Mit Hilfe dieser dramaturgischen Dreingaben probt Papua Niugini die Zivilisation. In seinem zivilen Vorposten Mount Hagen mitten im Melpaland geht eine Art Fronttheater vor der Kulisse der Wildnis über die Bühne. Die Tragödie, die ein Stück Menschheitsgeschichte zum Inhalt hat, trägt den Titel „Die Verwirrung des Papua zu Neuguinea".

Die Bretter, die in dem Zehntausend - Einwohner - Städtchen die Welt bedeuten, sind die Fahrbahn und die Gehwege der Hauptstraße, des Hagen Drive. Als eindeutig gehobene Chargen treten dort die einheimischen Beamten der Provinzverwaltung auf. Sie haben den Habitus ihrer weißen Vorgänger übernommen, den anglo-australischen Tropendress: weißes Hemd mit kurzen Ärmeln, dunkle Shorts mit Bügelfalte, Kniestrümpfe mit handbreit umgerolltem Schaft, Halbschuhe mit hochpoliertem Glanz. Die Brusttasche ziert – wie eine Ordensleiste – eine metallblitzende Reihe von Schreibgerät.

Weit unscheinbarer, aber umso zahlreicher erscheint das lokale Fußvolk. Da ihm eine tragende Rolle nicht zugedacht ist, schiebt es sich unablässig den Hagen Drive hinauf und herunter, sammelt sich in dichten Trauben vor den Kaufhausauslagen, strömt in nicht abreißender Kette zwischen den Billardtischen und einarmigen Banditen der Spielhöllen hindurch.

Arm dran sind die eben erst aus den Bergdörfern des Waldes in die Stadt gekommenen Charakterdarsteller. Sie haben den Weg zur Kaufhausrequisite noch nicht gefunden und treten in ihrer eigenen Haut auf: im Adamskostüm. Die Funktion des Feigenblattes erfüllen *laplap* und *assgrass*. So stehen die noch unabhängigen, die eigentlichen Stars des selbständigen Staats-

Die Lässigkeit suggerierende Zigarettenwerbung in Mount Hagen symbolisiert den direkt von Australien importierten Lebensstil des weißen Mannes, der Zivilisation. Sie prallt mit den Relikten der Steinzeit zusammen und stürzt die Papua in heillose Verwirrung. Der Sackträger kann sich keine „Kool" leisten, aber man kann von Hamburg nach Mount Hagen telefonisch durchwählen

theaters Papua New Guinea verloren auf offener Szene und suchen ihren Part: Was wird hier gespielt?

Das Publikum hat sich schon entschieden. Es lagert zu Hunderten gegenüber der Straßenszene auf der grünen Wiese des früheren Golfplatzes – und lacht. Sehen sie nicht komisch aus, die grasbeschurzten *buskanaka*, die wie Hanswurste zwischen den hupenden Autos umherspringen?

So wie die Leute von den Stämmen der Mendi, Huli, Hewa, Enga und Foi vor ihnen in die Distrikthauptstadt eingezogen sind, so bahnen sich jetzt auch die Melpa aus Tubump ihren Weg über den hektischen Hagen Drive: hin- und hergerissen zwischen Enthusiasmus und Entsetzen. Tandamai muß seine jungen Männer und Frauen unablässig von den Fenstern und Türen der Supermärkte, Secondhand Shops, Spielsalons fortzerren, um zu verhindern, daß sich seine Herde verliert.

Zum Glück sind, obwohl der Besuch der Queen noch vier Tage aussteht, bereits ein paar hundert kriegerisch herausgeputzte Stammesleute in der Stadt, unter denen sich die von Tubump als ihresgleichen fühlen können und weniger der Versuchung ausgesetzt sind, es unverzüglich ihren zivilisiert gekleideten Landsleuten gleichzutun. Wie dieser letzte Akt in dem Lehrstück über den rapiden Kulturverfall abläuft, habe ich bei einem früheren Aufenthalt erlebt, der nicht unter dem Einfluß der Hagen-Schau stand.

Einen Tag lang oder zwei gehen die Neuankömmlinge gravitätisch den Hagen Drive auf und ab, bis sie bemerken, daß sie verlacht werden, daß die Attribute ihrer Stammestradition, etwa die Haube aus Paradiesvogelbalg, angesichts des alle gleichmachenden Textils nichts gelten. Tags darauf sieht man sie auf der Wiese unter den bereits Besserwissenden sitzen, unter den binnen kurzer Zeit äußerlich zum Lumpenproletariat heruntergekommenen Individualisten von gestern. Sie haben ihre Identität – weitergegeben und vervollkommnet über eine 30 000 Jahre zurückreichende Ahnenreihe – für ein Hemd, eine Hose, ein Paar alter Schuhe versetzt: binnen eines einzigen Tages.

In dem Gefühl, mit dem Textil des weißen Mannes auch die Zivilisation übernommen und die wahre Bürgerschaft einer neuen Gesellschaft erworben zu haben, hoffen und harren die Zugezogenen von Mount Hagen, daß ihnen ihr Staat zuteile, was andere Landsleute bereits besitzen:

Hinter der in Pidgin notierten Aufforderung, nicht auf diesen Ort zu spucken oder ihn als Toilette zu mißbrauchen, verbirgt sich eine Papua-Tragödie der Neuzeit. Ein junger Mann aus den Bergen studierte in Rabaul Medizin, um seinem Dorf als Arzt zu dienen. Er starb in der fernen Stadt an Malaria. Sein Vater baute ihm zu Hause ein Mausoleum, das leere Bierflaschen säumen

Auto, Haus, Job, womöglich auch eine Ordensleiste aus Kugelschreibern.

Die Fliehkraft der über das Land rotierenden Zivilisationsbewegung zerbricht Familienverbände und treibt ihre Teile an verschiedene Ufer. Da ist, zum Beispiel, die Familie von James Parakawa, dem Aid Post Orderly von Timbunki, der mit seiner Nachricht vom Besuch der *kwin* den Exodus von Tubump auslöste. Er hat drei Brüder, und jeder der vier ist in seinem Tun und seinem Entwicklungsstand Welten vom anderen entfernt. Der Älteste, Payande, ist mit 27 Jahren der Chef der Familie, denn die Eltern haben sich aufs Altenteil zurückgezogen. Payande lebt noch im Heimatdorf. Wir besuchen ihn zusammen mit James, der sich freut, auch seinen jüngsten Bruder Andrew zu Hause anzutreffen.

Auf Payandes Grundstück steht eine bambusfrische neue Gästehütte. Sie gehört nicht etwa der Familie, sondern Andrew, dem 22jährigen Bankangestellten in Mount Hagen. Er hat sie für seine familiären Stippvisiten am Wochenende, aber auch vorausschauend auf das sich in Mount Hagen dauerhaft abzeichnende Geschäft mit dem Fern- und Abenteuertourismus bauen lassen. Mit den gemischten Gefühlen, diesem Gewerbe womöglich unfreiwillig als Wegbereiter zu dienen, knüpfen Michael und ich in der Hütte unsere Hängematten auf.

„Ihr seid die ersten", sagt Andrew hoffnungsvoll.

Andrew hat auf der katholischen Missionsschule von Kiripia gelernt, Englisch zu lesen und zu schreiben und dann mühelos den Sprung hinter den Schreibtisch der Papua Niugini Bank Corp. in Mount Hagen geschafft. Er besitzt bereits, mit dem Personalkredit seines Arbeitgebers, zwei Kleinlaster. Er leiht sie für neun Kina – etwa 26 Mark – die Stunde an die notorisch um Transportmittel verlegene Provinzregierung von Mount Hagen aus.

Zur Zeit sind beide Wagen zwar defekt und Ersatzteile im Land kaum erhältlich. Doch Andrews mittlerer Bruder Matthew, 24, fliegt – schon wieder eine andere Welt in der Familie Parakawa – als Steward bei der staatlichen Luftlinie Air Niugini auf der Route von Port Moresby nach Brisbane in Australien. Matthew kann dort gewiß ein Gegengeschäft organisieren: eine im Ausland begehrte Paradiesvogelfeder-Haube gegen eine gebrauchte Lichtmaschine, zum Beispiel, oder ein stets begehrtes Auspuffrohr.

Auf der gradlinigen Spur der Familie, sozusagen in der Welt von gestern, befindet sich Payande. Er konnte nicht zur Schule gehen, weil er frühzeitig für den Unterhalt von Eltern und Geschwistern arbeiten mußte und jenes Erbe erhalten wollte, das, von den Textilalmosen der Mission abgesehen, unverändert in der Kultur der Vorfahren wurzelt. Es besteht aus 400 Quadratmetern Kartoffelland und einer Hütte, in der sich alles auf der nackten Erde abspielt: Wohnen, Kochen, Schlafen. Der einzige Raum wird mit den Haustieren geteilt, auch mit den acht Schweinen, die allabendlich in ihre längs der Bambuswände gefächerten Koben getrieben werden.

Während Matthew in der fernen Himmelswelt zwischen der Hauptstadt und Australien arbeitet und gleichsam entrückt ist, sind Payande und Andrew nur ein paar Kilometer voneinander entfernt und doch in ihrer Lebensweise grundverschieden. Der Hackfruchtbauer handhabt das Steinbeil und der Bankbeamte seinen elektronischen Taschencomputer, und der eine kann mit dem Gerät des anderen nicht das geringste anfangen. Selbst mit der Verständigung hapert es zwischen den entfremdeten Brüdern, denn Payande spricht, außer ein wenig Pidgin, das eingeborene Melpa, dem Andrew mit dem Anlegen der Beamtenkluft entwachsen ist.

Allein James, der 23 Jahre alte Halbbruder, dessen Mutter die zweite Frau des Vaters ist, wuchs in eine sinnvolle Mittlerfunktion zwischen der alten und der neuen Zeit hinein. Als Absolvent der Aid Post Orderly Training School in Mt. Ambra wendet er das Wissen des weißen Mannes in der archaischen Urwaldsiedlung seiner Landsleute an und arbeitet in Timbunki als *doktaboi* Seite an Seite mit dem Medizinmann.

Das Schicksal der Familie Parakawa spiegelt den Zustand des Landes und den Kulturverfall in einer bis vor kurzem noch unangetasteten Gegend wie den Highlands wider. Die Melpa und ihre Nachbarvölker sind erst in den frühen dreißiger Jahren unseres Jahrhunderts entdeckt, ihre Wohngebiete Anfang der fünfziger Jahre nach und nach zur Erschließung durch die Zivilisation freigegeben worden.

Die in nur 50 Jahren vollzogene Wandlung im Auftrag der Zivilisation und im Namen des Christentums ist in Zahlen nur schwer auszudrücken; zum Beispiel: Die erste Mission der Highlands gründete 1934 der deutsche Pastor Georg F. Vicedom in Mount Hagen. Seither ist die Zahl der Bekehrungsposten und Taufstationen unterschiedlichster Kirchen, Sekten und Missionsgesellschaften allein in den Hochlandprovinzen auf mehr als 300 angewachsen.

„Der Staat Papua New Guinea ist, bezogen auf seine drei Millionen Einwohner, zum größten Schlachtfeld missionarischer Konkurrenz in der Dritten Welt geworden", klagt Professor Andrew Strathern vom Papua-Institut in Port Moresby. Und der Church Liaison Officer, der Kirchenbeauftragte der Regierung, hat längst den genauen Überblick über die sich wie durch Zellteilung fortpflanzenden Missionsfilialen verloren. Die Schätzung aller fast 1300 kirchlichen Außenposten in Papua New Guinea enthält etwa 400 evangelische, 300 katholische, 80 anglikanische, 80 methodistische und 70 adventistische Einheiten sowie 34 der Heilsarmee und zusammen etwa 300 der Baptisten, Linguisten, Mormonen, Bibelforscher, Zeugen Jehovas und anderer Sekten.

In diesem Chaos teils einander nur widersprechender, teils einander rabiat bekämpfender Bekenntnisse sollen sich Menschen zurechtfinden, denen bis gestern ihre Naturreligion, ihre Gesellschaftsform, ihr Wirtschaftssystem ein einheitlicher Kosmos waren. Sein oberstes Prinzip ist die Gabe: Die Natur gibt mir, ich bringe ihr ein Opfer. Mein Nachbar macht mir ein Geschenk, ich mache ihm ein Gegengeschenk. Der Kawelka-Stamm bereitet dem Minembi-Stamm ein Schweinefest, die Minembi bitten die Kawelka das nächste Mal zu einem noch größeren *pigkill*.

Dieses System des Gebens und Nehmens wird durch den Wunsch, den Partner zu übertrumpfen, oft bis zur Erschöpfung eines der Beteiligten fortgesetzt. Das erklärt, warum sich zum Beispiel die Tubump-Leute über lange Zeit ausschließlich vegetarisch ernähren und sich gleichzeitig für Vermehrung und Mast ihrer Schweine auf den Süßkartoffelfeldern abschuften: Sie wollen den Nachbarn in Timbunki mit einem größeren *pigkill* aufwarten, als die es zuvor taten. Das setzt wiederum das Dorf Timbunki unter den Zwang, für die nächsten Jahre den Gürtel enger zu schnallen. Das geht, in stetem Wechsel, lange Zeit fort.

Ist für einen der Kontrahenten schließlich der Punkt erreicht, an dem er beim Gabenwechsel unterliegen muß, dann bricht er einen Krieg vom Zaun: Er raubt dem anderen ein Stück Land oder eine Frau oder ein Schwein. Der Waffengang macht, mit kalkuliertem Risiko und einem bestimmten Gleichgewicht an Opfern, die Rechnung wieder glatt. Das Wechselspiel von Gabe und Gegengabe beginnt, auf niedriger angesetztem Niveau, von neuem.

Die Ökonomie des irrationalen Gebens ist im gesamten polynesischen und melanesischen Raum, besonders aber auf Neuguinea verbreitet. Geld spielte dabei lange keine Rolle. Die melanesischen Papua haben zum Beispiel für geben und nehmen, für kaufen und verkaufen, für leihen und verleihen nur ein Wort: *tahu-tahu* – Darlehen an Schweinen.

Als *tau-tau* ist es heute noch der melanesische Begriff für Geld, und diese Gabe der Zivilisation hat alles verändert. Das am Ende immer um einen Ausgleich – und sei es Krieg – bemühte Tauschsystem mit Naturalien ist mit der Einführung eines reinen Nennwerts für Waren gegen Papiergeld zusammengebrochen. Die Papua mußten lernen, daß dem Zahlungsmittel des weißen Mannes das Streben nach Profit anhaftet – ein ihrer großzügigen Gabenkultur genau entgegengesetztes Prinzip.

Das Auftauchen der Missionare verwirrte die Hochlandbewohner vollends: Wie war es möglich, daß ein Fremder jemandem Kleider aus Stoff, Hütten aus Eisen oder täglich eine Mahlzeit gab, ohne eine Gegengabe zu erwarten oder anzunehmen? War es vielleicht für das bißchen Gesang und Gebet, das man anfangs für das *singsing* des weißen Mannes hielt und an dem man sich gern beteiligte: als Ersatz für die traditionellen *singsings, mokas* und *pigkills*, welche die frommen Männer auf den Missionen untersagten?

Die Papua begaben sich, verwundert darüber, daß sie nun nicht mehr so sehr für ihren Lebensunterhalt sorgen mußten, in die Obhut der Missionsväter – und damit in die Rolle unmündiger Kinder. Zu spät merkten sie, daß sie in einem Teufelskreis steckten: tief in der Abhängigkeit von Almosen, die der Vater nur gewährt, wenn die Kinder folgsam sind – kein *assgrass* mehr, keine heidnischen Götzen, keine dämonischen Masken, keine nackten Busen. Die Neugeborenen werden sofort getauft, die Vielweiberei ist abgeschafft.

„Das Verbot der Mehrehe", hat uns Ruth, die Krankenschwester, erzählt, „ist der schwerste Schlag gegen Nachwuchs und Bestand der Sippen und Stämme."

Eine Papua-Frau stillt ihr Kind in der Regel zwei Jahre und nimmt es auch mit sich zur Feldarbeit. So bekommt sie das nächste Kind frühestens drei Jahre nach der Geburt des ersten. Dieses Geburtsintervall würde ihre Arbeitskraft jedoch zu sehr schwächen. Also wartet der Mann ein oder zwei weitere Jahre. Das ist wiederum eine zu lange Zeit, um den Familienbestand zu sichern, denn eine Agrarwirtschaft braucht viele Hände. Darum nimmt sich der Mann zusätzlich eine zweite oder auch dritte Frau und zeugt weitere Kinder. Diese Familienplanung funktioniert – wie auch bei anderen Naturvölkern – mit vollem Einverständnis der Frauen.

„In der Einehe wird das Los für Mutter und Kind untragbar", weiß Ruth aus Erfahrung. „Selbst wenn nur alle zwei Jahre ein Baby kommt, hat die Mutter nicht genug Milch für beide, und eines muß sterben, weil die Papua keine Säuglingsnahrung kennen. Sie haben sie nie gebraucht." Am Ende können die entkräfteten Frauen keine Feldarbeit mehr verrichten, und die Kinder bleiben, mit Schäden für das ganze Leben, unterernährt. So muß der Staat ein aufwendiges Gesundheits-Programm zur Erhaltung von Mutter und Kind auf die Beine stellen – um den Preis jenes Maßes an Zivilisation, das die Missionare ins Land gebracht haben. Freilich: Noch hat das Verbot von eigenständiger Kultur, gottlob, nicht alle Hochlandstämme abhängig gemacht.

Der Tag, an dem die Queen kommen soll, sieht ein stattliches Tausend kriegerisch geschmückter *singsing*-Teilnehmer auf dem weitläufigen Grasrund des Golfplatzes von Mount Hagen. Aus allen Gegenden des Hochlands sind starke, bisweilen hundert Männer und Frauen zählende Kontingente eingetroffen. Der Platz hallt, obwohl der hohe Gast erst mittags eintreffen wird, schon morgens um acht vom Gesang und Getrommel der Akteure wider.

Die Feldarbeiterin hat das Buschmesser und das Flechtnetz mit Hackfrüchten abgelegt, um ihren Säugling zu stillen. Die Frauen nehmen ihre Kinder, auch wenn diese schon laufen können, überallhin mit. Der Ehemann schont die Mutter und nimmt sich unterdessen, mit ihrer Billigung, eine weitere Frau. Die Missionare aber predigen Einehe und bringen das Familiensystem in Existenznot

Überall hocken Gruppen von Tänzern und bemalen einander, und einige Abordnungen formieren sich bereits im abgezäunten Innenteil zur Generalprobe. Michael und ich suchen Tandamai und seine Leute, aber eine Gruppe aus Tubump hat niemand gesehen. Wir forschen in grellbemalten Masken nach einem bekannten Gesicht, doch vergeblich.

Ich mische mich unter die Zuschauer und bleibe im Gedränge am Bauchladen eines Zigarettenverkäufers hängen. „Masta, yu likim sigaret?" Nein, ich bin versorgt. „No likim brus?" Ich stutze. Das Wort habe ich schon einmal für „Zigarre" gehört: aus Tandamais Mund.

Ich schaue dem *sigaretboi* unter den Mützenschirm. Es ist Giti, der älteste Sohn des Unterhäuptlings Ngoreh. Er trägt zerlumpte Shorts und ein T-Shirt mit dem Aufdruck SAPOT SOMARE VOT PANGU – dem Aufruf also, man möge Ministerpräsident Somare und seine Pangu-Partei unterstützen.

„Wo ist Tandamai? Wo sind die anderen?" frage ich den Jungen. Er lacht und deutet in die Runde: irgendwo in der Menge. Ich packe ihn an den Schultern: „Wo habt ihr eure Masken und Waffen gelassen?"

Er reißt sich los und rennt davon. „Mi bilong gutpela wok", ruft er triumphierend, dann verschluckt ihn die Masse. So, einen guten Job hat er, der Kerl, denke ich zornig und gehe an meinen Platz auf der Pressetribüne. Tandamai und die Seinen werden wir wohl nicht wiedersehen – jedenfalls nicht in jener würdevollen Haltung, in der wir sie einst antrafen.

In West-Papua vollzieht sich still der Völkermord

Der britische Goldsucher Mick Leahy begegnet 1933 als erster Weißer den Hochland-Papua. Sie hielten ihn für einen bösen Geist

Trotz der kulturellen Überfremdung durch weiße Missionare, trotz einer an westlichen Zivilisationswerten orientierten Regierung befinden sich die Menschen in Papua New Guinea – verglichen mit ihren Landsleuten im indonesisch besetzten Westteil der Insel Neuguinea – in einer nahezu glücklichen Lage. Denn in Westpapua oder „Irian Jaya" wehrt sich die einheimische Bevölkerung seit zwei Jahrzehnten verzweifelt gegen die Anwesenheit fremder Truppen, die nicht nur die kulturelle, sondern auch die physische Vernichtung eines ganzen Volkes zum Ziel hat.

UN-Segen trotz der Wahlfarce. Der letzte Akt ihrer jahrhundertelangen Fremdbestimmung begann für die eine Million Papua westlich des 141. Meridians mit dem Abzug der niederländischen Kolonialmacht am 31. Oktober 1962. Für viele Völker in Asien und Afrika bedeutete das Ende der Kolonialzeit zumindest die politische Unabhängigkeit. Nicht so für die Westpapua. Nach einer sechsmonatigen Übergangszeit unter UN-Kontrolle übernahmen am 1. Mai 1963 die Indonesier – angemaßte Erben des Kolonialreichs Niederländisch-Indien, zu dem auch Niederländisch-Neuguinea gehörte – die Verwaltung des Inselteils bis zur Durchführung freier Wahlen. So jedenfalls wollten es die UN im fernen New York, obwohl die in Indonesien herrschenden Militärs nie einen Zweifel an ihrem Machtanspruch auf die Insel gelassen hatten.

So organisierte Indonesien zwar im August 1969 Wahlen in Westpapua, doch selbst der als UN-Beobachter entsandte bolivianische Diplomat Ortiz Sanz sprach von einer „Wahlfarce". 1025 ausgesuchte „Papua-Repräsentanten" mußten in offener Wahl über die Zukunft der Insel abstimmen. So konnte das einstimmige Ergebnis für eine Machtübernahme durch Indonesien nicht überraschen. Die UN-Mehrheit erkannte diese Entscheidung aus Rücksicht gegenüber dem inzwischen zum Ölförderland avancierten südostasiatischen Inselreich an.

Die OPM erkämpft Aufsehen. Gegen die Fremdherrschaft wehrten sich die Papua mit der 1965 gegründeten „Organization of free Papua Movement" – Organisation Freies Papua (OPM). Alle Vorhersagen über ein schnelles Ende der schlecht ausgerüsteten und von keiner ausländischen Macht unterstützten OPM erwiesen sich als indonesisches Wunschdenken. Die OPM wurde zu einem ernst zu nehmenden Gegner für die indonesische Armee – einmal durch die Unterstützung breiter Teile der Bevölkerung, zum andern durch die Rückzugsmöglichkeit über die Grenze nach Papua New Guinea, die unkontrollierbar durch den Dschungel verläuft.

Vor den Wahlen zum indonesischen Parlament im Jahre 1977 nahmen die Kämpfe ein solches Ausmaß an, daß der Gang zur Urne in Westpapua verschoben werden mußte. 1978 nahm die OPM sieben hohe indonesische Militärs gefangen. Die Folge waren Massaker der Armee unter der Zivilbevölkerung. Im April 1984 machte die Befreiungsbewegung mit der Entführung des Schweizer Missionspiloten Werner Wyder zum erstenmal in den europäischen Medien von sich reden. Nach nur sieben Tagen ließ die OPM Wyder frei. Sie hatte ihr wichtigstes Ziel erreicht: internationale Aufmerksamkeit.

Der Terror des Regimes tötet viele. Auf die Aktivitäten der Papua antwortet die indonesische Regierung mit fortwährendem militärischen Terror. Der ehemalige niederländische Kolonialbeamte und Landeskenner Kees Lagerberg schätzt die Zahl der seit 1963 getöteten Papua auf 100 000 bis 150 000, das ist mehr als ein Zehntel der Gesamtbevölkerung. Ein halbes Hundert Gefängnisse und Gefangenen-Lager im ganzen Land, allein vier in der Umgebung der Provinz-Hauptstadt Jayapura, dienen der 1981 begonnenen Operation „Clean Sweep" – „Reinemachen": Um die Moral des Widerstands zu brechen, ließen die Indonesier Familienangehörige der OPM-Kämpfer hinter Stacheldraht und Zellentüren verschwinden.

Doch diese Methoden des Regimes allein reichen nicht aus, um das Land unter Kontrolle zu bekommen. Deshalb begann Djakarta in den siebziger Jahren mit der Ansiedlung moslemischer Nicht-Papua aus den Westprovinzen Indonesiens mit dem Ziel, die Urbevölkerung zur Minderheit im eigenen Land zu machen. Heute leben hier bereits 400 000 Nicht-Papua.

Weltbank finanziert Pogrom. Am 1. Januar 1984 trat der Fünfjahresplan „Repelita IV" in Kraft, der die Ansiedlung weiterer 600 000 Nicht-Papua vorsieht. Danach wären die Papua bereits in der Minderheit. 60 Prozent der Kosten für dieses Umsiedlungsprogramm trägt die Weltbank. Sie wurde einst gegründet, um Entwicklungshilfeprojekte zu finanzieren.

Wirtschaftliche Interessen sind die Hauptursache für das neokolonialistische Auftreten Indonesiens in Westpapua. Bereits 1936 hatte die Standard Oil Company erfolgreich mit Ölbohrungen begonnen. Heute interessieren sich multinationale Konzerne vor allem für die Vorkommen von Kupfer, Nickel, Zinn, Gold, Silber und Uran sowie für die Edelhölzer des Urwalds. Die größte Kupfermine im Landesinnern fördert das Erz über eine 110 Kilometer lange Pipeline – die längste Kupferpipeline der Welt – an die Küste. Der Betreiber „Freeport Indonesia" befindet sich zu 80 Prozent in Händen von US-Kapital.

Hunger trotz reicher Schätze. Obwohl der größte Teil der Gewinne direkt ins westliche Ausland fließt, profitiert die indonesische Regierung reichlich von der Ausbeutung der Bodenschätze. Zwischen 1971 und 1975 steigerten sich die Erlöse aus den aus Westpapua exportierten Gütern von 1,8 Millionen US-Dollar auf fast 215 Millionen, während sich die Aufwendungen für die Entwicklung der Provinz lediglich verdreifachten.

Doch weder von den Kupfer-Millionen noch von der Entwicklungshilfe haben die Papua etwas. Bei ihnen, die jahrhundertelang ohne fremde Hilfe als Selbstversorger leben konnten, ist bittere Not eingekehrt. Allein im Dezember 1982 verhungerten in der Bergregion von Djajawidaja 340 Menschen.

Die Abhängigkeit wächst. Die Ausbeutung des Landes durch multinationale Konzerne, unter denen amerikanische sowie in jüngster Zeit verstärkt japanische und australische Firmen die Oberhand gewinnen, nimmt von Jahr zu Jahr zu. Im unabhängigen Teil versucht die Regierung unter Michael Somare, dies zu verhindern. Seine Pangu-Pati wehrte sich schon vor der Unabhängigkeit erfolgreich gegen die Bedingungen des US-Konzerns Kennecott, der die Kupfer- und Goldminen in Ok Tedi ausbeuten wollte. Den Zuschlag bekam schließlich ein Konsortium, dem auch deutsche Firmen angehören.

Giftpest ist der Preis für Gold. Anfang 1984 begann der Abbau, und schon im Juni folgte die Katastrophe. 15 Container mit dem hochgiftigen Natriumcyanid, das für die Gold-Abscheidung benötigt wird, gingen vor der Südküste beim Verladen auf den nicht seetauglichen Binnen-Schlepper „Menga" über Bord. Mindestens ein Container zerbrach, 18 000 Kilogramm des Giftes, von dem 300 Milligramm einen Menschen töten können, verpesten jetzt die Bucht von Port Moresby.

Die Ausbeutung des Reichtums ihres Landes bleibt ein schlechtes Geschäft für die Papua: im selbstbestimmten Osten nicht anders als im fremdbeherrschten Westen der Insel.

Der 141. Meridian teilt – als Grenze – Neuguinea in politisch unterschiedliche Hälften. Der ehemals niederländische Westteil wird von Indonesien verwaltet. Hier werden die Ureinwohner systematisch von einer islamischen Minorität unterdrückt. Der Osten ist als Republik Papua New Guinea seit 1975 unabhängig

Sie fielen vom Dach der Welt und lan

Akha *Die Legende ihrer Erschaffung spielt in der lichten Welt der Berge und zeichnet sie aus als ein besonderes Volk: zwar klein an Zahl, aber besser als die Masse der Menschen im Tiefland. Auch heute noch mögen die Akha nur in Gipfelnähe leben. Sich aber über andere Nationen zu erheben käme ihnen nie in den Sinn: Ihre Friedfertigkeit und Bescheidenheit ist beispiellos im südostasiatischen Vielvölkerraum. Der zur tibeto-birmanischen Sprachfamilie gerechnete Stamm ist sich seiner Rolle als geduldeter Gast in den Bergen Nord-Thailands bewußt. Immer schon, seit sie in grauer Vorzeit das Dach der Welt in Tibet verließen, waren die Akha Lückenbüßer in jenen Landschaftswinkeln, wo ihre Wirtsvölker nicht wohnen und wirtschaften wollten. Und doch machten sich die Bergbauern durch ihre archaische Agrikultur, durch unbeirrtes Festhalten am Brandrodungssystem, überall Feinde in ihren Durchzugsgebieten. Auch im eher toleranten Thailand, wohin sich gut 10 000 Akha aus dem minoritätenfeindlichen Burma flüchteten, schaut die Regierung besorgt auf die unfruchtbar gewordenen Kahlflächen des Bergdschungels. Nun sollen die Akha von den Thai den rationellen Reisterrassen-Anbau mit künstlicher Bewässerung lernen. Doch ihre Naturreligion verbietet den Menschen der Berge, nahe am Wasser zu wohnen. Und da die Akha in ihrem wechselvollen Wanderleben keine anderen Werte mitnehmen konnten als ihren Glauben und ihre Tradition, sperren sie sich hartnäckig dagegen, sie aufzugeben. Sie haben, obwohl am Ende ihres Weges, noch eine Überlebensreserve: ihren Bienenfleiß und ihre Kunst als Silberschmiede und Applikationsstickerinnen. Der Tourismusmarkt liegt schon auf der Lauer. Wenn sich ihm die Gipfelbewohner eines Tages ergeben müssen, geht es mit ihrer Kultur steil bergab*

leten in Armut

Noch vor Sonnenaufgang gehen die Akha-Frauen zu ihrer täglichen Arbeit auf die Reisfelder. Der lange Weg von ihrem Dorf Pa Nou Kha, das sich jenseits der Böschung verbirgt, führt nur ein kurzes Stück über die Straße im thai-burmesischen Grenzgebiet. Die Äcker liegen tief im Dschungel. Auf dem Fußmarsch bleiben die Hände nicht müßig: Sie spinnen Baumwolle zu Garn

Die betagte Akha-Frau trägt in ihrer Rückenlast Trinkwasser, das sie mit der aus einem Kanister gefertigten Stockkelle aus dem fernen Bach geschöpft hat. Seine Naturreligion verbietet dem Bergvolk, nahe am Wasser zu siedeln. Akha-Frauen gehen, stets im Stolz ihrer Silberhauben, auch im Lebensabend noch unter dem Joch der Arbeit

Tagsüber ist Ban Pakluay, wie alle Akha-Dörfer, fast ausgestorben. Nur die Kinder und die Alten, zur Feldarbeit zu jung oder zu gebrechlich, hüten ein. Die Häuser sind immer auf Pfählen an einen Berghang gebaut. Das tief herabgezogene Dach aus Dschungelgras schützt die Hochterrasse, auf der die alten Frauen das Gartengemüse trocknen

Das Leben der Akha ist eine Welt der Arbeit, alles und jeder hat seine Funktion. Alles aber auch geschieht in Frieden und Harmonie: zwischen alt und jung, Mensch und Tier, Schwein und Hund. Im Spiel der Kinder mischen sich Phantasie und handwerkliches Geschick. Die Knaben haben ihre verblüffend einfachen Dreiräder selbst gebastelt

Das müßige Beisammensein der Familie täuscht: Die Akha kennen weder Sonn- noch Feiertag. Wenn sich die arbeitsfähigen Leute tagsüber dennoch einmal zusammensetzen, ist ein Todesfall passiert. Ein Kind ist im Dorf Pa Nou Kha gestorben, und ehe nicht seine Seele vom Körper durch ein Opfer befreit ist, darf niemand die Siedlung verlassen. Denn draußen im Dschungel lauern böse Geister, um sich des Toten zu bemächtigen

Die Pfeife mit dem Silbermundstück ist von seinem Ur-Ur-Großvater auf ihn gekommen, erzählt der Alte stolz. Aber seinen Namen verrät er nicht und auch nicht seine Stellung in Ban Pakluay. Er ist der älteste Mann im Dorf und wahrscheinlich der *dschumah*, das geistliche Oberhaupt. Seine Identität wird Außenstehenden niemals preisgegeben

Weder die Eleganz ihrer Kleidung noch ihre natürliche Anmut geht den Frauen verloren, welche Arbeit sie auch verrichten: Ob sie – den Säugling auf dem Rücken – Reis mörsern und dabei noch Garn spinnen, ob sie schwerbeladen vom Feld kommen oder Reiskörner sieben, ob sie Bananenmark raspeln oder Bohnenkraut aus der Kiepe holen und zum Trocknen ausbreiten

Die Hochterrasse des Akha-Hauses ist eine Plattform für viele Zwecke. Hier nähen die daheim gebliebenen Großmütter tagsüber ihre Applikationen. Hier trocknen Reisplätzchen und Feldfrüchte. Und hier rauchen nach getaner Arbeit die Männer ihre Feierabendpfeifen

Mittagspause in den Feldern weitab vom Dorf Ban Pakluay: Unter einem Schutzdach verzehren die Feldarbeiter ihr mitgebrachtes Mahl. Männer, Frauen und Kinder schicken sich, so gut jeder kann, in die Ernte des Bergreis, dessen körnige Qualität von den Thai nicht geschätzt wird. So müssen ihn die Akha selber essen und als Tauschgut andere Produkte anbauen: zum Beispiel Tee und Chili

Im Dorf Pa Nou Kha ist ein 14 Jahre alter Junge gestorben – vermutlich an Malaria und Unterernährung, den häufigsten Todesursachen im Volk der Akha. Nicht die Familie, sondern ein Trupp nichtverwandter Männer trägt den Leichnam, von dem vorher die Seele in einem Opferritus befreit worden ist, in einem ausgehöhlten Baumstamm zu Grabe. Der Friedhof ist immer ein dorfabgewandter Hang. Das Begräbnis kennt kein Zeremoniell: Für die Akha ist ein Toter nur ein seelenloser Kadaver

Für Mithi, die acht Jahre alte Schwester des zweijährigen Mädchens, hat der Tag keine Stunde zum Spielen. Die Kleine wird ihr frühmorgens von der Mutter, die zur Feldarbeit ausrückt, auf die Hüfte gebunden und erst abends wieder abgenommen. Akha-Kinder ziehen einander groß und tragen die volle Verantwortung für die kleineren Geschwister

REPUBLIQUE FRANÇAISE
1908

Kopfbedeckung und Kleidung sind Kunstwerke aus Phantasie und Tradition und repräsentieren das mobile Familienvermögen, das man in Notzeiten verkaufen kann. Die Frauen legen ihre Silberhauben mit den wertvollen alten Rupien und Maria-theresientalern nicht mal beim Schlafen ab. Und bei staubiger Arbeit oder vor heißer Sonne schützen sie den Schatz mit Baumwollhauben, die ähnlich reich bestickt sind wie die Rückenteile der indigo-blauen Jacken

Ban Pakluay liegt – 1800 Meter hoch – im Grenzgebirge zwischen Thailand und Burma. Hier oben gibt es weder Schlagbaum noch Zöllner, und die Thai-Regierung gibt keine Landkarten des Gebietes heraus. Die Akha leben in einer von Schmugglern, Banditen und Opiumhändlern unsicher gemachten Gegend – und sind doch vor Verfolgung sicher, weil ihnen vorläufig niemand ihren luftigen Wohnsitz neidet

Nein, das hat dieser lichte Tag wahrhaftig nicht verdient. Warum muß sein heiterer Friede so unbarmherzig gebrochen werden? Warum ausgerechnet hier oben auf dem Berg des Erleuchteten, wo ich mich in der Nachbarschaft des über irdischer Nichtigkeit thronenden Buddhas dem Himmel ein Stück näher fühle?

Den Zauber dieses Tages zu entfalten, hatte die Schöpfung schon vor Sonnenaufgang Sonderbares getan. Die Erde war verschwunden. Die Tiefebene lag unter einem Wolkenmeer. Darüber schwebte, scheinbar losgelöst von aller Erdenschwere, der Berg. Dann rückte die Sonne hitzig herauf und tilgte minutenschnell die zurückweichenden Schwaden. Der tauschwere Wald dampfte. Für eine Weile hüllte mich flüchtiger Nebel ein. Schließlich war auch auf meiner Höhe, auf dem Kamm des Berges, das feuchte Werk der Nacht beendet – verdunstet unter der herabprallenden Hitze. Noch genieße ich das Geschenk des naturreinen Seelenfriedens – bis zu dem Augenblick, als ihn Pistolenschüsse zerreißen.

Um zwölf Uhr mittags, auf der alten Karawanenstraße von Thailand nach China, macht Lorjoe Yapeng Ku von der Waffe Gebrauch, die unser Leben schützen soll. Er übt Blutrache an Männern, die vor zwölf Tagen seinen Sohn töteten.

Lorjoe, der Dorfälteste von Ban Pakluay, ruft die Welt, die für einen Mann vom Volk der Akha so weit reicht wie sein Auge, als Zeugen an: die Sonne über dem Scheitel, die Berge zur Seite, den Wald zu Füßen, den Fluß Mae Kok tief im Tal. Den in eiserner Nabelschau verharrenden Buddha, der auf dem Kamm des Doi-Tung-Massivs hockt und aus seinem luftigen Tempel nach Thailand, nach Burma, nach Laos blicken könnte, läßt Lorjoe unbeschworen. Denn das Bergvolk der Akha im Norden Thailands, der südlichen Basis des als Opiumanbaugebiet berüchtigten Goldenen Dreiecks, hat seine eigene Religion, seine eigenen Gesetze. Eines heißt Vergeltung.

Was Lorjoe den Naturgeistern, die nach seinem Glauben in jedem Stück Schöpfung wohnen, mitzuteilen hat, hören auch die Männer, Frauen und Kinder seiner Sippe. Sie sind an diesem heißen Morgen die Straße mit hinaufgezogen und haben die Arbeit im Dorf und auf den Feldern liegengelassen – um Zeugen zu sein. Was jetzt geschehen wird, was einst als Geschichte den Nachfahren zu erzählen ist, benötigt als Beweismittel möglichst vieler Augen und Ohren. Die Akha haben keine Schrift; alle Kunde muß mündlich überliefert werden.

Lorjoe ist fertig mit seiner Anklage gegen das Unheil: Mal drängt es aus dem dichtbesiedelten Tiefland Thailands, mal über die Dschungelgrenzen von Burma und Laos in die lichte Bergwelt der Akha. Die Lorjoes Sohn umgebracht haben – waren es Opiumbanditen oder ordinäre Straßenräuber von hüben, waren es Guerillas oder desertierte Soldaten von drüben? Ein Mord war begangen worden wegen 200 Bath, etwa 20 Mark, und wegen jenes Werkzeugs städtischer Verführung, das Lorjoes Ältester beim Händler in Chiang Rai mit der fälligen Monatsrate abbezahlen wollte: sein Moped, das neueste Fortschrittssymbol der Berge.

Dort unter dem Baum, einem Teak-Riesen fünf Meter vom Straßenrand, ist es geschehen. Zwei Männer saßen in seinem Schatten und tranken Mekong, den landesüblichen Reiswhisky. Als Sahda, Lorjoes 22 Jahre alter Sohn, auf seinem Moped vorüberfuhr, luden ihn die Fremden zum Mittrinken ein – nichts Außergewöhnliches in einem traditionell gastfreundlichen Land, aber in den Mohnbergen immer auch eine Geste, die mit Vorsicht zu genießen ist. Denn an einer Grenze, wo diesseits das mörderische Geschäft mit dem Opium, wo jenseits die gegen die burmesische Regierung rebellierende Shan- und Karen-Guerilla die Gegend unsicher machen, ist ein Fremder im Zweifel ein Feind.

Sahda war der Einladung dennoch gefolgt. Von den Reisfeldern heimkehrende Akha-Frauen hatten die drei einträchtig zechen gesehen. Später fand man Sahda unter dem Baum – mit einem Kugelloch in der Schläfe und ausgeraubten Taschen. Von dem Moped und den Tätern fehlt jede Spur. Ein für die Familie tragischer, ein für die Kriminalstatistik alltäglicher Fall. Denn Bergland, so wissen es von jeher die Thai der Ebene, ist Banditenland.

Das weiß auch Lorjoe Yapeng Ku. Er wird die Vergeltung für die brutal vernichtete Hoffnung seines Lebens, für seinen Sohn, der sein Nachfolger als Dorfchef werden sollte, selbst in die Hand nehmen: mit dieser Pistole, die er jetzt aus der Tasche zieht.

Borkenstücke fetzen mir um die Ohren, als Lorjoe das Magazin leerfeuert – aus drei Schritt Entfernung in den Stamm jenes Baumes, der dem Mord an Sahda am nächsten war. Und der Sohn schaut zu. Gleich zweifach lächelt er aus dem Rahmen von Fotografien, die links und rechts an dem Teakstamm lehnen: einmal in der kostbar bestickten Tracht seines Volkes, einmal als stolzer Bräutigam. Denn Sahda hinterläßt, zu allem Unglück, eine junge Witwe.

Als der Nachhall der Schüsse erstirbt, setzt sich Lorjoe unterhalb der Kugeleinschläge an den Baumstamm, zwischen die Bilder seines Sohnes. Er bittet Michael, ihn zu fotografieren. Gelassen, so scheint es, blickt der Dorfchef von Ban Pakluay ins Objektiv. Ist dies wirklich der Mann, der eben noch einen Racheschwur gehalten hat? Sollten die Täter jemals in seine Hände geraten, dann droht ihnen, nach dem Gesetz der Akha, eine weitaus schlimmere Strafe als der Tod durch Erschießen. Man wird ihnen beide Hände abhakken und dann den Kopf.

Tausende fingergliedgroßer schwarzer Ameisen sind, aufgescheucht durch die in den Baum einschlagenden Projektile, aus der Borke gekommen. Sie huschen hektisch über die Gesichter von Vater und Sohn. Michael macht ein paar Sofortbilder. Danach legt Lorjoe die Handflächen gegeneinander und berührt, uns zugewandt, die Stirn mit den Fingerspitzen. Das ist die Art der Thai, Dank zu sagen, und die Akha haben sie gegenüber Fremden übernommen.

Ich fühle mich von dem Dank des trauernden Vaters beschämt. Denn indirekt verdanken wir es dem Tod seines Sohnes, daß wir in Ban Pakluay wohnen dürfen, im Haus des Dorfchefs, als Gäste an seinem Tisch.

„Ich bin froh, daß ihr gerade jetzt gekommen seid", hatte Lorjoe Yapeng Ku gesagt, als wir in der Akha-Siedlung anfragten, ob man uns für eine Weile aufnehmen wolle: „So werde ich es leichter ertragen, daß da ein leerer Platz ist."

Wir hocken auf fußhohen, aus Bambus geflochtenen Rundschemeln und rauchen schweigend Zigaretten. Durch die Ritzen der aus Hartholzbohlen gezimmerten Hochterrasse hinter dem Haus dringt der warme Mief von Vieh. Unter uns haben die Schweine, Pferde und Rinder ihren Unterstand. Der ländliche Geruch läßt mich wieder jene Friedlichkeit empfinden, die mich seit dem ersten Tage unter den Menschen dieses Volkes so wohltuend umgeben hat.

Es ist die Stunde vor Sonnenuntergang. Der dreieckige Schatten des Hausgiebels wächst zu unseren Füßen auf die Mitte des Dorfplatzes zu. Die Schweine, Hunde und Hühner kommen aus ihren sonnengeschützten Unterständen heraus ins Freie. Auf den Terrassen gegenüber sitzen die Großmütter, die für die Feldarbeit schon zu alt sind. Sie sammeln, die silberbeschlagene Tabakspfeife zwischen den betelnußgeschwärzten Stummelzähnen, die Früchte ein, die tagsüber an der Sonne trocknen: braune Bohnen, blonde Ingwerwurzeln, rote, gelbe und grüne Chilischoten. Vom Ende der

Unter diesem Baum haben unbekannte Täter den Sohn von Lorjoe Yapeng Ku erschossen. Der Junge besaß ein Moped und eine Barschaft im Wert von 20 Mark. Der Dorfälteste von Ban Pakluay hat das Magazin seiner Pistole in den Baum entleert und Rache geschworen. Über sein Gesicht und die Fotos des Toten rennen Ameisen, durch die Schüsse aufgeschreckt

Dorfstraße klingt zuweilen das helle Ping-ping der Silberschmiede herüber.

Auf den mit Dschungelgras gedeckten Dächern des Dorfes liegt das letzte Licht der Sonne. In die grünen Flanken der Berge, die sich bis weit nach Burma hineinstaffeln, hat sich bereits die Nacht eingenistet. Vom Bergpfad, der zu den Feldern führt, tönt Hufgetrappel herauf: Die Männer und Frauen des Dorfes kommen, die Packpferde am Zügel, von der Reisernte zurück.

Die Kolonne von Menschen und Tieren gleicht einem Bild aus Marco Polos abenteuerlichen Reisen vor 700 Jahren. Die starkknochigen Bergpferde von gedrungener Gestalt sind in buntverziertes ledernes Geschirr gegürtet, das die holzgeschnitzten Gestelle für die Sacklast hält. Die Männer tragen nachlässig geschlungene Turbantücher auf dem Kopf und Buschmesser in kunstvollen Bambusscheiden an der Hüfte. Über ihren Schultern hängen langläufige Vogelflinten oder urtümliche Armbruste. Die

Zum Frauenabteil im Haus des Dorfchefs von Ban Pakluay gehört auch die Küche. Hier haben die Männer keinen Zutritt. An der Zubereitung des Abendessens beteiligen sich (von links): Lorjoes erste Frau Bouty, Sohn Ahchor, die zweite Frau Boucher, Tochter Miesor – sie geht im Tal zur Schule und hat Ferien – und schließlich die Schwiegertochter und junge Witwe Bouchia

Frauen geben dem phantastischen Zug vollends das Gepräge einer vorneuzeitlichen Karawane, unterwegs, mag sein, mit Hofstaat und Gastgeschenken zu einem fernen Fürsten.

Wer hätte mitten im Dschungel eine Arbeitskluft aus elegant geschnittenen, kokett geschlitzten Jacken und Röcken erwartet? Das nachtblaue Tuch ist an den Ärmeln und auf dem Rücken mit Applikationen bestickt, weithin leuchtenden Mosaiken in Rot und Gelb. Die Wadenwickel zieren bunte Fransen, und das Dekolleté ist von farbigen Perlenketten verhängt.

Die Kopfbedeckungen schließlich, die im Abendlicht wie die Helme kaiserlicher Gardekürassiere schimmern, setzen dem höfisch anmutenden Putz die Krone auf. Die kopflastigen Hauben sind aus purem Silber – ein raffiniert aufgebautes Gehäuse aus gravierten Platten, glatten Hohlkugeln und alten Münzen, unter die sich Mariatheresientaler, kolonialenglische Rupien und kaiserlich-chinesisches Silbergeld mischen. Der militärische Metallglanz wandelt sich durch farbenfrohe Stofftroddeln, Vogelfedern und Perlenschnüre auf verspielte Weise ins Weibliche. Die Frauen kommen auf nackten Sohlen in einem elastischen Gang daher, als hätten sie sich nicht zwölf Stunden lang unablässig nach den Reisgarben gebückt, die ihre Männer mit dem Buschmesser vom Halm geschnitten haben.

Lorjoe bittet uns zu Tisch. Die Tafel, ein rundes Bastgeflecht auf niedrigem Fuß, wird, mit Speisen beladen, aus der Küche in den Männerraum herübergetragen. Die drei Köchinnen sind Lorjoes erste Frau Bouty, 50 Jahre alt, seine zweite Frau Boucher, 32, und seine Schwiegertochter Bouchia, 21. Sahdas Witwe wird noch ein halbes Jahr unter dem Dach des Chefs leben dürfen, dann aber in ihr rund 20 Kilometer entferntes Heimatdorf zurückkehren, um als Magd bei ihren Eltern zu leben, bis ein Mann sie vielleicht zu seiner Zweitfrau macht – nach dem Brauch der Akha ihr bestmögliches Schicksal.

Es gibt körnigen braunen Bergreis, dazu gekochte Bohnen, gebratene Gurken und geschnetzeltes Hundefleisch, das die Akha bei feierlichen Anlässen als geschätzten Leckerbissen verspeisen. Ich tunke die Stücke ausgiebig in die Schälchen mit chilischarfer Würzsoße, um den strengen Geschmack zu betäuben. Nach dem Essen rauchen wir auf der Terrasse im Kreise der beiläufig hinzugekommenen alten Männer des Dorfes streichholzdünne Zigarren. Gegen neun verabschieden sich die Gastgeber: Der Tag der Akha ist zu Ende.

Wir wohnen im Juniorpart des Hauses, einem jetzt verwaisten Anbau, in dem Sahdas und Bouchias kurzes Eheglück seine Heimstatt hatte. Der älteste Sohn lebt gewöhnlich mit seiner ersten Frau so lange in elterlicher Hausgemeinschaft, bis ihr erstes Kind das Laufen gelernt hat. Dann muß der junge Familienvater ein eigenes Heim bauen, einen selbständigen Hausstand gründen. Später darf er sich nach weiteren Frauen umsehen, deren Anzahl keine andere Grenze als die der Lebensverhältnisse gesetzt ist. Die sind gegenwärtig, abgesehen vom traditionellen Frauenmangel, indes so bescheiden, daß es in der Regel bei einer, höchstens zwei Ehefrauen bleibt.

Der Anbau des Hauses besteht aus zwei winzigen Gelassen, jedes zwei Meter im Quadrat und voneinander getrennt durch einen telefonzellengroßen Vorratsraum am gemeinsamen Eingang. Er stößt auf die Terrasse, die zur Hälfte vom tief herabgezogenen Dach des Haupthauses geschützt ist: das luftige Allzweckzentrum des gesamten Wohnsystems. Von hier, wie von einem Hochsitz, habe ich einen guten Einblick ins Dorf.

Ban Pakluay liegt in einer von den Sturzgüssen der Regenzeit bis auf den Lehm nacktgewaschenen Waldrodung unterhalb des Bergkamms. Über ihn führt die Straße, eine Verbindung zum alten Karawanenweg von Chiang Rai über die burmesische Shan-Metropole Kengtung nach Yünnan, der Südprovinz der Volksrepublik China: eine Distanz von nicht einmal 500 Kilometern, die zu durchwandern Generationen von Akha mehrere Jahrhunderte gebraucht haben.

Woher kommt dieses rätselhafte Volk, das von den Thai, seinen unfreiwilligen Gastgebern, mit der Masse der anderen, etwa 400 000 Menschen zählenden Bergvölker im Norden des Landes oft in einen Topf geworfen wird? Sie alle sind zwar als Flüchtlinge aus Laos, China und Burma nach Thailand gekommen, ins „Land der Freien", wie sich das Staatsvolk des früheren Siam, des einzigen niemals kolonialisierten Reiches Südostasiens, bezeichnet. Doch die Akha unterscheiden sich von den Meo, Yao, Lawa und selbst von den ihnen verwandten Lahu und Lisu durch die Besonderheit ihrer Geschichte.

Der Ursprung liegt im Dunkel. Die älteste Erinnerung der Akha, deren Chefs und Schamanen meist 60 Generationen, das sind rund 1400 Jahre, zurückverfolgen können, beginnt mit dem Aufbruch des Volkes. Die präzise aufgezählte Genealogie weist ins Hochland von Tibet.

Im Bergmassiv des Himalaya entspringen die großen Flüsse Südostasiens: Brahmaputra, Irrawaddy, Mekong, Yangtse. In ihren Quellgebieten, an ihren Uferhängen betrieben die Akha ihre traditionelle Landwirtschaft, brannten Rodungen in den Wald und legten Felder an. Der intensiv genutzte und von Regenzeit zu Regenzeit mehr und mehr fortgewaschene Boden war nach ein paar Jahren erschöpft. Der Lebensraum schrumpfte, eine Wanderung talwärts schien unausweichlich. Dabei geriet das Volk der Akha irgendwann in einen Glaubensnotstand, denn es konnte nach der Legende seiner Entstehung, nach der Religion der tibeto-birmanischen Völker, nur in den Bergen leben.

Als Faam Kah nämlich, der Himmelssohn, und seine Schwester Faam Tah, die Erdentochter, die Welt erschufen, geschah ein folgenschweres Mißverständnis. Faam Tah baute fleißig und voll Phantasie eine riesige Erde mit Platz für viele Völker, doch Faam Kah war faul und machte sein Stück, das Himmelszelt, viel zu klein. Da nahm die Erdentochter Nadel und Faden und nähte Falten ins Gewand ihrer Schöpfung, um es passend zu machen. So entstanden die Berge und Täler. Nun heirateten Faam Kah und Faam Tah, und nach dreijähriger Schwangerschaft kam die Erdenfrau nieder. Sie gebar einen Kürbis. Der Mann des Himmels schleuderte ihn erzürnt gegen einen Berg. Der Kürbis zersprang, und seine Kerne fielen heraus. Ein paar blieben auf dem Berg liegen, aus ihnen wuchsen die Akha. Die Masse der Kerne aber fiel ins Tal. Aus ihr entstanden die Menschen der Ebene: größer an Zahl, aber schlechter an Qualität.

Es dauerte lange, bis sich die Akha – unter dem Zwang einer Hungersnot – zum Abstieg aus ihrer Bergwelt entschlossen. Sie folgten den Tälern des Yangtse und Mekong und gelangten in die fruchtbare Provinz Yünnan in Südwestchina. Einige Gruppen suchten ihr Heil wieder in der Höhe und zogen weiter in die undurchdringlichen Gebirgsdschungel von Burma, wo sich ihre Spur verliert. Der größte Teil der Akha aber blieb in Yünnan und nahm allmählich die Kultur der seßhaften Tieflandbauern an.

Hier erlebten die Wanderfeldbauern von einst seit dem 7. Jahrhundert eine Blütezeit. In ihren mündlich überlieferten Sagen, die zum Teil von den Schriften chinesischer Chronisten bestätigt werden, ist die Rede von drei Generationen mächtiger Akha-Häuptlinge, die in einer befestigten Stadt residierten. Schließlich wird im 13. Jahrhundert von einem „großen Brand" erzählt, dem Synonym der Akha für nationale Katastrophen.

Dieser „Brand", der vermutlich ein Krieg war, nämlich die Vertreibung durch immer wieder nach China einfallende Steppenvölker Nordasiens, warf die Mehrzahl der Akha in die sicheren Berge und auf ihre ursprüngliche Ökonomie zurück, den Wanderfeldbau. Wenn das Volk jemals auf dem Weg zu einer höheren Kultur war, dann ist bei diesem Bruch in seiner Geschichte auch der Ansatz für eine eigene Schrift verlorengegangen. Sie soll, chinesischen Berichten zufolge, von einigen Akha-Gruppen in der Yünnan-Blüte entwickelt worden sein.

Die Sage der Akha interpretiert den Verlust auf vorteilhafte Weise: Der Geist, der die Wolken schuf, gab seinem auserwählten Volk eine auf Büffelhaut geschriebene Schrift. Als eine große Hungersnot über die Akha kam, aßen sie ihre letzte Reserve, die Büffelhaut, auf und vernichteten damit ihr Alphabet. Doch welch Wunder – die Buchstaben verwandelten sich, nachdem sie verdaut waren, in ein Wortgedächtnis, das unter den Völkern kaum seinesgleichen hat.

Der Hunger hat die Akha durch ihre Geschichte begleitet. Er ist der Motor der steten Wanderschaft und eine Folge der Brandrodungskultur, die nach ein paar Jahren die Böden unbrauchbar macht. Dieses Versorgungssystem, die einzig mögliche Überlebensmethode im Bergwald, hat den Akha bei ihren Nachbarn und Gastvölkern einen schlechten Ruf eingetragen. Wo immer sie sich niederließen, wollte man sie loswerden; wohin sie sich auch wandten, stießen sie auf Abwehr.

Unter dem allgegenwärtigen Druck entwickelte sich eine nach außen strikt abgeschirmte, nach innen straff organisierte Lebensgemeinschaft kleiner Gruppen. Sie blieben nur existenzfähig, wenn sie sich einerseits unabhängig voneinander machten, aber andererseits einander nicht aus den Augen verloren.

Teils isoliert, teils aufgesogen von den Kulturen der Wirtsvölker leben heute in Yünnan noch 500 000, in Burma 40 000, in Laos 5000 Akha. Nach Thailand wanderten sie zuerst um die Jahrhundertwende und zum vorläufig letztenmal Mitte der siebziger Jahre ein. Ihre Anzahl wird auf etwa 13 000 Menschen geschätzt, die in rund hundert Dörfern in Kammnähe der Berge wohnen. Die anderen Bergstämme wie die etwa 50 000 Köpfe zählenden Meo bevorzugen die tieferen Gebirgslagen. Die meisten der thailändischen Akha kamen aus Südost-Burma in das westlich orientierte Königreich, das mit Flüchtlingsproblemen an den Grenzen aller seiner Anrainerstaaten ringt. Thailand hatte keine Chance, sich gegen die ungebetenen Gäste zu wehren. Die Akha waren auf einmal da und errichteten gleichsam über Nacht ihre Dörfer.

Die Thai-Regierung duldet ihre exotischen Minoritäten und unterstützt sie durch eine in Chiang Rai eigens gegründete Bergvölkerstiftung, die Hill Tribes Foundation. Sie steht unter dem persönlichen Schutz der Mutter des Thai-Monarchen Bhumipol.

Doch ist das Refugium in den Bergen, etwa in Ban Pakluay, wirklich die Endstation der langen Wanderung, die oft genug eine Vertreibung war?

„Solange wir hin und wieder einen Thai-Soldaten sehen", sagt der Dorfchef, „fühlen wir uns sicher." Und wenn andere Uniformen auftauchen? „Dann können wir nur noch auf der richtigen Seite kämpfen", sagt Lorjoe achselzuckend. „Von hier gibt es keine Flucht mehr. Wohin denn auch?"

Der Dorfälteste – er ist erst 44 Jahre alt – blickt düster in die Zukunft, auch in seine eigene. Der Verlust seines Sohnes, seines Nachfolgers, nährt den übermächtigen Aberglauben der Akha, verstärkt die Erwartung von Unheil. Ein gewaltsamer Tod im Dorf ist stets ein böses Omen, besonders wenn er das Haus des Anführers trifft.

Lorjoe hat zwar noch einen Sohn, den elf Jahre alten Ah-

Am Dorfeingang von Pa Nou Kha liegt ein toter Hund auf einem Holzgerüst. Mit weit aufgesperrtem Rachen bewacht er die Bewohner vor bösen Geistern. Der Hund ist, als treuester Weggefährte auf der langen geschichtlichen Wanderung von Tibet bis Thailand, das heilige Opfertier der Akha – und ihr beliebtester Festschmaus

chor. Aber der wird nicht früh genug reif sein, um das schwere Amt des Chefs in schweren Zeiten übernehmen zu können. Denn die Lebenserwartung der Akha übersteigt kaum 55 Jahre.

Lorjoes 16 Jahre alte Tochter Miesor hat als Frau keinen Anspruch auf die Häuptlingswürde. Sie ist dem Stamm und seiner traditionellen Lebensführung ohnehin entfremdet, denn Lorjoe hat sie in die Schule der Hill Tribes Foundation nach Chiang Rai geschickt.

Die Politik dieses Instituts zielt darauf ab, aus jedem Dorf der Bergstämme Meo, Lawa, Yao, Lisu, Lahu und Akha wenigstens einen Schüler zu erhalten, möglichst das Kind des Chefs oder das einer einflußreichen Familie. Die Auserwählten lernen Thai schreiben und lesen und sollen nach ihrer Rückkehr in die Heimat die Ansprechpartner einer Thai-Verwaltung sein, die sich in einer Region des Analphabetentums schwer tut. Doch die wenigsten dieser Jugendlichen zieht es in die Berge zurück. Denn dort erwartet auch einen gebildeten Kopf in der Hauptsache harte Haus- oder Feldarbeit, solange er gesunde Hände hat.

Diese Hände lehrt man in der Schule ein Kunsthandwerk, und so hat die Cheftochter Miesor bereits den Wunsch geäußert, sie wolle Malerin werden. Die Vorstellung jedoch, das Mädchen Miesor aus dem Haus des Häuptlings kehrte mit einer Staffelei im Gepäck in ihren Stamm zurück, ist geradezu absurd. So produziert also die Hill Tribes Foundation – gewiß ohne böse Absicht – Renegaten für die Zivilisation.

Lorjoe Yapeng Ku ahnt das. Und doch hat ihm das Angebot der Stiftung, seine Tochter aufzunehmen, geschmeichelt. Eines weiß er aus eigener Erfahrung: Ohne Kenntnis der Staatssprache gerät sein Dorf, sein Stamm, ins Hintertreffen.

Denn Lorjoe ist nicht nur der Dorfälteste von Ban Pakluay, er ist auch der außenpolitische Chef, der *buseh*, zweier weiterer Akha-Dörfer, in denen sich kein Mann gefunden hat, der sich auf den notwendigen Umgang mit der Thai-Verwaltung versteht. Lorjoe ist darin durchaus geübt, aber in der Thai-Sprache nicht sattelfest. Daher hat man ihm einen Stammesführer der Lahu, eines ebenfalls tibeto-birmanischen Bergvolks, als Repräsentanten gegenüber den Behörden zur Seite gestellt: „Weil er fließend Thai spricht", sagt Lorjoe, „und auch ein wenig lesen und schreiben kann."

Die Familien sind von der Reisernte heimgekehrt, und die Männer laden die korngefüllten Säcke von den Traggestellen der Pferde ab. Für die Nacht beziehen die zähen Lasttiere den Stall unterhalb der Pfahlbauten und geben in den kühlen Bergnächten mit ihrer Körperwärme eine zusätzliche Fußbodenheizung ab

In dem politischen Gefüge der Akha-Dörfer gibt es zwei oberste Instanzen mit unterschiedlichen Aufgaben. Der Rat der Ältesten, der männlichen Haushaltsvorstände über 45 Jahre, wählt einmal den *dschumah*, den dorfinternen Chef. Er sorgt für Recht und Ordnung innerhalb der Gemeinde, regelt das öffentliche Wirtschafts- und Finanzwesen, schlichtet Streitfälle und setzt Kollektivaufgaben ebenso fest wie außerordentliche Feiertage und Zeremonien. Der *dschumah* ist der geistige Führer eines Dorfes, seine Person ist sakrosankt und wird Außenstehenden gegenüber geheimgehalten.

Umso mehr Bedeutung kommt heute der Position des *buseh*, des ebenfalls gewählten Repräsentanten nach außen, zu. Er ist der Verbindungsmann zu benachbarten Dörfern und Stämmen, an ihn halten sich die Thai-Behörden in jeder Angelegenheit, die außerhalb der dörflichen Verwaltung unter allgemeines Landesrecht fällt. Vor allem aber ist neuerdings sein diplomatisches Geschick gefragt, wenn es um die Zuteilung öffentlicher Mittel geht.

Die Straße oberhalb des Dorfes zum Beispiel, der dringend benötigte Transportweg zu den Reismühlen von Mae Chan, wäre mit finanzieller Hilfe der Food and Agriculture Organization, der UN-Ernährungsorganisation FAO, kaum gebaut worden, hätte Lorjoe nicht seit Jahren bei der Bezirksregierung auf die isolierte Lage der ihm anvertrauten Dörfer hingewiesen. Jetzt hat man den Bergstämmen zusätzlich eine sogenannte Reisbank eingerichtet, wo jeder Familienvater – nach einer Mißernte etwa – einen Sack Reis leihen und zinslos zurückgeben kann, wenn er im nächsten Jahr einen Ernteüberschuß hat. Und die Ärzte der Gesundheitsfürsorge, die sich – selten genug – in die Berge begeben, würden kaum den Weg nach Ban Pakluay wählen, gäbe es die Straße nicht.

Die Bewohner von Pa Chour Ku, einem der beiden anderen Dörfer in Lorjoes Zuständigkeit als *buseh*, haben dagegen der Straße die Isolation vorgezogen. Sie wohnen ohne Zufahrt im Dschungel, einen Tagesmarsch von Ban Pakluay entfernt. Dieses Dorf wollen wir aufsuchen.

Lorjoe ruft nach Ahchor, seinem Jüngsten. Der Elfjährige soll uns führen. Er hält ihm einen Vortrag, den der Junge satzweise wiederholt: Instruktionen zur Route, zu unserer Sicherheit, und Informationen an den *dschukah*, den Unterhäuptling von Pa Chour Ku. Blitzartig wird mir die Lösung klar, die ein Volk ohne Schrift auch noch in unseren Tagen hat. Für die Übermittlung jeglicher Botschaft müssen die Akha ein sprachbegabtes Wesen einsetzen, und sei es ein Kind.

Michael und ich packen unsere Rucksäcke und gehen früh schlafen. Wir wollen den Leuten von Pa Chour Ku, die gewiß nie von einem Arzt aufgesucht werden, ein Sortiment Medikamente gegen Malaria, Diarrhoe und Grippe mitnehmen.

Ich rolle mich in den Daunensack und versuche, auf dem Ruheplatz Sahdas Schlaf zu finden. Die Tranlampen im Dorf sind längst verloschen. Die Türöffnung schneidet ein bleiches Rechteck aus der Milchstraße. Der Nylonrucksack unter meinem Kopf ist feucht vom kühlen Tau der Bergnacht.

Still ist sie nicht, die Nacht im Akha-Haus. Von überall tönen Laute geheimnisvollen Lebens, aber ich kann die Herkunft der mannigfachen Geräusche nicht ausfindig machen. Die raffinierte Konstruktion des Gebäudes hat die komplizierte Formel gelöst: Bringe alle Wohn- und Arbeitsbereiche unter ein Dach und mache sie gleichzeitig von außen wie von innen ohne Türen unsichtbar. So ist das Akha-Haus eine zwar allseits beschützte, aber luft- und lauterfüllte Geisterburg.

Die Hartholz-Architektur aus Teak und Thai-Pinie gliedert sich auf mannshohen Pfählen um den Mutterpfosten. Mit seiner rituell gefeierten Einlassung ins Erdreich beginnt der Bau. Dieser Pfeiler, gleichsam der Atlas-Riese des Hauses, darf auch später keiner anderen Funktion als der des Tragens dienen. An ihn ein Tier zu binden oder eine Jacke zu hängen gilt als Sakrileg.

Die Hauptpartie des Hauses ist in zwei gleich große, etwa vier mal fünf Meter messende Räume geteilt. Der Männerbereich liegt nächst dem Eingang, die Frauenzone durch eine Bambuswand abgeschirmt dahinter. Bei den Frauen wird gekocht, bei den Männern gegessen, doch dies stets getrennt nacheinander. Auch des Nachts bleiben die Geschlechter unter sich, außer wenn der Hausherr sich eine seiner Ehefrauen auf sein Lager herüberholt. In der Liebe gehorchen die Akha – auch die Frauen – freimütig ihrem Instinkt.

An den Längswänden beider Räume befindet sich eine Vielzahl unterschiedlicher Staugelasse: für Proviant, Kleidung, Werkzeug, Haus-, Garten- und Küchengerät. Über der Verbindungstür – auf der Frauenseite – hängt der Hausaltar: ein schlichtes Bord.

Dort, wo Lorjoe die Fotografien seines Sohnes zu verwahren pflegt, wachen scheinbar unscheinbare Dinge über den Haussegen: ein auf die Spitze gestelltes Ei in einer reisgefüllten Schale, eine verschrumpelte Hundepfote, der Unterkiefer eines Schweins. Sie symbolisieren die Eckdaten der Familie: Grundsteinlegung, Häuptlingswürde, Hochzeitsfeier.

Die halbüberdachte Hochterrasse vor der Männerabteilung ist Hauseingang, Empfangsempore, Familienforum, Gästegehege. Sie dient aber auch als Trockenboden für die Wäsche wie für Früchte. Und abends sitzen hier die Männer nach der Arbeit auf fußhohen Schemeln und rauchen ihre Pfeifen.

Unterhalb der Terrasse, zwischen den Pfählen, steht das Vieh. Seine Wärme gibt – willkommen in der kühlen Trockenzeit und in naßkalten Nächten – für die darüberwohnenden Menschen eine lebende Heizung ab. Die Geräusche und Gerüche dieser Hausgenossen scheinen niemanden zu stören.

Der Pfahl, an den ich in der Enge meinen Kopf bette, bebt in unregelmäßigen Abständen. An ihm reiben sich die Schweine die Schwarte. Die Rinder mahlen unablässig mit den Zähnen, und das Schnaufen der fressenden Pferde setzt die ganze Nacht kaum einmal aus. Morgens um zwei krähen die Hähne zum erstenmal. Die Hunde werden wach und bellen eine Stunde lang. Dann ist für eine Weile Ruhe. Um vier Uhr beginnt das Ganze abermals mit dem zweiten Hahnenschrei, der für die Frauen die Fabriksirene ist. Schlagartig setzt, in einem vom Stall abgeteilten Arbeitsbereich unterhalb der Häuser, das monotone Stampfen der Getreidemörser ein. Meine Nachtruhe ist endgültig dahin. Ich hocke mich, für eine Zigarettenlänge, auf die Türschwelle.

Der Mond glänzt, wie die verlorengegangene Silberrupie einer Akha-Haube, hoch über der Terrasse. In seinem schütteren Licht sehe ich die junge Witwe Bouchia. Sie steht hinter dem Mörser und drückt mit dem Fuß das kurze Ende eines Wippbalkens nieder. Wenn sie es losläßt, saust der lange, schwerere Teil mit einem Stößel daran in den Mörser, einen ausgehöhlten Baumstumpf. Reismehl stiebt auf, und Bouchias Schenkelmuskeln – entblößt vom aufgesprungenen Rockschlitz – spannen sich zum nächsten Schlag.

Fast alle Naturvölker mahlen ihr Getreide mit dem beidhändig geführten Stößel. Die Akha dagegen haben jene Methode entwickelt, um die Hände für eine zusätzliche Arbeit frei zu behalten. Bouchia zum Beispiel wirbelt jetzt zwei Garnspindeln herum und spinnt von der heimischen Baumwolle jenen Faden, aus dem sie später das mit Indigo eingefärbte Tuch der Akha-Kleidung weben wird. Und hätte sie einen Säugling, dann würde sie ihn – wie die jungen Mütter im Dorf – in einem Tragetuch auf der Hüfte halten und ihm hin und wieder die Brust zum Stillen überlassen, ohne mit dem Mahlen und Spinnen einzuhalten.

Ich schlafe während all der Nächte schlecht in Lorjoes Haus und bin doch froh darüber. Denn nachts lerne ich meine wahre Lektion vom Leben der Akha: Wo gibt es ein anderes Volk, das auf engstem Raum, mit den bescheidensten Mitteln und mit nichts als Arbeit von früh bis spät, jahraus, jahrein, so um sein Überleben kämpft – ganz ohne Krieg und Klage?

Die Frauen der Akha haben, und das ist wörtlich zu nehmen, ihr Lebtag keine Freizeit. Wenn sie ihre mehr als zwölf Stunden Feldarbeit antreten, haben sie bereits zwei Stunden Fuß- und Handwerk neben dem Stall hinter sich. Der vom Sonnenuntergang gesetzte Feierabend gilt nicht für sie; dann haben sie mit dem Kochen an der Feuerstelle zu tun. Und wenn sich die Männer ihre Pfeifen stopfen, dann nehmen die Frauen das vor Tau und Tag gesponnene Garn her und weben, nähen, sticken im Schein der Schweinetranlampe ihre eleganten, ihre von Farbenfreude und feinen Applikationen überbordenden Jacken, Wadenwickel, Schultertaschen. Die Jacke, die Bouchia bei jeder Arbeit trägt, hat zwei Jahre lang je eine Stunde Kunsthandwerk vor dem Schlafengehen gekostet.

Die Frauen der Waldindianer Brasiliens kennen ebenfalls keinen Müßiggang. Doch sie müssen die meiste Arbeit übernehmen, weil ihre Männer einen Status haben, welcher der sportlichen Haltung bedarf, die allenfalls eine spielerische Beschäftigung verträgt. Die Männer der Akha behaupten ihre Männlichkeit, ohne Krieger sein zu müssen. Sie verrichten auf den Feldern die gleiche schwere Arbeit wie ihre Frauen. Und die Stunde abends beim gemeinschaftlichen Rauchen dient der Planung, Beratung und Einteilung kommunaler Aufgaben.

Die Kinder sind, außer den Alten, tagsüber die einzigen Menschen im Akha-Dorf. Seine Bewachung aber ist nur ein Nebeneffekt des Kinder-Daseins. Und auch, daß sie einander großziehen, daß Vierjährige ihre kleineren Geschwister auf den Rücken gebunden mit sich tragen, ist eine selbstverständliche Nebensache. Denn es gibt auch ein Arbeitspensum für sie: Feuerholz unter dem Haus stapeln, Stuben und Höfe sauber fegen, das Vieh mit Futter und Streu versorgen. Spielen können diese tiefernst schauenden Kinder nur in der Stunde vor Sonnenuntergang, wenn die Eltern vom Feld heimkehren.

Ahchor, der Elfjährige, kommt eine Stunde vor Sonnenaufgang, um uns zu unserem Marsch nach Pa Chour Ku abzuholen. In den Bergen hängt naß und schwer der Nebel. Zusammen mit den Feldarbeitern, die ihre Tragepferde am Zaum führen, verlassen wir das Dorf auf einem ausgetretenen Pfad, der in den Wald führt. Ahchor bestimmt das Tempo, und obwohl ich nur das allernötigste Gepäck trage, bin ich nach zwei Stunden schweißdurchnäßt.

Wir passieren Reisfelder am Hang. Die Akha kennen keinen Terrassenanbau und auch nicht das Mähen mit der Sense. Die Regierung hat mit Hilfe der FAO ein Versuchsprogramm entwickelt, das die Bergstämme von der künstlich bewässerten Reisterrassenwirtschaft überzeugen und von dem bodenverheerenden Brandrodungssystem abbringen soll. Doch noch halten die Akha an ihren überlieferten Methoden fest. Mit sichelähnlichen Messern schneiden sie das Reisstroh, mit an Hockeyschläger erinnernden Stöcken dreschen sie das Korn aus den am Boden liegenden Garben. Mann und Frau stehen einander dabei gegenüber und schlagen im Wechseltakt auf die Ähren.

Die Frauen tragen, ungeachtet der Drescharbeit mit den Krummhölzern, ihre schweren Hauben. Sie setzen das Silber, das außer Schmuck auch das tragbare Familienvermögen ist, nicht einmal beim Schlafen ab. Einige Arbeiterinnen haben, damit die Sonne das Metall nicht zu sehr aufheizt, bunt bestickte Baumwollschützer über den Kopfputz gestülpt.

Baumwolle wächst wild zwischen dem Reis, genauso wie die mit roten und grünen Schoten gesprenkelten Büsche des scharfen Chili, eines wichtigen Handelsguts der Akha für die Küchen der Thai im Tiefland, wo kein Pfeffer wächst. Wir passieren Maisfelder, Teeplantagen und Gärten mit Bohnen, Gurken und Zitronengras. Dann verlassen wir an einem Bach das Gebiet von Ban Pakluay und geraten in ein von sanften Bodenwellen durchzogenes Feld, dessen hüfthohe Wildblumen mir seltsam vertraut und doch fremdartig vorkommen: Mohn, Schlafmohn, aus dem Opium hergestellt wird.

Anbau von Mohn und Handel mit Opium sind in Thailand verboten, aber die Akha und die an-

Der Vater des an Malaria gestorbenen Jungen im Dorf Pa Nou Kha kann den Verlust nicht verwinden. Tagelang sitzt er vor seiner Hütte und raucht, um seinen Schmerz zu betäuben. Das wassergefüllte Bambusrohr funktioniert nach dem Prinzip der den Rauch kühlenden Wasserpfeife. Im Einflußbereich von Lorjoe Yapeng Ku wird nur Tabak geraucht. Opium hat der Chef verboten

deren Bergstämme kultivieren weiterhin den so harmlos aussehenden Drogenträger, der, von Reis, Tee und Mais eingerahmt, bald hier, bald da unauffällig wächst. Sie bauen den Mohn an, weil sie ihn, den sie von allen Naturalien am wenigsten selber brauchen, am ehesten in Bargeld verwandeln können: versilbert als Kopfschmuck etwa.

Die Regierung in Bangkok hat ein Programm gegen Drogenmißbrauch entwickelt und den Bergbauern Alternativkulturen angeboten, zum Beispiel Tee. Doch Teepflanzen tragen erst nach fünf Jahren, während der Saft der Mohnkapseln bereits nach der ersten Reife abgezapft werden kann.

Wir haben den Bergdschungel auf der anderen Talseite erreicht. Was von weitem wie dichter, grüner Regenwald wirkt, entpuppt sich aus der Nähe als spärlich mit Bäumen gemischter Busch: Folge des Brandrodungssystems, das die abgewirtschafteten Felder nach ein paar Jahren dem wildwuchernden Unterholz überlassen muß. Inzwischen beginnen die Thai mit der Aufforstung ihrer an die Bergvölker als Lehen gegebenen Waldböden, die hier und da als lateritrote Wunden aus dem Busch glühen.

Wir klettern einen Steilhang empor; auf seiner Höhe stieben schreiend Kinder davon: Wir sind in Pa Chour Ku.

Auf dem Weg zum Haus des *dschukah*, Lorjoes Assistenten im Amt des Chefs, begegnen wir ein paar krank und elend aussehenden alten Frauen, die uns erschreckt anstarren. Abseits auf einer Bambusmatte liegen vier Männer in apathischer Haltung. Sie nehmen von uns keine Notiz. Pa Chour Ku ist in einem desolaten Zustand. Wir sehen kaum Vieh, die Scheunen stehen offen und sind nur spärlich mit Mais gefüllt, die Vorratsräume in den ungepflegten Häusern leer. Die Kinder haben spindeldürre Arme und Beine und aufgetriebene Bäuche – Symptome von Unterernährung.

Vor dem Haus des Dorfältesten stolpere ich fast über einen etwa dreijährigen Jungen. Er liegt im Schatten des Gartenzaunes und zittert am ganzen ausgemergelten Leib. Seine Augen, die mich nicht wahrnehmen, glänzen im Fieberwahn. Das Kind hat einen schweren Malariaanfall.

Ich verabreiche dem Jungen eine für Kinder bemessene Dosis eines sofort wirkenden Gegenmittels und flehe bei Buddha und allen Akha-Geistern, daß ihn die halbe Tablette, die er auch mit einem Schluck aus meiner Feldflasche kaum hinunterbringt, nicht tötet.

„Wir haben, seit wir vor sechs Jahren aus Burma gekommen sind, noch keine Thai-Beamten und auch niemals Fremde hier oben gesehen", sagt der *dschukah*, ein alter Mann mit arthritisch nach außen gebogenen Beinen. Er entschuldigt sich dafür, nur Tee anbieten zu können. Sie seien mittellos über die Grenze gekommen und warteten immer noch auf das von der Regierung versprochene Saatgut, sagt der *dschukah*.

Aber der Mohnanbau, frage ich: „Bringt nicht Mohn mehr ein als alle anderen Früchte?"

Der Alte verschließt sich jäh. Unsere Medikamente würdigt er nicht eines Blickes. Wir werden sie wieder mitnehmen, da ein Mißbrauch aus Unachtsamkeit mit schlimmen Folgen nicht auszuschließen scheint. Lorjoe soll ihre Verteilung hier oben bei seinem nächsten Besuch selbst in die Hand nehmen.

„Ihr solltet jetzt gehen, wenn ihr vor Einbruch der Dunkelheit zurück sein wollt", rät der *dschukah* mit dem kaum verhohlenen Wunsch, uns loszuwerden. Wir hatten uns auf eine Übernachtung im Dorf eingerichtet, denn

Die Brandrodungswirtschaft der Akha hat in den Bergen ihre Spuren hinterlassen. Der Dschungel ist Feuer und Axt gewichen. Der nackte Waldboden gibt nur ein paar Reis- und Gemüseernten her. Dann müßten die Akha wieder weiterwandern und abermals roden. Doch die Thai im Flachland lassen das Bergvolk nicht unter die 400-Meter-Grenze vordringen

ein Rückmarsch am selben Tag war uns unmöglich erschienen. Er bleibt uns nicht erspart.

Der Junge am Gartenzaun ist eingeschlafen, seine Atemzüge sind ruhig und lassen auf Besserung hoffen. Ich trage das federleichte Bündel in die Chefhütte und lege es dem Alten vor die Füße. Er sieht mich einen Augenblick verwundert an. Dann bettet er das Kind auf einen Stapel Rohbaumwolle.

Wir erreichen, nachdem wir Ahchor gebeten haben, den schnelleren, wenn auch gefährlicheren Rückweg zu wählen, eine Stunde nach Sonnenuntergang Ban Pakluay. Michael und ich werfen uns ohne Abendbrot aufs Lager. Lorjoe schaut besorgt durch die Tür. Doch ich bin zu erschöpft, um ihm berichten zu können.

Auch am nächsten Morgen komme ich nicht dazu. Wir trinken gerade unseren Tee, als eine Serie Gewehrschüsse durch die Berge peitscht. Lorjoe bittet uns um einen Fahrdienst mit dem Auto.

Es geht bergauf. Nach drei Kilometern und etwa auf Grenzhöhe zu Burma läßt der Chef den Wagen halten und eilt mit uns die Böschung hinab. Am Hang liegt, gut getarnt, das Nachbardorf Pa Nou Kha. Geiferndes Hundegebell empfängt uns. Wir

bahnen uns einen Weg durch die Meute und folgen Lorjoe zu seinem Assistenten, einem gelassene Autorität ausstrahlenen Mann namens Amat Thu.

Er sitzt, zusammen mit den beiden Schamanen des Dorfes, auf seiner Terrasse. Neben den Männern liegen lange Vogelbüchsen, aus denen offenbar die Schüsse abgegeben worden sind. Das Dorf, das um diese Tageszeit normalerweise von den Feldarbeitern verlassen sein sollte, ist voller Menschen. Was ist passiert?

Lor Chour ist der Geisterbeschwörer im Dorf Pa Nou Kha. Er trägt noch, wenn auch in schütterer, altersbedingter Ausführung, den traditionellen Chinesenzopf. Die Akha haben die Sitte während ihres jahrhundertelangen Aufenthalts in der südchinesischen Provinz Yünnan angenommen

„Soeben ist ein Junge gestorben", sagt Amat Thu, und: „Die Schüsse wurden von den Schamanen abgefeuert. Sie halten die bösen Geister von der Seele fort. Sie kann erst davonfliegen, wenn das Opfer dargebracht worden ist."

Das Totenhaus steht hangabwärts im untersten Bereich des Dorfes, dem traditionellen Armenviertel einer Akha-Siedlung. Es hat die ärmste Familie von Pa Nou Kha getroffen. Ich krieche durch den Eingang der Hütte. Der Tote ist wie eine ägyptische Mumie in Sackleinen gewickelt, ein Bündel klein und schmal, wie das eines zehnjährigen Kindes, obwohl der Junge schon 14 Jahre alt war.

Aus dem Frauenraum dringt herzzerreißendes Klagen. Der Vater, ein zierlicher Mann von etwa 30 Jahren, sitzt mit versteinerter Miene und einem schiefen Lächeln, das nicht ihm zu gehören scheint, am Feuer. Und dann, im halbdunklen Hintergrund, sehe ich die Kinder – einen ungefähr sechs Jahre alten Jungen, dem ein zweijähriges, ihm auf den Rücken gebundenes Kleinkind über die schmächtige Schulter schaut.

Beider Blicke haften unverwandt an dem leblosen Leib, der gestern noch ihr Bruder war. Über ihre schmutzigen Wangen rinnen unaufhörlich Tränen. Ich sehe hilflos in das Gesicht des Sechsjährigen und ahne, welche Gewißheit sich da durch den Schmerz bohrt: Von nun an muß er an die Stelle des toten Bruders treten und dessen Arbeit mitmachen.

Die beiden Schamanen, zwei alte Männer mit traditionellem Chinesenzopf auf den glattrasierten Schädeln, verdunkeln das Türloch und bitten den Vater hinaus. Der steht auf wie ein Schlafwandler, verschwindet hinter dem Haus und kommt mit einem quiekenden Ferkel zurück: dem Opfertier. Es ist höchstens eine Woche alt. Ein größeres Stück Vieh kann die ärmste Familie im Dorf nicht entbehren.

Einer der Schamanen, der Oberpriester, ist nächst den beiden Chefs – dem *buseh* und dem *dschumah* – der einflußreichste Mann im Dorf. Der andere, niedriger gestellte Geisterbeschwörer tötet das Ferkel mit einem scharfen Bambusspan und zerstückelt es. Die Fleischwürfel reichen für fünf schaschlikähnliche Spieße und werden als kümmerlicher Totenschmaus an die nächsten Nachbarn verteilt. In der Regel sollte das Fleisch des Opfertiers – einer Ziege, eines Schweins, eines Büffels – für das ganze Dorf reichen. Pa Nou Kha hat 17 Häuser und 153 Bewohner.

Der Geisterbeschwörer vergräbt das Herz des Ferkels vor der Tür und steckt mit den Zähnen des Tiers und mit frisch gebrochenen Zweigen um den walnußgroßen Hügel einen Zaun von Tellerdurchmesser ab. Dann nimmt er den Daumen des Vaters, der teilnahmslos danebensteht, und stößt ihn, als wolle er einen Fingerabdruck machen, auf den Erdbuckel. Der Schamane blickt hinauf zur Sonne, zu den Bergen, macht eine ausholende Armbewegung und lacht. Die Seele des Toten ist frei – seht, da oben fliegt sie.

Um vier Uhr, als die Sonne hinter die Berge sinkt, wird die Kindesleiche in einem ausgehöhlten Baumstamm aus dem Dorf getragen. Das ist die Aufgabe der alten Männer unter Führung des zweiten Schamanen. Die Familie, die Verwandten, der Rest der Gemeinde dürfen an dem Zug nicht teilnehmen.

Die Männer verscharren den Sarg am Berghang jenseits der Straße ohne Zeremoniell. Was sie vergraben, ist schließlich nichts als ein Kadaver. Die Seele ist längst auf dem Weg zu *A-poe-mi-yeh*, dem mythischen Ahnherrn der Akha, dem alles erfüllenden Geist der Natur.

Als die alten Männer ins Dorf zurückkehren, ist dort nichts von Trauer zu spüren. Das Leben nimmt seinen Gang. Ich sehe, wie Lorjoe dem Vater des Toten 400 Bath in die Hand drückt. Der steckt sie achtlos in die Tasche. 40 Mark sind viel Geld in den Bergen, aber Geld lohnt kein Aufhebens. Man benutzt es, wenn man es braucht.

Mich verfolgen – längst sind wir zurück in Ban Pakluay – noch tagelang die Blicke der kleinen Geschwister, die versteinerte Miene des Vaters. Es ist offenkundig: Der Tod geht um in den Bergen. Zweimal sind wir ihm bereits begegnet, aber wie oft mag er – unbemerkt von uns und nicht gerade als Gewalttat wie bei Lorjoes Sohn – zugeschlagen haben? Seine stillen Schergen heißen Malaria, Ruhr, Unterernährung.

„Wie kann man euch helfen?" frage ich Lorjoe.

Der Chef lächelt nachsichtig: „Gibt es eine Medizin gegen Armut?"

Hätte ich sagen sollen: „Geld"? Gewiß: Mit seiner Hilfe könnte man die archaische Volkswirtschaft der Akha modernisieren, einen Gesundheitsdienst einrichten, die Versorgung mit fließend Wasser und Elektrizität organisieren. Aber um welchen Preis? Würde nicht der zweifelhafte Gewinn westlicher Zivilisation den sicheren Verlust an eigenständiger Kultur nach sich ziehen? Doch den Akha stellt sich die Frage erst gar nicht. Was hätten sie als Ärmste in einem armen Staat denn einem etwaigen Wohltäter als Gegenwert anzubieten? Land? Bodenschätze? Dienstleistung? Sie sind geduldete Flüchtlinge, sie besitzen nichts als sich selbst und ihre reiche Tradition.

Und dann kommt doch Geld ins Dorf. Am Tag unserer Abreise lernen die Akha ihre erste Lektion mit dem Phänomen des Gruppentourismus.

Dem Kleinbus oben an der Straße entsteigen – für uns ein boshafter Zufall – zwei Dutzend Deutsche. Ohne ein Wort, ohne eine Geste der Begrüßung, ohne einen Augenblick Zeit zu verlieren, tun sie, was Touristen auf der ganzen Erde tun: Sie betreten wie selbstverständlich die Häuser, die nicht durch verschlossene Türen geschützt sind, weil es keinem Akha in den Sinn käme, seinen Fuß ungebeten über eines Nachbarn Schwelle zu setzen.

Im Halbdunkel der Akha-Stuben entlädt sich das Blitzgewitter der Kameras. Dann gehen die Besucher unverzüglich zum Geschäft über: Sie wollen kaufen, irgendwas.

Lorjoes erste Frau Bouty bringt zögernd eine Jacke mit reicher Applikationsstickerei herbei. Gleich greift ein schwäbisches Schwergewicht mit rotgeschwitzter Pranke in das Tuch, fühlt, knüllt: Baumwolle? Wieviel? Zuerst Sprachlosigkeit, dann Mißverständnis, schließlich ein Begriff, eine Ziffer: 1500 Bath, 150 Mark. Der Deutsche hält der Akha-Frau 1000 Bath hin – da, nimm, mehr gibt's nicht. Bouty schaut einen Moment verwirrt auf das Geld, auf die zwei 500-Bath-Scheine, dann rollt sie ihre wertvolle Ware zusammen und verschwindet wortlos im Haus: Weiß der Fremde denn nicht, daß diese Jacke zwei Jahre Handarbeit gekostet hat?

Die kaufbegierigen Kulturreisenden begehen, als sich nichts mehr zum Erwerb anbietet, eine kulturelle Todsünde. Sie begutachten mit den Händen, was die Frauen am Leib tragen, und fassen sogar die Silberhauben an. Kennen sie nicht, wenn ihnen schon natürliche Höflichkeit fremd ist, wenigstens das elementarste Tabu dieses Landes? Daß nämlich eines Menschen Haupt unantastbar, daß es heilig ist?

Die Frauen flüchten, zu Tode erschreckt, in ihre Häuser.

Ich stehe abseits, fühle mich jäh ausgestoßen aus der Gemeinschaft der Akha und versuche doch, aus ihrer Flucht Hoffnung zu schöpfen, sie als etwas Symbolhaftes zu deuten: die Weigerung eines kleinen, zähen Volkes, sich der großen, glatten „Zivilisation" zu ergeben. Aber ich fürchte, daß ich mich belüge.

Eines Tages wird es unsere Akha nicht mehr geben.

Als wir die Straße zur Stadt hinunterfahren, werfe ich einen letzten Blick zurück. Lorjoe steht still an der Böschung. Und oben, in seinem luftigen Bergtempel, schaut der eherne Buddha in eine andere Richtung: über alles Irdische hinweg.

Das Volk der Akha steht bald vor dem Nichts

Lorjoe Yapeng Ku mit seiner Restfamilie Ahchor, Bouty und Boucher. Sahda ist tot, Miesor an die Stadt verloren

Das Dreiländereck Burma, Thailand und Laos ist seit mehr als 500 Jahren Auffangbecken südostasiatischer Bergvölker. Teils wegen ihrer Wander-Landwirtschaft, teils durch politische Zwänge sind die unterschiedlichen Volks- und Sprachgruppen in diesem Grenzgebiet heute so sehr durcheinandergeschüttelt, daß sich ein übersichtliches Bild ihrer ursprünglichen Herkunft und ethnischen Zugehörigkeit kaum mehr skizzieren läßt.

Frauentracht bestimmt die Herkunft. Die Völker, die aus den sozialistisch regierten und betont minoritätenfeindlichen Staaten China, Burma und Laos ins westlich orientierte Thailand flüchteten, haben im Bergland der Provinz Chiang Rai wieder Fuß gefaßt.

Die einige Millionen Menschen zählenden Nationen der Shan und Karen, die beiderseits der Grenze sowohl in Burma als auch in Thailand wohnen und um ihre Eigenstaatlichkeit kämpfen, sind nach dem Verständnis des gastgebenden Thailand nicht als „Bergstämme" anzusehen. Zu diesen zählen in der Regel nur die sechs Völker der Akha, Lahu, Lisu, Meo, Yao und Lawa, die sich kulturell ihrerseits wieder in zwei Dutzend Gruppen unterteilen. So werden etwa die Meo, nach der dominierenden Farbe ihrer Frauentrachten, in blaue, schwarze, weiße, rote und blumige Stämme unterschieden.

Die Lolo kamen vom Dach der Welt. Die zusammen 40 000 in Thailand lebenden Akha, Lahu und Lisu gehören der tibeto-birmanischen Kultur- und Sprachfamilie der Lolo-Völker an, die ebenfalls hier ansässigen 50 000 Meo und 20 000 Yao hingegen zur sino-laotischen Gruppe der Hmong. Die Lawa schließlich, die mit 10 000 Menschen kleinste Splittergruppe in den Bergen Nord-Thailands, stammen von Tieflandbewohnern, den Mon-Khmer, ab. Sie wurden vor rund 1000 Jahren aus dem Tiefland ins Gebirge verdrängt. Daher sind die Lawa am ehesten bereit, sich der Kultur der im Flachland wohnenden Thai anzuschließen. Sie sind schon weitgehend assimiliert.

Die ursprünglich vom „Dach der Welt", aus Tibet, herabgewanderten Völker der Akha, Lahu und Lisu dagegen haben in der Provinz Chiang Rai kleine Bergdörfer gegründet, deren wirtschaftliche Basis weiterhin der Brandrodungs-Feldbau ist. Die Stämme siedeln, in autonomen Gruppen nebeneinander, selten unterhalb von 1000 Metern Meereshöhe, allein schon, weil sie für die tropische Tieflandkrankheit Malaria besonders anfällig sind. Außerdem ist der Anbau von Schlafmohn, ihr klassisches Tauschgut, in tieferen Lagen nicht möglich.

Alle zehn Jahre Wanderschaft. Während die Meo und Yao ihr in der südchinesischen Durchgangsprovinz Yünnan erworbenes Prinzip einer Landwirtschaft nach mehrjährigem Rotations-Zyklus – der saisonal versetzten Wiederbenutzung alter Anbauflächen – betreiben, wandern die Akha, Lahu und Lisu etwa alle zehn Jahre weiter, weil ihre Felder dann restlos erschöpft sind.

Wegen ihres unstabilen Wirtschaftssystems konnte sich bei den Lolo-Völkern keine übergeordnete politische Struktur entwickeln. Dafür waren die autonomen und patriklan, also von männlichen Sippenoberhäuptern geführten Dorfgemeinschaften nach innen umso strikter gegliedert.

Schwarze Chefs und weiße Priester. Noch bis vor etwa 50 Jahren gab es das Kastenwesen. Die wegen ihrer Kleidung „Schwarze" genannten Adligen – zehn Prozent der Lolo-Gesamtbevölkerung – waren Krieger oder widmeten sich ihren fortwährenden Klan-Fehden. Der Feldbau war allein Sache der „weißen" Lolo, die wiederum für die praktische Arbeit Sklaven einsetzten, meistens Kriegsgefangene. Die „schwarzen" Lolo stellten die Häuptlinge, der „weißen" Schicht entstammten die Priester und Schamanen.

Die Lolo haben ihr Kastenwesen unter dem Druck ihrer egalitären Gastländer aufgegeben. Die dorfinterne Hierarchie, allen voran die der extrem konservativen Akha, richtet sich freilich immer noch nach dem früheren „schwarzen" oder „weißen" Status der Familien.

Kampf dem Raubbau und Hunger. Der Wirtschaftsweise der Akha und der ihnen nahe verwandten Lahu und Lisu sind in den Bergen Nord-Thailands natürliche Grenzen gesetzt, denn schon südlich der Provinzhauptstadt Chiang Rai beginnt das von den Thai besiedelte Flachland. Der hier übliche Reisanbau mit künstlicher Feldbewässerung ist den Lolo fremd. Außerdem würden die auf intensive Bewirtschaftung spezialisierten Reisbauern Thailands ein Vordringen ihrer ungebetenen Staatsgäste nicht dulden, denn hier müssen schon zu viele Familien von wenig Ackerboden leben.

Neuerdings versucht der Staat, dem Raubbau an seinen Wäldern entgegenzuwirken. Unterhalb 400 Meter dürfen die Bergstämme nicht mehr roden und pflanzen, und bereits erodierte Hänge sind für die Aufforstung reserviert. Darüber hinaus mühen sich die Behörden, freilich noch mit wenig Erfolg, die Lolo zum Reisterrassenbau und zur Bewässerungswirtschaft zu bekehren, um einer Hungersnot unter den jetzt schon am Existenzminimum lebenden Bergstämmen vorzubeugen.

Kunsthandwerk fürs Überleben. Lange werden die drei Lolo-Völker nicht mehr Selbstversorger nach alter Art bleiben können. Sie werden dem Beispiel der Meo und Yao folgen und sich Erwerbszweige schaffen müssen, deren Produkte sie gegen Lebensmittel eintauschen können. Die Meo etwa haben sich – als geschickte Silberschmiede und Trachtenschneider – mit Hilfe der „Thai Hill Crafts Foundation", einer von der Königmutter patronierten Stiftung zum Verkauf von Kunsthandwerk, einen florierenden Souvenirmarkt eröffnet. Meo-Kunst kann man heute schon in Bangkok kaufen.

Auch die Lolo sind hervorragende Kunsthandwerker. Und auch sie werden von der Stiftung unaufhörlich angeregt, mehr und mehr Applikationsstikkerei und Silberschmuck herzustellen. Noch haben die Akha zwar neben ihrer Feldbestellung kaum Zeit, Artefakten über ihren eigenen Bedarf hinaus zu produzieren. Wenn es eines Tages aber dahin kommt, wird wegen der notwendigen Quantität die Qualität der Kunstartikel leiden müssen: Das ist, nach aller Erfahrung, der erste Schritt in den Untergang von eigenständiger Kultur und Identität.

Kein Ausweg aus dem Teufelskreis. Die Thai wissen um das Problem, ist doch ihre eigene Kultur durch immer stärkeren westlichen Einfluß ebenfalls im Niedergang begriffen. Daher gehen die zuständigen Stellen äußerst behutsam vor, um in der mählichen Umwandlung der Bergwaldbauern zu Kunsthandwerkern keinen brutalen Bruch entstehen zu lassen.

Dennoch stecken die Bergstämme in einem Teufelskreis. Bringt man sie durch humanitäre Hilfe in eine bessere Lage gegenüber ihren Verwandten jenseits der Grenze, so schwillt deren Zustrom nach Thailand an und bringt die ohnehin auf der Kippe stehende Wirtschaftsform vollends aus dem Gleichgewicht. Überläßt man sie aber sich selbst, dann stehen die Akha, Lahu und Lisu eines Tages auf kahlen Bergen, unfruchtbaren Böden und vor dem Nichts.

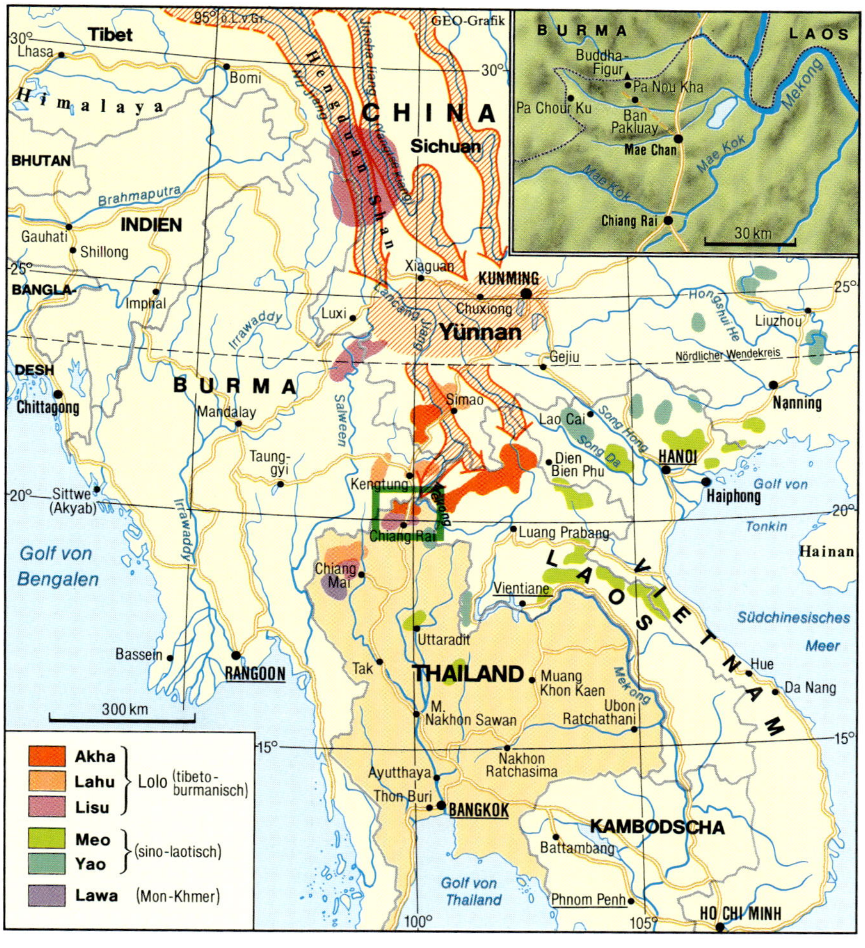

Durch Südchina, Burma und Laos führte der lange Wanderweg der Akha und der anderen Bergvölker, die heute in der nordthailändischen Provinz Chiang Rai eine neue Heimat gefunden haben. Versprengte Gruppen der einst aus Tibet gekommenen Völker sind anderswo seßhaft geworden

Bauern in Burgen unterliegen den Raubri

Tamberma *Kaum ein Volk Afrikas hat sich der Kultur-Agonie entziehen können: Sie schlug sich nach allzu langer Europäerherrschaft wie Mehltau auf dem an ethnischer Vielfalt einst reichen Kontinent nieder. Die Massai, die Buschmänner, die Pygmäen und, vor allem, die großen Königreiche Westafrikas – was ist von ihnen geblieben? In Togo aber, in einem Savannenstreifen nicht weit von der Überlandstraße nach Norden, ist das Wunder geschehen. Hier siedelt ein uraltes afrikanisches Bauernvolk nach Väter Sitte, als gebe es den Hauptverkehrsweg nicht und nicht die darüber hinrasende Geschäftigkeit eines Staates, der sich um jeden Preis zivilisieren will. In einer friedlichen Landschaft bestellen die Tamberma mit Feuer und Hacke die sandigen Böden, als hätten sie noch nie etwas vom weißen Mann und seinen Maschinen gehört. Ihre turmbewehrten Lehmburgen aber, in die sie sich nachts zusammen mit ihrem Vieh, ihren Geistern und stets griffbereiten Waffen zurückziehen, verraten, daß die Tamberma seit alters auf Verteidigung und Vertreibung eingestellt sind. Sie wurden einst aus der Gourma-Region in Obervolta durch islamisierende Wüstenvölker nach Süden abgedrängt. In den Atakora-Bergen diesseits und jenseits der Grenze zwischen Togo und Benin kam das Restvolk zur Ruhe. Doch nur, weil das Land wenig hergibt und auch sonst bei den Tamberma nichts zu holen ist. Ihre Einfelderwirtschaft ist auf Dauer zum Tode verurteilt, denn sie kann sich auf dem übervölkerten Gebiet nicht mehr ausdehnen. Irgendwann werden die Tamberma für den Staat zum Sozialfall. Sie werden dann verordnet bekommen, was ihre Kultur vernichtet: die Landflucht in die Zivilisation*

tern der Neuzeit

Die baumbestandene Savanne in Nordwest-Togo ist Tamberma-Land. Ihren klassischen Lehmburgen, den *tata* genannten Wohn- und Schlafstätten für Mensch und Vieh, haben sich heute hier und da viereckige Bauten hinzugesellt: ein Zugeständnis an die Alten, denen die Kriechhöhlen in der Burg zu eng geworden sind. Den vom vielen Anpflanzen ausgelaugten Gemüseacker vor dem *tata* säubern die Kinder täglich von Steinen

Der alte Häuptling Santy Natta sitzt tagein, tagaus in seinem luftigen Pavillon vor dem *tata*. Obwohl er schwer an Onchozerkose erkrankt ist, nimmt er als hochgeachteter Chef seines Klans noch am öffentlichen Leben teil. Die Pfeife mag er sich freilich nicht mehr selber anzünden. Das besorgt, mit der Feuerzange und glühender Holzkohle, seine kleinste Enkelin Moutié

Das *tata*, der Baobab geheißene Affenbrotbaum und die kegelförmigen Opfersteine: Das ist die runde Welt der Tamberma. Es ist frühmorgens im November. Die Hirse ist von den Stengeln geschnitten, die Erntezeit vorüber. Die Knaben warten auf das im unteren Burgbereich eingestallte Vieh, um es auf die Weide zu treiben

Der einzige tageshelle Innenraum des *tata* liegt hinter dem Eingang: der *koukpankpankou*. Hier zermahlen die Frauen das Hirsekorn zu Mehl und bereiten das Abendbrot aus buttergelbem Maisbrei. Gekocht wird an der Herdstelle auf der Halbetage zwischen Stall und Dach. Dort stehen auch die Töpfe, in denen das Hirsebier gärt

Kpakou, der 16 Jahre alte Enkel von Chef Santy, ist immer hungrig. Er zieht sich oft nach dem gemeinsamen Essen auf das Dach des *tata* zurück, wo die *noix de karité* – die kastanienähnlichen Butternüsse – trocknen, und schleckt den Rest aus den Schüsseln. Die allzeit gelassenen Hunde schauen regungslos zu

Die Bauern der Umgebung haben ihrem Nachbarn Tschamou bei der Ernte geholfen und trinken nach Feierabend ein vom Hausherrn spendiertes Hirsebier. Selbst jetzt legt Tschamou, der Jäger, seinen entspannt über der Schulter getragenen Bogen nicht ab. N'Poh, Santy Nattas Ältester, hat seinen traditionellen Ohrschmuck nur während der Feldarbeit abgelegt

Die jungen Männer vom Dorf Wartéma stehen für ihre Teilnahme an einem Initiationsfest an und schämen sich ihrer vom Schamanen verlangten Nacktheit. Denn die Regierung hat das Entkleiden für „unzivilisiert" erklärt. Noch vor 20 Jahren hießen die Tamberma bei ihren Nachbarvölkern „Somba" – die Nackten. Diese ursprüngliche Natürlichkeit ist dem Wunsch gewichen, „modern" zu sein

Die 15 Jahre alte Dwaindé trägt ihre rituelle Narbentätowierung auf dem Leib ebenso anmutig wie ihre schöne Blöße. Sie arbeitet, wie ihre kleineren Geschwister Moutié und N'Dah, während der Saison der Ackerbestellung bis zu zwölf Stunden täglich auf den Feldern. Sie liegen drei Wegstunden von der Siedlung entfernt, denn der Boden in Hausnähe ist bis zur Brache ausgenutzt

Die *noix de karité*, die nußartige Frucht des Butterbrotbaumes, wird, um sie vor der nächtlichen Feuchte zu schützen, abends in eine Nebenhöhle des *tata*-Daches geschaufelt und morgens zum Weitertrocknen wieder herausgeholt. Die Mutter der jungen Dwaindé trägt noch den Unterlippenpflock, einen Schmuck aus einem Stück Quarz. Die junge Generation schämt sich seiner, weil er im Togo von heute als „barbarisch" gilt

Getrennt sowohl nach Geschlecht als Generation schlafen die Familienmitglieder in den strohgedeckten Nebenhöhlen der Hausburg. Die mit wasserverdünntem Kuhmist angestrichenen Lehmwände geben die tagsüber gespeicherte Wärme in kühlen Nächten zurück. Die Tamberma ruhen auf dem nackten Boden. Einziges Utensil ist der Strohwisch zum Ausfegen und Verjagen der Fliegen

Nadoba ist der Marktplatz für die etwa drei Dutzend Tamberma-Siedlungen im Distrikt Kanté. Fleisch, wie das von dem ausgeschlachteten Esel, wird selten angeboten, denn die Rinder werden meist als Tauschgut oder Kaufpreis für Ehefrauen gehalten. Auch Angehörige anderer Stämme, wie die Frau mit dem Säugling, kommen auf den Tamberma-Markt. Und die Vornehmsten reisen mit dem Fahrrad an

Der Nachrichtenaustausch auf dem Markt von Nadoba ist den Tamberma wichtiger als der Warenverkauf. Zu dem grenznahen Platz erhalten auch die Stammesgenossen aus Benin freie Passage. Die Gespräche werden freimütig und mit großem Nachdruck geführt, besonders unter den Frauen, in deren Händen der Handel liegt. Auch N'Tché, die Schwiegertochter des Häuptlings Santy, bringt die Feldfrüchte der Familie auf dem Kopf zum Markt

Der Mann richtet sich jäh über der frischen Ackerfurche auf und steht schwarz im papierweißen Mittagslicht wie der Scherenschnitt eines olympischen Wettkämpfers. Er schultert die kurzstielige Hacke und kommt zögernd heran. Sein Körper ist nackt bis auf die verwitterten Militärshorts, seine Haltung so gespannt wie der Bogen, den er zusammen mit zwei Pfeilen in der Linken hält.

„*Abó*", sagt er, „Hallo", und späht in unseren Wagen.

„*Abó*", erwidern wir den allgemeinen Gruß der Tamberma. Und wir bekräftigen unsere freundliche Absicht in seiner Sprache mit einem zusätzlichen „*tin-tin*" – „Sei gegrüßt!" Ich reiche Tabaksbeutel und Zündhölzer aus dem Fenster.

„*Tin-tin*", sagt der Tamberma-Bauer.

Er stopft mit erdverkrusteten Fingern die Tonkopfpfeife, die ihm an einer Schnur um den Hals hängt. In seinen Schlüsselbeingruben stehen Schweißpfützen, seine Arme sind mit dem lehmbraunen Staub des Bodens bedeckt, den er seit Tagesanbruch bearbeitet.

Michael zeigt ihm ein Foto: „Kennen Sie diesen Mann, monsieur?"

Der Bauer schaut lange auf das papierene Abziehbild seines Stammesgenossen, eines bärtigen, ungewöhnlich hellhäutigen Mannes, der pfeiferauchend in militärischer Positur vor seinem *tata* steht, der irdenen Hausburg des Tamberma-Volks.

„Le grand chef Santy", sagt er schließlich, und sein Tonfall läßt keinen Zweifel daran, daß der Mann auf dem Foto, das bereits zehn Jahre alt ist, immer noch als „der große Chef" in dieser Gegend gilt. Ihn haben wir, mit nichts als seinem Bild in der Hand, bis jetzt vergeblich gesucht. Nun erfahren wir seinen Namen und auch, wo wir ihn finden können: in Warengo.

Aufatmend setzen wir die Fahrt fort. Wir rollen auf rotbrauner Piste durch das ebene Hochland. In Kanté, im Norden Togos, haben wir, nach gut 500 Kilometern Fahrt von der Haupt- und Hafenstadt Lomé, die Asphaltstraße verlassen. Wir steuern jetzt in nordöstlicher Richtung, akkurat zehn Breitenkreise nördlich vom Äquator, auf die Grenze nach Benin zu, dem östlichen Nachbarn der Republik Togo. Hier liegt das Siedlungszentrum der Tamberma.

Links und rechts des Weges breiten sich lichte Galeriewälder von einem chlorophylldurchrauschten Grün, das mit dem ersten Naß der gerade beginnenden Regenzeit über Nacht aus Boden und Borke geschossen ist.

„Das letzte Mal war ich im heißen Januar hier", sagt Michael. „Da war von den Sandstürmen alles gleichmäßig graubraun gepudert – Erde, Himmel, Menschen, Vieh."

Grau sind jetzt nur die Stämme der Baobabs, der auf gigantischem Fuß lebenden Affenbrotbäume. Sie stehen in gebührenden Abständen voneinander wie begrünte Felsen im Savannenmeer. Ihre ausladenden Kronen mit den herabhängenden Früchten, groß und geformt wie Rugbybälle, spenden weiten Schatten und Leben für Insekten, Vögel, Klettertiere. Ihr Stamm, der nur 18 Meter Höhe, aber bis 40 Meter Umfang erreicht, speichert im schwammig aufgeschwollenen Holz mehr Wasser als ein afrikanischer Dorfbrunnen.

Der Affenbrotbaum, wegen seiner die Landschaft beherrschenden Stellung auch als König der Savanne gefeiert, scheint die Nähe menschlicher Behausungen zu bevorzugen. Die Tamberma sind ihm mindestens insoweit ähnlich, als sie um die Wahrung gemessener Distanz zwischen ihren *tatas* bemüht sind – eine urwüchsige Übereinstimmung von Natur und Kultur, die so in der zivilisierten Welt kaum mehr anzutreffen ist und unseren Abstecher von der Hauptstraße ins Märchenhafte entrückt.

Wir fahren verwundert durch ein äquatoriales Burgenland, das dem deutschen Afrikareisenden Gustav Nachtigal vor hundert Jahren die Vermutung nahelegte, „als baute der baierische Architekturträumer auf dem Thron auch hierzulande heimlich seine Luftschlösser". Mit Neuschwanstein freilich, mit der Türmerei Ludwigs II., haben die erdgebundenen Lehmburgen der Tamberma so viel gemeinsam wie ein Pflug mit einem Florett. Behäbig sind sie, breithüftig an der Basis und rundlich an allen Ecken und Erkern wie ländliche Matronen, und die stämmigen Türme unter kegelförmigen Strohhauben haben, bei aller Wehrhaftigkeit, mehr Ähnlichkeit mit einer Reetdachkate als mit einem Kastell.

Das Siedlungsgebiet der Tamberma ist Bauernland, zu nichts anderem genutzt, als das tägliche Brot zu sichern. Und so wechseln sich, als habe die Landschaft nur Viktualien im Sinn, die Affenbrotbäume mit weiteren agronomisch bezeichneten Gewächsen ab: Johannisbrotbaum, Butterbaum, Leberwurstbaum.

In einem Schlaraffenland freilich leben die Tamberma keineswegs. Die sandigen Böden der Trockensavanne sind mit Steinen gespickt wie eine Wassermelone mit Kernen. Sie lassen sich nur mit der Hacke bearbeiten und haben sich bisher stets dem Pflug widersetzt. Auf ihnen wächst ein anspruchsloses Getreide wie Hirse und hier und da etwas Mais. Wo Wasser ist, gedeihen die Knollenfrüchte Yams, Taro, Maniok und – im besonders günstigen Fall – Erdnüsse und Bohnen, die als Lekkerbissen gelten. Die köstlichste Gabe der Natur indes ist die *noix de karité*, eine der Eßkastanie ähnliche Baumnuß. Aus ihrem klebrigen Fruchtfleisch gewinnen die Frauen in einem langwierigen Prozeß des Trocknens, Röstens, Zerreibens und Kochens ein Pflanzenfett. Es inspirierte die ersten Kolonisatoren Togos, die Deutschen, zu dem Namen Butterbaum. Margarine-

Auf dem Dach der Häuptlingsburg sitzt die Familie Natta beim Abendessen zusammen. Die Ernte ist eingebracht, auf den Zinnen trocknen die Hirseähren. Sie werden später in den Turmspeichern gelagert, deren Hüte man abnehmen kann. Das Dach des *tata* ist quasi der Hof der Tamberma, auf dem sich das soziale Leben abspielt

baum wäre – analog dem in Deutschland verbreiteten Ersatzstoff – richtiger gewesen.

Auf den Grünflächen der Savanne sehen wir Vieh weiden: Schafe, Ziegen und kleinwüchsige Kurzhornrinder. Die Tierhaltung am Haus beschränkt sich auf Schweine und Perlhühner.

Wir geraten an einer Weggabelung in eine Horde Kinder.

„Voici Warengo?“ frage ich, und die Sechs- bis Zehnjährigen zeigen, grinsend über so viel Kurzsichtigkeit, auf ein Schild an einem Teakbaum und auf ein langgestrecktes Schulgebäude dahinter: „Bien sûr, messieurs, voilà l'école de Warengo.”

Merkwürdig: Santy Natta sieht uns nicht, als wir aus dem Wagen steigen. Der Chef sitzt vor seinem *tata*, unter einem von 16 Pfählen gestützten Strohdach, auf einem lehmgemauerten, fußhohen Oval. Einen solchen Unterstand hat kein anderes *tata* in der Gegend. Er ist der Pavillon des Häuptlings, gleichermaßen Thronsitz und Palaverstätte.

Santy hockt mit untergeschlagenen Beinen und kerzengerade auf einer buntgewebten Baumwollmatte. Er hält den Kopf etwas schief, als horche er zum Schulhaus hinüber. Sein Blick scheint fest auf einen fernen Punkt gerichtet.

„*Abó tin-tin*”, sagt er, als wir nur noch drei Schritte vor ihm stehen. Er hebt die Rechte und hält sie uns entgegen – viel zu tief, um sie geradewegs zu ergreifen. Reicht er sie zum Händeschütteln? Bedächtig wendet uns Santy den Kopf zu. Ich sehe in Augen, die mich nicht wahrnehmen. Santy ist blind.

Michael schluckt. „*Abó*”, sagt er mit belegter Stimme und nochmal, etwas gefaßter: „*Abó tin-tin*.”

Der Alte lauscht dem fremden Klang nach. Auf einmal gerät Bewegung in seine glattrasierten Züge – den Oberlippenbart von einst hat er abgelegt –, und er ruft herrisch: „N'Dah!“

Ein etwa zehnjähriger Junge stürzt aus dem *tata*. Der Häuptling stößt drei, vier Sätze in seine Richtung aus. N'Dah greift nach Michaels Hand und legt sie in die Rechte des Alten. „Mein Großvater freut sich”, sagt der Knabe in sanftem Französisch, „den Bildermacher aus Deutschland wiederzusehen und heißt ihn und seinen Begleiter willkommen.”

Wiederzusehen? Damit ist es für immer aus. Santy ist das Opfer jener schleichenden Krankheit geworden, die überall in Westafrika verbreitet ist, aber

Derselbe Mann am selben Platz: Santy Natta war, zehn Jahre zuvor, im gestreiften, heimgewebten Häuptlingshabit, ein gesunder Mann. Heute ist er blind, aber nicht minder Chef und wachsam. Von seinem Häuptlingspavillon aus könnte er die Schule sehen. Darin passieren Dinge, denen seine Ohren nicht trauen, etwa das Absingen französischer Lieder. Der Alte hält strikt zur eigenen Kultur

nirgends so stark wie unter den Tamberma: Onchozerkose. Sie wird von Filarien hervorgerufen, haarfeinen, halbmeterlangen Fadenwürmern, die sich nach dem Stich ihres Überträgers, der Kriebelmücke, als Larven unter der Haut einnisten und langsam, manchmal erst nach Jahren, durch den ganzen Körper wandern. Zuerst greifen sie die Lymphknoten an und blockieren die Blutzirkulation. Die betroffenen Organe werden geschädigt und stellen schließlich ihre Funktion ganz ein – wie die Augen, die es in der Regel im Endstadium erwischt. Die Erreger sind anfangs nur durch eine komplizierte Blutuntersuchung nachzuweisen, und vorbeugende Maßnahmen hat die Medizin noch nicht gefunden.

Der blinde Chef weiß nicht, wie alt er ist. Aber er kann sich noch genau an die Unabhängigkeitsfeier Togos im Jahre 1960 erinnern, da hat nämlich sein ältester Sohn N'Poh geheiratet. Tamberma-Männer nehmen gewöhnlich im Alter von 20 Jahren ihre erste Frau. Wenn folglich N'Poh 1960 ungefähr zwanzig war und Natta ebenfalls mit zwanzig geheiratet hat, dann müßte er jetzt rund 65 Jahre alt sein. Ein Rentner also nach europäischen Gesetzmäßigkeiten.

Santy Natta freilich lebt in urafrikanischen Verhältnissen. Man hat ihn weder auf Rente gesetzt noch ins Altersheim abgeschoben. Seine visuelle Umnachtung hat ihn nicht in eine soziale Isolation gesperrt. Und seine Stellung als Oberhaupt ist unangefochten auch von jener jüngeren Generation, die ihm nicht nur das Auge ersetzen, sondern auch die Zunge leihen muß, wenn es um die Verständigung in der Sprache des weißen Mannes geht.

Santy Natta residiert tagaus, tagein in seinem luftigen Pavillon und nimmt mit seinen erhalten gebliebenen vier Sinnen auf das Leben um sich herum unvermindert Einfluß. Kein Tamberma-Mann, kein Amtsträger der togoischen Provinzregierung von Kanté geht an Nattys *tata* vorüber, ohne sich eine Weile zu ihm zu setzen – auf einen der Balken, die das Podest in geziemendem Abstand säumen. Der alte Mann wird über Geschäfte informiert und um Rat ersucht, in jedem Fall ist ihm das Interesse jedes Passanten, ist ihm die Frage nach seinem Wohlergehen gewiß.

Versorgt wird er in schöner Selbstverständlichkeit. Ein beiläufiges Wort genügt, und Santy erhält vom Nächststehenden seiner 18köpfigen Familie Wasser oder die angezündete Tabakspfeife gereicht. Viel mehr – außer den mit der Sippe gemeinsam eingenommenen Mahlzeiten – braucht er nicht; der Begriff Luxus ist ihm ebenso fremd wie das Bewußtsein von Armut. Haben ist das Ergebnis von Tun, Leben das Resultat von Arbeit. Eine Mahlzeit auf dem Tisch setzt einen Tag auf dem Feld voraus – mehr ist nicht drin, und weniger gefährdet bereits die Existenz.

Wir, als zusätzliche Esser, würden diese fundamentale Gleichung aus der Balance bringen. Aber wie können wir in das Leben der Tamberma Einblick gewinnen, ohne ihrer Gastfreundschaft teilhaftig zu werden, ohne sie durch Bezahlung zu beleidigen? Wie können wir den Alltag in einem *tata* kennenlernen, in dem für alle gemeinsam – Männer, Frauen, Kinder, Geister und das Vieh – Raum ist, nicht aber für Fremde? Wie schließlich sollen wir unsere Gegenwart diesen Menschen erklären, denen jedes Dasein ohne erkennbare Funktion, jede Tätigkeit ohne plausiblen Grund unverständlich ist?

Neugier von Fremden, selbst Wissensdurst als Begründung einer publizistischen Vermessung des Tamberma-Alltags mittels Kamera und Bleistift enthält für Naturmenschen noch keinen Sinn.

Santys Hunde liegen im Schatten des Hausbaumes, eines Baobab natürlich, und würdigen uns keines Blickes. Unser Austausch von Höflichkeiten mit dem Häuptling ist unterdessen bis zur Ratlosigkeit strapaziert. Wir müssen zur Sache kommen. Eine für beide Seiten akzeptable Lösung des Problems von Kost und Logis birgt unser Auto. Darin liegt genügend Proviant, mit dem wir unauffällig den Bedarf der Küche ergänzen können. Zum Schlafen haben wir ein Zweimannzelt, das ohne Umstände auf dem Dach der Hausburg Platz fände und uns den Vorteil der Eigenständigkeit böte, ohne uns vom Familienbetrieb abzuschotten. Und Marcelain, unser ortskundiger Fahrer, will im Auto nächtigen, um es zugleich zu bewachen.

Es bleibt, eine einleuchtende Erklärung für unseren Besuch zu finden. Wozu das alles? Folgen die beiden Europäer vielleicht dem seltsamen Motiv jener in Massen auftretenden Fremden, von denen man gehört hat? Die Weißen kommen in Bussen aus

der Hauptstadt und halten stets vor einem *tata* gleich an der Asphaltstraße. Sie schwärmen durch Haus und Hof, zielen auf alles und jeden mit ihren schwarzen, klickenden Kästen, setzen sich nach der eilig vollbrachten, der völlig unverständlichen Tat auf die heiligen Opfersteine vor dem *tata* und verteilen an die Hausbewohner Zigaretten, die hier keiner mag, weil man doch Pfeife raucht. Haben die allwissenden Weißen das nicht gewußt? Auch nicht, daß es einer Serie umständlicher Opferzeremonien bedarf, um die von grellen Blitzen und fremden Hintern beleidigten Hausgeister wieder zu versöhnen? Und warum hasten, um die Verwirrung perfekt zu machen, diese Menschen in einer Staubwolke davon, ehe man ihnen in Ruhe erklären kann, was sie doch alles wissen wollten und sollten?

Santy Nattas blickloses Gesicht ist wieder in die Ferne gerichtet. Das Gespräch ist eingeschlafen, aber der unausgesprochene Zweifel an uns hängt in der Luft. Die anderen sehen uns schweigend an – Männer und Frauen, Jungen und Mädchen, die sich in bunter Reihe im länger gewordenen Schatten des Pavillons niedergelassen haben. Nach und nach sind sie von den Feldern und Äckern gekommen, die Männer mit der Hacke über der Schulter, die Frauen unter der hochgetürmten Kopflast früchtetragender Körbe und Schalen, die Kinder zuletzt hinter dem von der Weide heimgetriebenen Vieh.

Sie haben uns, den fremden Besuchern, ohne Verwunderung die Hand gereicht und sich auf einen Platz zurückgezogen, von

Gegen Sonnenuntergang treiben die halbwüchsigen Jungen – das ist die ihnen zugeteilte Arbeit – die Rinder in den Stallraum der Burg. Als Weide dienen die verbrauchten, brachliegenden Felder nahe der Siedlung. Es dauert ein paar Jahre, bis sie wieder mit Hirse bestellt werden können

dem sie in gelassener Aufmerksamkeit zuschauen und mithören können. Die flachen Strahlen der sinkenden Sonne unterlaufen das Dach des Pavillons und werfen ein letztes Licht auf Santy und seine Sippe. Aus der schwarzen Türhöhle des *tata* kriecht der warme Geruch von Kuhstall, dringt gedämpftes Wiederkäuen. Die Empfindung von Friedfertigkeit, der pastorale Anklang beim Erschauen dieser von Baobabs und Bauernburgen überwachten Landschaft vertieft sich in der Gegenwart ihrer Menschen zum spontanen Wunsch, Freundschaft zu schließen, Vertrauen zu gewinnen.

Aber wir haben Zeit, und so unterlassen wir für heute die Darlegung unserer Bitte, für länger bleiben zu dürfen.

Michael blättert unschlüssig in dem Fotoalbum, das er dem Häuptling zum Geschenk machen wollte. Aber dies für einen blinden Mann? Schließlich wird ihm die Entscheidung samt Album von N'Dah, dem Enkel, aus der Hand genommen.

Der Zehnjährige „übersetzt" seinem Großvater wortreich, von erstauntem *„adoua"* – „hört, hört!" – begleitet, die vor zehn Jahren im Bild festgehaltene Geschichte, dann geht das Wunderwerk durch aller Hände. Der Schnurrbart des Häuptlings von damals reißt die Familie hin: Seht, heute ist er ab, und da, auf dem Bild, ist er noch dran, wie ist das möglich? Das *tata*, der Pavillon, das Vieh – alles wird anhand der alten Dokumente mit den Augen neu erfaßt und katalogisiert, mit Sinnen geprüft, die an nichts anderes gewöhnt sind als an die Gleichförmigkeit stufenloser Veränderung. Die zur Momentaufnahme erstarrte Szene von einst ist eine Erscheinungsform der zeitlosen Geister, nur möglich durch einen mächtigen Fetisch. Die fremden Besucher, so scheint es, beherrschen das Geheimnis.

Santy sitzt scheinbar teilnahmslos abseits; er erfaßt die erregten Reaktionen der Leute mit seinem sechsten Sinn, dem Instinkt, und verschafft sich nun lautstark Gehör. Augenblicklich entsteht Stille. Ein kleines Mädchen verschwindet im *tata* und kehrt mit einem Stück glühender Holzkohle zurück, das sie mit einer kunstvoll aus Draht geflochtenen Zange hält und auf Santys gestopften Pfeifenkopf drückt.

Der Häuptling saugt mit hohlen Wangen ein paar gewaltige Rauchwolken aus dem Rohr, dann beginnt er zu reden.

„Das Oberhaupt der Familie Santy und der Sippe in sechs *tatas* und Erdherr aller Felder diesseits und jenseits des Weges heißt euch abermals willkommen", übersetzt N'Dah.

Wir erklären, daß wir uns geehrt fühlen, und fragen uns insgeheim, ob wir durch die unerwartete Wirkung des Bilderbuchs des Problems enthoben sind, unser Bleiben überzeugend zu begründen.

Der Alte erwähnt das Geschenk mit keinem Wort. Naturvölker, so haben wir bei den Ureinwohnern Amerikas nicht anders als bei denen Australiens erfahren, bedanken sich nicht für ein Gastgeschenk. Es ist selbstverständlich und wird allenfalls durch eine Gegengabe gewürdigt.

Sie läßt nicht lange auf sich warten. Ein halbwüchsiger Junge drückt mir die gefesselten Füße eines zeternden, kopfüberhängenden Huhns in die Hand. Es ist nicht etwa ein Perlhuhn, hierzulande das gewöhnliche Federvieh, sondern eine prächtige weiße Henne à la Leghorn.

„Der Häuptling wäre hocherfreut", übersetzt N'Dah, „euch morgen abend zu einem Gastmahl begrüßen zu können. Wenn ihr aber lieber allein essen wollt, so möge euch das Huhn schmecken."

Ich setze die Henne erstmal vorsichtig auf den Boden. Sie hüpft, in ihren Fesseln flatternd, ein paar Meter davon.

„Wir nehmen die Einladung dankend an", sage ich und baue einen Gegenzug auf: „Dürfen wir etwas zum Essen beisteuern? Vielleicht Reis? Oder Dörrfisch?" Die binnenländischen Afrikaner sind ganz wild auf diese Nahrungsmittel, die selten zu ihnen kommen und die wir auf dem Grand Marché von Lomé für solche Fälle eingekauft haben.

Santy schweigt. Die Blicke der Sippe hängen an seinen Lippen.

„Reis habe ich das letzte Mal zum Unabhängigkeitstag gehabt", sagt er sinnend. „An Fisch kann ich mich nicht mehr genau erinnern. Ich würde aber gern das eine oder andere wieder mal kosten."

Santy Natta ist ein Mann von natürlichem Adel, der die Manieren so manchen *patrons*, wie die Europäer im frankophonen Afrika vielfach noch geheißen werden, beschämen könnte. Seine Familie aber jubelt auf: Ein seltener Schmaus steht zu erwarten.

Der Chef erhebt sich. N'Dah führt ihn am Arm, und dann verschluckt ihn der schwarze

Schlund des *tata*. Es ist finster geworden. Wir tappen zum Auto. Es erscheint uns angeraten, für diese Nacht in der nahen Provinzstadt Kanté Quartier zu nehmen.

Ich lasse den Arm zum Wagenfenster hinaushängen, da faßt mich eine kleine Hand. Es ist Santys sechsjährige Enkelin Moutié, seine Pfeifenanzünderin.

„Q'est-ce donc?"

Sie antwortet leise, fast verschämt: „Du cola pour le chef, s'il vous plaît."

Aha, der alte Herr hat noch einen stillen Wunsch – Cola sollen wir ihm aus der Stadt mitbringen. Seltsam genug für einen Tamberma-Häuptling, der an Hirsebier gewöhnt ist.

Ich denke, während die Lichtkegel der Autoscheinwerfer die buschgesäumte Piste voranhuschen, über die unerwartet traditionell verlaufene Begegnung mit dem Volk der Tamberma nach. Wie ist so viel Urwuchs möglich an so einem Ort – nur wenige Kilometer von der Straße, von der Stadt Kanté, von einem beliebigen Schauplatz also der allafrikanischen Kultur-Agonie entfernt? Wo wäre wohl noch in Afrika ein Platz zu finden, ein Volk anzutreffen, das dem Fremden nicht in irgendeiner Form von offener oder versteckter Feindseligkeit heimzuzahlen suchte, was jahrhundertelange Fremdherrschaft angerichtet hat?

Kein Erdteil hat so unter der Willkür des weißen Mannes, seiner Arroganz und Ignoranz und Habgier gelitten wie das sogenannte schwarze Afrika. Kein Kontinent ist derart in Stücke geschlachtet, von Grenzen zermartert, mit Dauerbrandherden gespickt worden wie die sogenannten Schutzgebiete der Franzosen, Engländer, Holländer, Belgier, Portugiesen, Spanier, Italiener, Deutschen. Und kaum einer der heutigen Staaten Schwarzafrikas, in denen eingeborene Potentaten von links oder rechts ihren weißen Lehrherren von einst nacheifern, zeigt in Gestalt und Geschichte das heillose Schicksal der afrikanischen Völker so deutlich wie die Republik Togo.

Das Miniaturland – unter den Küstenanrainern des Golfs von Guinea ein schmales Handtuch von 90 Kilometern Breite und 600 Kilometern Länge – erstreckt sich, wie seine Nachbarn, von Süden nach Norden, vom Meer in Richtung Sahara. Etwa parallel zu Togos Grenzen verlaufen auch die von Benin und Nigeria im Osten sowie jene von Ghana und der Elfenbeinküste im Westen. Und die Hauptstädte aller fünf Territorien liegen, als ehemals koloniale Stützpunkte, in jenem west-östlich gerichteten Landstrich, den fremde Eroberer zuerst erreichten: an der Küste des Golfs von Guinea. Diese riesige Atlantikbucht markierten die europäischen Kolonisatoren mit Namen, die das Ziel ihrer Beutelust, die ihre Handelsinteressen unverblümt bezeichneten: Pfefferküste, Elfenbeinküste, Goldküste, Sklavenküste.

Im Wettlauf um die pflanzlichen, tierischen, mineralischen und menschlichen Schätze strebten die Kolonialmächte seit Mitte des 17. Jahrhunderts landeinwärts, nach Norden. In der Côte d'Ivoire, der Elfenbeinküste, und in Benin waren es die Franzosen, in Nigeria und Ghana die Briten. Die Holländer mischten anfangs auch mit, und die Territorialansprüche von Franzosen und Engländern wechselten, doch für die betroffenen Afrikaner änderte sich dadurch nichts.

Das Populationsgefüge der Völker Westafrikas hat sich seit Urzeiten in Ost-West-Richtung gegliedert, in parallel zur Küste gestaffelten Gürteln. Die unterschiedlichen Nationen und Stämme wurden von den nordwärts drängenden Europäern durch eifersüchtige Grenzziehungen quer durchgeschnitten – wie ein Regenwurm vom Spaten des Siedlers.

Diese recht willkürlichen Grenzen haben den schwarzen Kontinent, insbesondere Westafrika, in jeder Beziehung zerrissen: kulturell, politisch, wirtschaftlich. Der territoriale Kataster-Hickhack der Kolonisatoren wirkt bis heute fort. Die Selbständigkeit der ehemaligen Kolonien mußte sich in den alten Grenzen vollziehen, weil nicht nur die innere Entfernung von etwa „englischen" Ewe zu „französischen" Ewe einer Gebietsneuregelung nach alter Nationalität im Weg stand, sondern weil sich auch im nachkolonialen revolutionären Afrika die Gesellschaftsordnungen verändert und, zum Beispiel, „kapitalistische" und „sozialistische" Tamberma etabliert hatten.

Die Heimat der „kapitalistischen" Tamberma, die freilich um keinen Deut besser oder schlechter leben als ihre „sozialistischen" Brüder in Benin, hat in der geographischen Krüppelgestalt der Republik Togo drei unterschiedliche Kolonialepochen

Die katholische Mission in Nadoba hat bei den Tamberma wenig Erfolg. Sie schlachten die Hühner unbeirrt auf den Opfersteinen vor dem Haus und weihen das heruntergelaufene Blut den guten Geistern. Und die Fetische aus den Schädeln von Gorilla und Warzenschwein bewachen weiterhin das *tata* vor bösen Geistern

hinnehmen müssen: eine deutsche von 1884 bis 1914, anschließend eine britisch-französische bis 1919, letztlich eine rein französische bis zur Unabhängigkeit im Jahre 1960.

Der deutsche Einfluß freilich hat das halbe Jahrhundert britischer und französischer Verwaltung überdauert und ist heute unter dem Vorzeichen bundesrepublikanischer Entwicklungshilfe so dominierend, daß sowohl Kritiker als auch Befürworter vom Anbruch einer vierten, einer neudeutschen Kolonisierung sprechen. Bislang flossen aus Bonn 500 Millionen Mark nach Togo – das ist pro Kopf der Bevölkerung die höchste bundesdeutsche Rate weltweit. Und kulturell drückt sich der neue Einfluß durch das Wirken einer Reihe deutschtümelnder Vereine aus, die in dem Drei-Millionen-Volk das geistige Erbe der Schutzmacht von einst aufspüren, pflegen, ausbauen.

Als wäre es noch nicht genug. Nach 75 Jahren Knechtung, Ausbeutung, Bevormundung durch die europäischen Kolonialherren feiert – im Mäntelchen des Kulturaustausches, mit dem Köder der wirtschaftlichen Zusammenarbeit – deutsche Besserwisserei fröhlich Urständ in einem Land, dessen Restvölker mühsam ihr zerschlagenes Selbstbewußtsein wiederaufzurichten trachten. Die Logik des weißen Mannes hat sich noch nie mit der Mentalität des Afrikaners vertragen. Wie könnte deutsches Denken den Menschen in Togo helfen, ihre verschüttete Identität wiederzufinden?

Die Mißachtung des Selbstbestimmungsrechts afrikanischer Völker hat eine lange Tradition. Die nirgends im Zusammenhang aufgezeichnete Geschichte des Tamberma-Volks muß, wie die anderer westafrikanischer Nationen auch, unablässig von Flucht, Vertreibung, Zersplitterung gezeichnet gewesen sein. Das begann, lange vor der europäischen Kolonisation, durch kulturell überlegene Nachbarvölker mit rassischer und religiöser Unterdrückung, ja, sogar mit Pogromen.

Die Tamberma, die sich selbst Batamarba – große Hausbauer – nennen, gehören einer der ältesten afrikanischen Rassen an, den Palänegriden, und darin der Sprachgruppe der Gourma. Sie siedelten als seßhafte Savannenbauern im südöstlichen Obervolta im Distrikt der heutigen Stadt Fada-N'Gourma. Ihr soziales System von lose verbundenen Großfamilien entspricht exakt ihrer naturdiktierten Lebensweise als individuelle Kleinbauern. Und die Hierarchie gehorcht dem Glaubensgesetz, nach dem jedes Neugeborene die Reinkarnation eines verstorbenen Familienmitglieds ist. Folgerichtig ist meist der älteste Mann des Familienverbandes der Chef, weil er seiner Wiedergeburt und auch den allmächtigen Geistern am nächsten ist, die seine Verwandlung im Jenseits möglich machen.

Die wichtigsten Geister in der animistischen Naturreligion der Batamarba, der großen Hausbauer, wohnen als Schutzpatrone im *tata*, der allesbestimmenden Größe im Leben der Savannenfarmer. Die Lehmburg ist Wohnung und – auf dem flachen Dach – auch Hof. Sie ist Stall im Erdgeschoß und

Die Gesellschaft der Tamberma ist patriarchalisch, doch die Frauen haben die Schlüsselgewalt. Sie machen die Geschäfte und haben das Recht, den Vorratsturm zu öffnen und seinen Inhalt zu überprüfen. Kanti, Santys zweite Frau, raucht Pfeife wie ihr Mann und bewahrt den Lippenpflock als Zeichen ihrer Würde

Scheune in den Türmen. Sie ist Schlafstelle in den Nebenhöhlen, Refugium zur Verteidigung im Zwischengeschoß, Kirche und Altar an den Opfersteinen, Werkstatt und Getreidemühle im Eingangsraum.

Die Welt der Tamberma ist rund wie das *tata*, das mit der hohlen Schmiege der Hand geformt ist und wie ein Schneckenhaus keine Ecke aufweist. In diesen festgefügten Kreis eines überschaubaren Kosmos, der seit Jahrtausenden das Überleben garantiert, wurde der Anspruch Allahs auf alleinige Herrschaft getragen, drangen die nordöstlichen Nachbarn – die hellhäutigen Völker des sudanesisch-hamitischen Kulturkreises – mit Schwert und Banner des Propheten Mohammed ein.

Die Tamberma wollten sich weder arabisieren noch islamisieren lassen. Sie wehrten sich. Sie waren zwar Bauern, aber stets auch Krieger, denn sie mußten seit alters ihre wohlbestellten Felder und ihre reichgefüllten Speicher gegen räuberische Übergriffe durchziehender Nomaden und Hirtenvölker verteidigen. Noch heute geht kein Tamberma-Mann ohne Pfeil und Bogen zur Arbeit auf den Acker.

Die arabischen Eindringlinge aus dem Norden mußten erkennen, daß die Tamberma sich nicht unterwerfen und nicht bekehren lassen würden. Sie hatten auch der erbarmungslosen Sklavenjagd widerstanden, in der sich die moslemischen Völker Afrikas weitaus unrühmlicher hervortaten als später die Europäer. Doch jetzt mußten sie der Übermacht weichen.

Die Tamberma verließen ihre Heimat, die Gourma-Steppe im heutigen Obervolta, sie gaben ihre Felder und Burgen auf. Sie schulterten die Hacke und nahmen nur ihr Vieh mit, ihre Geister und ihr Wissen vom Bau eines *tata*. So zogen sie langsam nach Süden durch das unendliche Meer der Savanne, die ihnen überall die gewohnten Lebensbedingungen bot.

Die große Wanderschaft der Tamberma muß – von der Mitte des 17. Jahrhunderts an – mehr als hundert Jahre gedauert haben. Die Entfernung zwischen ihrem ursprünglichen Siedlungsgebiet und ihrem heutigen Wohnsitz im Nordosten Zentral-Togos beträgt nur rund 300 Kilometer Luftlinie. Die Tamberma durchmaßen sie nach dem Gesetz ihrer Lebensweise, das sie je nach Fruchtbarkeit des Bodens schon immer zum Ortswechsel in bestimmtem Umkreis gezwungen hatte, ohne daß man sie Nomaden nennen konnte.

Auch jetzt, während der großen Wanderschaft, ließen sie sich nieder, sobald ihre mitgeführten Vorräte an Frucht und Getreide zur Neige gingen. Sie bauten wie eh und je zwischen Regenzeit und Trockenzeit ihre *tatas* aus dem noch nassen Lehm, der in der Sonne schnell hart wurde. Sie rodeten die Savanne mit Feuer und Hacke, legten Äcker an und säten ihr vorletztes Korn aus. Das mußte vor Anbruch der nächsten, der kleinen Regenzeit im April, geschehen sein. Diese Feuchtperiode von etwa sechs bis acht Wochen mußten die Bauern mit ihrem letzten Proviant überbrücken.

Das kurze trockene Intervall zwischen der Kleinen und der Großen Regenzeit bedeutet ein schier unmenschliches Arbeitspensum. Die erste Ernte muß eingebracht, der Acker unverzüglich wieder bestellt werden, und dies alles in vier Wochen. Von Ende Mai bis Ende Juni stehen die *tatas* der Tamberma leer. Alle Hände, ob sie nun sechs oder sechzig Jahre alt sind, bearbeiten unermüdlich den Boden, der diesem Volk allein die Basis des Lebens und Überlebens bedeutet.

Die Periode der Seßhaftigkeit an einem Ort dauert jeweils sechs bis acht Jahre. Das Ende ist naturgegeben. Die Erde verliert nach wenigen Jahren ihre Fruchtbarkeit, die *tatas* beginnen zu bröckeln und stürzen nach spätestens acht Jahren ein. Doch die Menschen haben in dieser Zeit so viel Überschuß erwirtschaftet, daß sie die Strecke zwischen Aufbruch und Neuanfang an anderer Stelle überbrükken können.

In diesem Rhythmus sind die Tamberma, auch während ihrer großen Wanderung, langsam nach Süden gerückt, um dem Druck der islamisierenden Sahel-Völker auszuweichen. Seither, seit 200 Jahren, siedeln die Tamberma in den Atakora-Bergen. Die willkürlich zwischen Benin und Togo gezogene Grenze aus der Kolonialzeit hat das Volk in zwei Teile geschnitten. Heute leben etwa 60 000 Tamberma in Benin und rund 10 000 in den togoischen Regionen Koutougou und Nadoba: auf einem rund 30 Kilometer breiten und 60 Kilometer langen Steppenstreifen zwischen der Überlandstraße und der Grenze zu Benin. Den harten Kern dieser Tamberma, auch was unerschütterliches Festhalten am Althergebrachten betrifft, stellt die Siedlung Warengo und dort vorherrschend die Sippe Santy dar – mit ihrem unbeugsamen Chef Santy Natta an der Spitze.

Als wir die Sippe Santy einen Tag nach unserem Antrittsbesuch wiedersehen, erfahren wir, unerwartet nach dem harmonischen Eindruck von gestern, etwas über die Probleme der schwarz-weißen Ko-Existenz in Warengo. Santy Natta erzählt von seinen Feinden. Dazu gehört vor allem Marie Léontine, obwohl ihre Aufgabe in erster Linie darin bestehen sollte, mit den Häuptlingen und Medizinmännern Freundschaft zu pflegen.

An Marie kommt man nicht vorbei, ohne eine Weile im kühlen Schatten ihres Hauses zu verschnaufen, ohne an ihrem Brunnen die Wasserkannen aufzufüllen, ohne auf ihrer stets bevölkerten Terrasse einen stets offerierten Apéritif zu trinken – und sei es tief in der Nacht. Marie ist eine mollige Nordfranzösin Ende zwanzig mit der nonchalanten Gastfreundlichkeit der Übersee-Franzosen, die nur selten unter Pflichten leiden.

Dabei geht Maries Dienst eigentlich rund um die Uhr, denn sie ist in Warengo ein *volontaire du progrès*, ein Freiwilliger des Fortschritts, wie die französischen Entwicklungshelfer heißen. Die ausgebildete Krankenschwester ist hier für das Gesundheitswesen zuständig. Ihre Erste-Hilfe-Station aus der Franzosenzeit – mit gut ausgerüstetem Hospital, mit Wohn- und Wirtschaftsgebäuden und mit einem halben Dutzend eingeborener Helfer – steht mitten in der Siedlung, nur einen Kilometer von Santys *tata* entfernt.

Aber Marie hat keine Patienten, als wir sie besuchen. Das Motorrad für regelmäßige Hausbesuche steht, offensichtlich schon lange nicht benutzt, unter dem Verandadach. Dennoch ist in diesen Tagen Verstärkung gekommen: Gabriel, ein Medizinstudent, und Christine und Chantal, zwei Mädchen ohne spezielle Ausbildung, die sich „erstmal umsehen wollen".

„Santy Natta ist ein Despot", sagt Marie nach dem dritten Campari Soda. „Er verbietet seinen Leuten den Kontakt mit uns und schickt sie lieber zum *charlatan*. Früher hat er sogar die Schullehrer von Warengo verprügeln lassen, wenn sie den Kindern etwas beizubringen versuchten, was gegen die abergläubische Tradition der Tamberma verstieß. Solange Natta hier Chef ist, regieren die verdammten Geister."

Gegen die Geister hat auch die katholische Mission von Nadoba bislang wenig ausrichten können. Die christlichen Hirten konnten in 50 Jahre langer Bekehrungsarbeit nur eine kleine Herde Gläubiger aufbauen. Immerhin hat einer der geistlichen Herren, der jugoslawische Pater Joseph Sulj, Marie vor seiner Rückkehr nach Europa eine bemerkenswerte Sammlung von Tamberma-Medizin hinterlassen. Sie ist das Ergebnis von zehn Jahren Beobachtung unter den *charlatans*, den Medizinmännern.

Nach Pater Josephs Aufzeichnungen haben die Tamberma nicht nur eine exakte Vorstellung von den verschiedenen Krankheiten und ihren Symptomen, sondern vor allem spezifisch darauf abgestimmte Behandlungsmethoden und Heilmittel. Sie sind durchweg pflanzlicher Herkunft und halten sogar etwas gegen jene Leiden bereit, gegen die der Schulmedizin noch kein Kraut gewachsen ist, gegen Bilharziose etwa, eine ähnlich wie Onchozerkose gefährliche tropische Wurmkrankheit.

Marie hat das Traktat des Paters bislang keines Blickes gewürdigt. „Gegen Skorpionstiche haben sie jedenfalls nichts", sagt sie, „damit kommen sie noch allemal zu mir gelaufen." Natürlich kennen die Tamberma ein Mittel gegen etwas so Alltägliches wie einen giftigen Insektenstich, doch Maries Medizin hat den Vorteil, daß sie die heftigen Schmerzen auch betäubt. Für eine solche Wohltat setzt man schon mal den Fuß über die Schwelle der fremden Heilkunst.

Das Minus an Kontakt zwischen den traditionsverhafteten Tamberma und den Freiwilligen des Fortschritts muß andere Gründe haben. Sind nicht zum Beispiel die heilkundigen Helfer des Deutschen Entwicklungsdienstes – in enger Zusammenarbeit mit dem Deutschen Aussätzigen-Hilfswerk in Würzburg – in den rund 20 Jahren seit 1962 erfolgreich ans Ende ihres hochgesteckten Ziels gelangt, die unter den Tamberma verbreitete Lepra lokal nahezu auszurotten?

Dieses Ergebnis spricht immerhin für die einfühlsame Menschenbehandlung praxisnaher Entwicklungshilfe. Die Deutschen kamen auf dem Fahrrad und gingen von Haus zu Haus. Sie hatten immer Flickzeug für schlaffe Schläuche und Werkzeug für andere Reparaturen dabei und machten sich erst einmal daran, die inzwischen auch bei den Tamberma beliebten Drahtesel instand zu setzen, ehe sie sich in die heikle Nähe der von bösen Geistern befallenen Kranken wagten. So stand die Sanierung des augenfällig defekten Gegenstandes vor der des nicht so eindeutig erkrankten Menschen. Nur so konnten die Entwicklungshelfer den Naturmenschen einleuchtend, wenn auch vordergründig, ihre Funktion nahebringen und den Einstieg in ihre eigentliche Aufgabe schaffen.

Wir fahren in ähnlicher Absicht abermals nach Warengo. Diesmal haben wir als Dolmetscher Kouyokou Bayouti bei uns, einen 20 Jahre alten Tamberma. Er ist im Rahmen eines deutsch-französischen Ausbildungsprogramms Musterschüler einer Lehrwerkstätte für Schreiner und Maurer in Kanté.

Wir stehen vor Santys *tata* und haben reichlich Reis und Fisch für alle mitgebracht und drei Flaschen Cola natürlich, die sich der Alte gewünscht hat. Doch der Chef ist mit Moutié, seiner Enkelin, allein zu Hause. Wo sind, für das verabredete Gastmahl, die anderen?

„Sie helfen den Nachbarn bei der Ernte", übersetzt Kouyokou. Und dann tut er, ohne daß wir ihn darum gebeten hätten, intuitiv das Richtige.

„Die beiden professeurs aus Deutschland", sagt Kouyokou, für den jeder Europäer ein Ausbilder, ein Lehrer ist, „sind zu den Tamberma gekommen, um ein Buch über ihre Traditionen zu machen, damit die Kinder später in der Schule lernen können, wie ihre Vorfahren gelebt haben." So jedenfalls hat Kouyokou unseren Auftrag begriffen. Und nun brauchen wir plötzlich keine weitere Begründung für unseren Aufenthalt.

Denn Santy nickt. Das gefällt ihm, das ist besser als das, was die Lehrer dort drüben in der Schule mit den Kindern treiben, zum Beispiel französische Volkslieder singen – wem nützt das?

„Sucht euch ein *tata* aus", sagt Santy.

Wir schlagen das Zelt auf dem weiträumigen flachen Dach des Chef-Hauses auf und liefern unsere Essensgaben ab. Santy befingert – verständnislos – die eigenartig geformten Flaschen, die wir ihm mitgebracht haben.

„Bier?" fragt er wenig überzeugt.

„Nein, Cola", sagen wir, befriedigt, seinen Wunsch nicht vergessen zu haben.

Moutié starrt mit aufgerissenen Augen herüber und läuft verängstigt ins Haus. Kouyokou versucht zu klären. Das Resultat stürzt uns in tiefe Beschämung über ein Mißverständnis, das eigentlich nur dem phantasielosen Hirn eines Computers hätte unterlaufen dürfen: Cola – das ist für einen Tamberma nicht das synthetische Getränk in bauchigen Flaschen, sondern die frische Nuß. Sie ist – außer dem Hirsebier – ein leichtes Rauschmittel, das Hunger vertreibt. Es wird von Naturvölkern ebenso gern gekaut wie die Betelnuß. Bei den Tamberma freilich wächst Cola nicht überall und ist deshalb sehr begehrt. Wir haben Santy eine Zivilisationsmarotte unterstellt, die er nicht einmal kennt.

Das Gastmahl ist ausgefallen zugunsten einer viel wichtigeren

Angelegenheit: der Nachbarschaftshilfe. Sie ist ein uraltes Gesetz der Tamberma, deren striktes Gesellschaftssystem sonst stets nach innen, allein auf das eigene Wohl gerichtet ist. Doch in drei existentiellen Fällen geht Allgemeinwohl vor Eigennutz: bei der Verteidigung im Krieg, beim Hausbau, bei der Ernte.

Am Abend des nächsten Tages ist alle Feldarbeit beim Nachbarn geleistet. Die Türme der *tatas* sind gefüllt mit Yams, Mais, Hirse, und nun füllen sich die Trinkschalen mit Hirsebier. Denn das erfolgreiche Ende eines Gemeinschaftswerks ist Anlaß für eine Feier. Feiertage wie in monotheistischen Religionen kennen die Tamberma nicht. Sie können sich anspruchsvolle Gottheiten, die ihren Gläubigen einmal die Woche den arbeitsfreien Tag diktieren, nicht leisten.

So geraten wir, die wir heute zufällig Sonntag hätten, in den Feier-Abend der Feldkooperative. Tschamou Bassompèba, der Chef der Nachbarsippe, hat seinen „Gastarbeitern" bereits reichlich eingeschenkt. Die Stimmung ist heiter, aber keineswegs bierselig. Bevor jemand betrunken werden kann, ist er ohnehin eingeschlafen, denn zwölf Stunden Feldarbeit fordern ihren Tribut.

N'Poh, N'Dah und seine schöne, scheue Schwester, die 15 Jahre alte Dwaindé, grüßen – wie Verschworene lächelnd – zu uns herüber. Sie wissen schon, daß wir von nun an ihre Hausgenossen sind. Wir begrüßen – *„abó tin-tin"* – den Chef.

„Bonne arrivée, messieurs", wünscht Tschamou gemessen. Er ist kein so perfekter Landwirt wie sein Nachbar Santy, aber ein großer Jäger wie sein Vater, wie sein Großvater. Über seiner Schulter hängt selbst jetzt, beim Feiern, der Bogen und ein mit Bisamfell verzierter Köcher voll Pfeilen. Er zeigt uns stolz die Fetische seines *tatas*, die an Lederriemen unter dem Strohdach baumeln: die Schädel von Warzenschwein, Krokodil, Gorilla.

„Den Menschenaffen hat mein Vater als junger Mann erlegt", sagt Tschamou: „Es war der letzte hier im Bergland." Die Gorillas haben die dichtbesiedelte Landschaft der Tamberma längst verlassen – wie auch das andere Großwild, die Elefanten, Leoparden, Antilopen. Nur Krokodile lassen sich gelegentlich auf den Sandbänken des Ké-

Die Autoren finden auf dem Dach des Häuptlingshauses eine Heimstatt. Im Kegelzelt, das wenigstens in der Form zur tata-Architektur paßt, hat Rolf Bökemeier Mühe, die vielen Fragen von Njeté und Idunordal zu beantworten. Michael Friedel ist dienstfrei: Seine Kamera bedient Dwaindé. Das Zelt hängt tagsüber außerhalb der Umfriedungsmauer, um Platz für das Früchtetrocknen zu machen

Santys ältester Sohn N'Poh ist ein meisterhafter Landwirt. Auf ihm liegt, seit der Chef blind ist, die Verantwortung für die ganze Sippe. Er teilt die Arbeit ein und leistet selber auf dem Feld das meiste. Nach zwölfstündiger Hackarbeit und der Aussaat schläft er sogar am Ackerrain, um die Hühner am Aufpicken der Körner zu hindern

ran sehen, des von Bilharzia verseuchten Savannenflusses.

Tschamous Vorfahren haben indessen nicht nur Großwild gejagt. „Einmal haben sie einen Deutschen", erzählt der Jäger lächelnd, als er unsere Herkunft erfährt, „mit einem einzigen Pfeilschuß aus dem Sattel seines Pferdes geholt. Sie haben ihm die Haut abgezogen und daraus eine Decke für das Lager des Häuptlings gemacht."

Eine Legende?

Marcelain, unser afrikanischer Begleiter vom Stamm der Ewe, lacht. Er kennt die Geschichte und auch, wie hierzulande Begebenheiten überliefert werden. Sie beginnen – „einmal" oder „neulich" – alle so, als wären sie erst jüngst passiert, selbst wenn sie, wie in diesem Fall, älter als das Jahrhundert sind.

Jener Mann hoch zu Roß gehörte der Deutschen Togo-Expedition an, die 1894 unter den Forschern Dr. Hans Gruner und Dr. Rudolf Döring mit 25 kaiserlichen Soldaten sowie 130 eingeborenen Trägern ins Hinterland der neuen Kolonie aufgebrochen war. Die Expedition galt vordergründig der Erforschung des noch unbekannten Gebietes. Sie sollte in Wahrheit jedoch den ebenfalls ins Landesinnere der Sklavenküste vormarschierenden Franzosen zuvorkommen und mit den Eingeborenen-Fürsten Schutzverträge im Namen des Kaisers Wilhelm II. zu Berlin schließen.

Die Deutschen gerieten in unerwartete Schwierigkeiten. Einige Stämme wie die Nanumba und Dagomba behinderten ihren Durchmarsch, andere wie die Konkomba und Moba erklärten offen den Krieg, dritte wie die Berba und Tamberma ließen sich zum Schein befrieden und riefen dann im Rücken der neuen Herren den Aufstand aus. Bei den fälligen Vergeltungsaktionen ereilte den deutschen Polizeifeldwebel Hermann Kretz 1898 der Tod durch einen vergifteten Tamberma-Pfeil. Ob sich der Stammesführer von damals mit der Haut des Getöteten zudeckte, ist in den deutschen Kolonialannalen nicht überliefert. Die Scharmützel mit den Tamberma zogen sich bis 1902 hin. Als die Deutschen erkannten, daß bei dem entlegenen Stamm nichts zu holen war, ließ man ihn in Ruhe.

Dies gilt bis heute. Weder die den Deutschen als Kolonialherren folgenden Engländer und Franzosen noch die Vertreter der togoischen Staatsmacht von heute haben sich jemals so recht um das im Abseits lebende Bauernvolk gekümmert. Seine geschlossene archaische Lebensform, seine herbe Ablehnung jedes fremden Einflusses hat offenkundig sogar der Zentralgewalt unter der Vorherrschaft des Eyadéma den Appetit verdorben, die Tamberma ihrem Verwaltungsschema einzuverleiben.

Zwar repräsentiert sich der Staat mit einem Polizeiposten nahe dem Tamberma-Markt Nadoba, zwar vertreten inzwischen sieben Grundschulen in diesem Gebiet den Anspruch Togos als moderner afrikanischer Staat, doch im übrigen überläßt man die Tamberma ihrer eigenen Verwaltung, Gerichtsbarkeit, Wirtschafts- und Gesellschaftsform. Denn es gibt – und das ist der wahre Grund der staatlichen Zurückhaltung – bei diesem Volk, in diesem Land nichts zu gewinnen. Es birgt keine Bodenschätze und produziert lediglich, was die Einwohner der kargen Erde für sich selber abringen.

So hat der Präsident von Togo in seinem Ehrgeiz, alle seine Völker nach westlichem Muster zu zivilisieren, hinsichtlich der Tamberma resigniert – mit einer Ausnahme: Er hat landesweit die ihnen von Nachbarvölkern angehängte Bezeichnung „Somba" verboten, denn das bedeutet „die Nackten" – und nackt hat im modernen Togo gefälligst niemand mehr zu sein.

Das heute allenfalls noch halbnackte Volk trägt einen schlechten Leumund mit sich herum, der sich auch in den spärlichen Publikationen über seine Lebensweise hartnäckig hält: Die Tamberma, so heißt es da, seien schmutzig, faul, abergläubisch, gastfeindlich. Selbst aufgeklärte Afrikaner wie unser Gefährte Marcelain rümpfen die Nase und haben in der Nähe eines *tatas* stets mit Brechreiz zu kämpfen – einem wohl eingebildeten.

Michael und ich fühlen uns jedenfalls wohl auf unserem *tata*-Dach. Wir haben das Gastmahl mit unseren Wirtsleuten nachgeholt und teilen seit Tagen ihr eintöniges Leben. Morgens um vier, beim ersten Hahnenschrei, kriechen die Männer und Frauen, die Mädchen und Jungen aus ihren streng nach Geschlechtern getrennten Schlafhöhlen seitlich der luftigen Hochterrasse. Und für uns, die „professeurs", ist ebenfalls die Nacht vorbei.

Vor Tau und Tag und nach einstündigem Fußmarsch durch das mannshohe Savannengras gelangen wir auf die Felder. Heute soll ein fußballfeldgroßes Stück Buschsteppe gerodet und kultiviert werden. Der gestern abend eingeteilte Arbeitstrupp besteht aus Nattas Ältestem N'Poh und dessen Söhnen Kpakou, 16, N'Dah, 10, Tayanta, 8, sowie der Tochter Dwaindé. Die kleine Moutié ist auch mit dabei.

Der einzige Baum auf der Fläche, ein Baobab, liegt bereits im Gras. N'Poh hat schon vor vielen Wochen den Stamm einen Fuß über dem Erdreich mit seinem Hackmesser entrindet und das lockere Holz darunter in Brand gesteckt. Die vom Wind ständig angeblasene Glut hat sich Tag und Nacht durch den Stamm gefressen und den Riesen schließlich vom Stumpf geholt. Jetzt lagert sein immer noch qualmender Leib wie eine entgleiste Dampflokomotive in der Steppe.

Dwaindé setzt einen Topf mit kaltem Hirsebrei, angemischt aus Mehl und Wasser, in den Schwelbrand. Gegen Mittag wird die schlichte Kost gar sein. Wie rationell und durchdacht wirtschaften die Tamberma: Der rauchende Riese, dessen im Stamm gehütetes Feuer auch kein anhaltender Regen löscht, garantiert den Feldarbeitern eine beständige Herdstelle. Und sie denken nicht daran, das ausladende Hindernis vom neuen Acker zu schaffen. Das Problem erledigt sich bis zur ersten Ernte von selber, wenn der Baobab ausgeschwelt und zu Asche zerfallen ist. Und: Die Holzasche, regelmäßig von Wind und Regen über die bepflanzte Erde verteilt, düngt den Boden auf natürliche Weise.

Vater N'Poh und der Jüngling Kpakou arbeiten voran. Sie brechen Furche um Furche die Grasnarbe mit der *tapianta*, der kurzstieligen Hacke, auf. Dwaindé und die beiden kleineren Jungen graben im Gleichtakt wie menschliche Schaufelbagger hinterher. Die Knaben wühlen Gras und Kraut unter die Schollen, das Mädchen häufelt die Kämme der Furchen mit loser Erde fußhoch auf. Als die Sonne fast senkrecht über unseren Köpfen steht, ist aus einem Morgen steiniger Grassteppe ein von Nässe schwarz glänzender Acker entstanden.

Auch die Körper des Rodungstrupps glänzen von Schweiß. Diese Menschen sind von einem zartgliedrigen Ebenmaß, das selbst die strapaziöse, meist gebückt verrichtete Arbeit nicht zu deformieren vermag. Die Tamberma wirken – gleich was immer sie tun – graziös und schön, und vollends Dwaindé behält, mit gespreizten Beinen und schwingender Hacke über die Erdgräben gebeugt, bis in die Spitzen der bebenden Brüste ihre sylphidenhafte Anmut.

Während wir mit unseren Gastgebern das Mittagessen teilen, das wir mit ein paar Fischkonserven bereichert haben, huschen lautlos zwei, drei Gestalten aus dem Busch auf die Rodung. Es sind Kanti und Tempé, Santy Nattas Frauen, und N'Tché, Dwaindés Mutter. Sie sind gestern zum Säen eingeteilt worden. N'Tché schreitet jetzt die Furchen ab und stößt mit einem Stock alle zwei Schritt eine daumentiefe Delle in den Erdkamm. Die beiden Häuptlingsfrauen gehen hinter ihr her, schnipsen zielsicher ein Maiskorn in das Loch und schieben es mit einer leichten Drehung der nackten Fußsohle zu. Das Feld ist schneller eingesät, als wir unsere Mahlzeit aufessen können.

Die Tamberma sind meisterhafte Landwirte, und doch sieht ihre agronomische Zukunft düster aus. Der ihnen bislang nicht streitig gemachte schmale Lebensraum zwischen Straße und Grenze hat sich in den drei Jahrhunderten seit der Ankunft ihrer Vorfahren mit immer mehr Sippen und *tatas* angefüllt und ist hoffnungslos übervölkert. Die Felder in Hausnähe sind zu lange überbewirtschaftet worden, die Böden im günstigsten Fall noch als spärliche Viehweide nutzbar. So müssen sich die Bauern immer weiter in die Savanne roden. Manche ihrer Äcker liegen bereits bis zu drei Wegstunden vom *tata* entfernt. Die Peripherie des Siedlungsgebiets ist längst erreicht und auch die Reizschwelle der Nachbarstämme. Lange werden die Tamberma nicht mehr friedlich leben können.

Die Regierung hat schon begonnen, junge Tamberma-Männer von der Scholle fortzulocken und ein Handwerk lernen zu lassen: Maurer zum Beispiel. Kouyokou Bayouti, unser Dolmetscher, gehört zu den drei Dutzend Gesellen, die demnächst ihre Ausbildung abschließen werden. Einen Tamberma – also einen Batamarba, einen klassischen Hausbauer – zu veranlassen, Maurer zu lernen, kommt zwar dem Versuch gleich, aus einem vollendeten Kunstmaler einen Anstreicher zu machen. Dennoch hätte der Plan zumindest einen ökonomischen Sinn, wären nicht schon dreimal so viele Maurer ausgebildet, wie das Land verkraften kann. Der künftige arbeitslose Maurergeselle Bayouti wird auf den Acker seiner Väter zurückkehren müssen, will er nicht verhungern.

Eines Morgens wünscht uns der Chef zu sehen. Santy Natta sitzt wie immer im Pavillon vor seinem Haus. Er dankt uns in knappen Worten für unseren Besuch. Verdutzt schauen wir auf seine ausgestreckte Hand.

„Die Geister", sagt Santy entschlossen und neigt den Kopf zur Seite, als lausche er ins *tata* hinein, „sind beunruhigt von dem Licht, das ihr mit dem schwarzen Kasten im Haus macht."

In der finsteren Lehmburg hatte Michael häufig mit dem Blitzgerät gearbeitet. Das, so muß ich Santy Recht geben, hätte auch den geduldigsten deutschen Hausgeist ungemütlich werden lassen.

Lebewohl, Chef, Friede den Deinen. Hoffentlich bleibt er euch noch ein paar Jahre erhalten. Abermals zehn Jahre werden es wohl nicht mehr sein, dann wird irgendeine Obrigkeit euch in einen Zustand gebracht haben, den eure Kultur nicht überlebt: in die Zivilisation.

Wir geben Santys ältestem Sohn alles, was wir nicht mehr brauchen: Proviant, Tabak, persönliche Dinge, auf die der eine oder die andere seit langem ein Auge geworfen hat.

Als ich im Wagen sitze und den Arm aus dem Fenster hängen lasse, faßt mich eine kleine Hand. Es ist, wie schon einmal, Moutié. Sie holt unter ihrem Rocklumpen etwas hervor, wirft es mir in den Schoß und rennt davon. Das Etwas ist die kunstvoll geflochtene Feuerzange, mit der sie die glühende Holzkohle an Santys Pfeife hielt.

Danke, kleine Schwester.

Morgen sind die Tamberma das Ziel von Werbungsreisen

Mit den Gehäusen der Kaurischnecke sind die Antilopenhauben besetzt, die man vor 75 Jahren zu jedem Ritual trug

Die Tamberma wohnen im Hügelland der Atakora-Region. In Benin (Dahomey) siedeln rund 60 000 Angehörige des klassischen altafrikanischen Bauernvolkes, 10 000 andere leben in den grenzüberschreitenden Ausläufern der Atakora-Berge in Togo.

Steter Standortwechsel. Die Tamberma wirtschaften auf engstem Raum und am Rande des Existenzminimums. Eine ausbleibende Regenzeit etwa und die folgende Dürre kann eine Hungerkatastrophe bedeuten. Der karge Boden wird, nach dem System der Brandrodungswirtschaft, mit Mais und Hirse bebaut. Diese Agrarform zwingt die Tamberma, alle sechs bis acht Jahre ihren Standort zu wechseln, da die erschöpften Felder eine Zeit der Brache nötig haben.

Die zyklische Wanderung vollzog sich seit alters im Gourma-Becken des heutigen Obervolta. Sie wandelte sich vor etwa 300 Jahren unter dem Druck der islamischen Sudanbevölkerung in eine lineare Nord-Süd-Bewegung, an deren Ende die Tamberma in Benin und Togo eine neue Heimat fanden. Da die Nachbarstämme eine weitere Ausbreitung verhindern, wird dem Gourma-Volk der Tamberma nur die Möglichkeit bleiben, nach den Gesetzen der Zivilisation zu überleben. Die Kultur, die Sitten und Bräuche sind sichtlich im Schwinden.

Ein Lippenpflock als Schmuck. Mit der Geburt tritt der Säugling, in dem die Seele eines verstorbenen Familienmitgliedes wiedergeboren wird, in den rituell geregelten Kreislauf von Leben und Tod ein. Jedes Alter, das ein Tamberma durchschreitet, ist von bestimmten Riten und Bräuchen gekennzeichnet.

Im Kindesalter wird den Mädchen mit Hilfe eines Dornes ein Loch durch die Unterlippe gebohrt und ein Kegel oder Zylinder aus Quarz hindurchgesteckt, der als Schmuck getragen wird. Der Brauch, im Erwachsenenalter die oberen Schneidezähne spitz anzuschleifen, wird heute kaum noch ausgeübt. Die jungen Männer trugen im linken Nasenflügel früher einen Nasenring oder eine Metallscheibe. Ebenso sparsam wie der Schmuck ist auch die Kleidung der Tamberma.

Das Penisfutteral ist „out". Der Tradition entsprechend haben die Mädchen nur eine grasgeflochtene Schnur um die Hüften geschlungen, an der während der Menstruation vorne und hinten mehrere Blätter befestigt sind. Die Frauen haben dazu noch ein breiteres Bastband, das zwischen den Beinen hindurchgeführt wird. Die Männer tragen an ihrer Lendenschnur ein langes nadelartiges Eisenmesser. Ein zweites Messer hängt an einer Halsschnur.

Besonders auffällig an der Bekleidung der Männer ist das Penisfutteral. Es wurde bei Festen und Zusammenkünften vor allem von der jüngeren Generation verwandt. Dieser Brauch ist aus der Mode gekommen. Die alten Männer hingegen besitzen, auch heute noch, als Zeichen ihrer Würde einen Mantel, der manchmal aus zusammengesetzten Fellstücken, meist jedoch aus Baumwolle besteht.

Die Witwe gehört dem Bruder. Für einen Mann im heiratsfähigen Alter gibt es zwei Möglichkeiten, eine Frau zu wählen. Hat er sich schon als Knabe für ein Mädchen entschieden und einige Jahre bei dem zukünftigen Schwiegervater auf dem Felde mitgeholfen, so steht einer Heirat nichts im Weg. Beginnt er im Mannesalter erst mit der Werbung, muß er dem Schwiegervater einen Brautpreis von in der Regel zwei Kühen zahlen. Nach dem Tode des Mannes werden Frau und Kinder in die Familien der Brüder aufgenommen, die von nun an für sie verantwortlich sind. Das materielle Erbe wird unter den männlichen Verwandten aufgeteilt, wobei das Haus des Verstorbenen jedoch nicht weiter benutzt wird: Aus Angst vor den Geistern der Toten läßt man es verfallen.

Altersschwache Männer und Frauen werden mit großer Sorgfalt gepflegt und nach ihrem Tode – nach Geschlechtern getrennt – in unterirdische Stollen gebettet. Gestorbene Kinder, die in ihrem Leben noch keine besondere Würde erlangt haben, begräbt man im Busch.

Gruppenreisen sind programmiert. Obwohl die Tamberma eine ausgesprochen patriarchalische Gesellschaftsordnung haben, liegt der Handel in den Händen der Frauen. Das bedeutet, die Frau geht auf den Markt, bietet die eigene Ware an, handelt, tauscht und bestimmt den Preis. Zahlungsmittel war vor der Einführung des Geldes das Gehäuse der Kaurischnecke, die noch heute als Schmuckstück und Tauschgut verwendet wird. Sie kommt hauptsächlich auf den Malediven vor: Die Holländer brachten sie im 17. Jahrhundert als Zahlungsmittel nach Afrika.

Inzwischen ist die von der Zivilisation noch relativ unberührte Welt der Tamberma nicht nur durch ihre eingeengte geographische Lage in Gefahr. Ein Zigarettenkonzern bietet Abenteuerreisen an, deren Endziel die Tamberma in Togo sind. Und der Präsident von Togo läßt in seiner Geburtsstadt Lama-Kara, nicht weit von den Tamberma entfernt, einen Flughafen bauen, der den Direktverkehr von Europa ermöglicht.

Im Gourma-Becken Obervoltas waren die Tamberma ursprünglich zuhause. Sie sind in den Atakora-Bergen heimisch geworden, obwohl die Grenze zwischen Benin und Togo durch ihr Siedlungsgebiet führt. Die Regierungen der beiden frankophonen Staaten lassen für das kleine Restvolk den Grenzverkehr ohne Formalitäten zu

Vergleichende Zeittafel

zu allgemeinen Daten der Weltgeschichte. *Daten, die sich auf die „Verlorenen Menschen" beziehen, stehen kursiv.*

50 000–10 000 v. Chr. – Jüngere Altsteinzeit, an deren Ende sich die Großrassen – Mongolide, Negride, Australide und Europide – herausbilden.

~40 000 v. Chr. – Erste Besiedlung Amerikas durch mongolide Menschen. Sie wandern aus Asien über Alaska ein.

~ 30 000 v. Chr. – *ABORIGINES und PAPUA. In der Eiszeit rücken durch das Absinken des Meeresspiegels Asien, Neuguinea und Australien eng zusammen. Über die schmalen Wasserstraßen wandern Menschen aus dem indischen und malaiischen Raum nach Neuguinea und später nach Australien. Sie sind die Vorfahren der Papua und der Aborigines.*

5000–3000 v. Chr. – Jungsteinzeit (Neolithikum) in Europa. Ausgeprägte Bauernkulturen mit Ackerbau und Viehzucht bringen Arbeitsteilung zwischen Mann und Frau, Privatbesitz, Handel und Vorformen von Geld mit sich. – Langsamer Übergang vom Hackbau zur Pflugkultur.

~4800 v. Chr. – Erste Städte entstehen in Mesopotamien.

~4500 v. Chr. – Erste Indianersiedlung auf dem Boden des heutigen New York.

~2000 v. Chr. – In Simbabwe im südlichen Afrika wird Eisen in Herdöfen gewonnen. – Das Pferd dient in Europa als Haustier.

2000–750 v. Chr. – Bronzezeit in Mitteleuropa.

~1500 v. Chr. – Ägypter suchen in Nubien, vielleicht sogar im östlichen Südafrika, nach Gold, Zinn und Kupfer. Aufstände in Nubien werden niedergeschlagen.

~ 1250 v. Chr. – Landkarten zeigen das Goldminengebiet Nubiens. – Ein Kanal verbindet Nil und Rotes Meer. – Vielleicht schon erste Afrika-Umsegelungen.

~ 1130 v. Chr. – Schlitten und Skier sind in Nordeuropa im Gebrauch.

1000–100 v. Chr. – *LAPPEN. Aus Nordasien wandern die Lappen in mehreren Schüben nach Nordskandinavien ein. Sie sind Bauern und Jäger und züchten bereits Rentiere.*

800 v. Chr. – Griechische Hochkultur entsteht. Homer dichtet Ilias und Odyssee. – Die Erdbevölkerung nähert sich der 100-Millionen-Grenze.

594 v. Chr. – Phönizier im Auftrag des ägyptischen Königs Necho umfahren Afrika in drei Jahren. – In Athen verkündet Solon sein Gesetzeswerk.

~ 150 v. Chr. – *AKHA. Das Lolo-Volk, von dem die Akha abstammen, verläßt Ost-Tibet und wandert langsam ostwärts.*

~ 100 v. Chr. – Reger Handel zwischen Zentral- und Vorderasien über die Seidenstraße. Zeitweise Handel zwischen römischem und chinesischem Weltreich. – Chinesische Schiffe erreichen die Ostküste Indiens.

100 v. Chr. – *LAPPEN. Tacitus beschreibt die „Fennen" im Norden, wahrscheinlich lappische Völker. – Die Finnen wandern aus dem Osten in das heutige Finnland ein.*

~ 150 n. Chr. – Das Römische Reich verfügt über 80 000 Kilometer gut ausgebaute Straßen. – In China wird der Kompaß als Wegweiser über Land eingesetzt.

~ 300 – Das Chibcha-Volk läßt sich in Kolumbien und Panama nieder. Es ist ein Bindeglied zwischen den Hochkulturen in Nord- und Südamerika. In der Goldbearbeitung werden die Chibcha führend.

Ghana, das erste afrikanische Königreich, entsteht. Es endet etwa im Jahre 1200.

~ 500 – In Südmexiko entsteht die Maya-Kultur. – In China setzt sich der Meditations-Buddhismus durch. Todesstrafe und Tieropfer werden abgeschafft. Tee wird beliebtestes Getränk.

~ 600 – *LAPPEN. Der römische Schriftsteller Prokopios beschreibt die Lappen als Jäger.*

Mohammed begründet die islamische Kultur. – Verfall der ersten Maya-Städte durch Abwanderung aus unbekanntem Grund. – In Europa zerfällt das Römische Reich und damit die urbane Kultur.

~ 700 – Die Araber dringen bis zum Indus und nach Spanien vor. – Am Titicacasee in Peru entsteht die Tiahuanaco-Kultur. – Die chinesische Hauptstadt Chang-an ist die größte Stadt der Welt und das Zentrum des Buddhismus.

TAMBERMA. Die Araber islamisieren die Wüstenstämme der Sahara. Sie beginnen einen ausgedehnten Sklavenhandel mit nord- und westafrikanischen Negern.

AKHA. In Yünnan entsteht ein Akha-Staat mit einer befestigten Stadt und mächtigen Häuptlingen. Die Akha verfügen vorübergehend über eine eigene Schrift.

~ 800 – Die Thai-Völker werden von den Chinesen aus ihrem Ursprungsgebiet am Jangtsekiang verdrängt. Sie errichten in West-Yünnan das Königreich Nan-Chao. – Karl der Große läßt sich in Aachen zum Kaiser krönen.

~ 1000 – Im Andenhochland Perus werden Kartoffeln und Mais angebaut. – Der Normanne Leif Erikson findet auf einer Fahrt nach Grönland das „Vinland" der nordamerikanischen Ostküste.

1009 – Der Negerstamm der Songhai im Westsudan wird zum Islam bekehrt. Die Araber beginnen mit dem Verkauf der Negersklaven nach Europa.

1015–1030 – *LAPPEN. König Olaf II. christianisiert die Norweger. Sie besiedeln langsam die gesamte skandinavische Atlantikküste und stoßen auf die Lappen. – Kaufleute aus dem finnischen Pirkkala dringen in das Gebiet der Lappen ein und handeln mit Fellen. Später übernehmen sie auch die Steuereintreibung für die schwedischen Könige.*

1086 – In China werden umfassende Agrarreformen durchgeführt: Verpachtung des Kronbesitzes, Enteignung der großen Privatgüter zugunsten der Kleinbauern. Weitergehende staatssozialistische Ansätze unter Wang An-shih haben keinen Bestand.

~ 1100 – Songhai-Kaufleute gründen in Afrika die Stadt Timbuktu, die im 14. Jahrhundert große Bedeutung als Handelsstadt und Zentrum des Mali-Reichs erlangt.

TAMBERMA. Das islamische Reich Mali entsteht in Afrika. Händler des von ihm abhängigen Mande-Volkes dringen nach Süden vor und versuchen erstmals, die Gourma-Völker, zu denen auch die Tamberma gehören, zu islamisieren.

Die Zerstörung des heidnischen Tempels von Alt-Upsala vollendet die Christianisierung der Schweden.

~ 1150 – In Arizona existieren Indianerkulturen mit komplizierten Bewässerungssystemen. – Zeitalter der Kreuzzüge. Jerusalem ist vorübergehend christlich.

~ 1200 – Zweite Epoche der Maya-Hochkultur in Mexiko. – In Peru wird der Priesterstaat der Inka um Cuzco begründet, der nur Gemeineigentum kennt.

TAMBERMA. Das Gourma-Volk der Dagomba gründet das Reich von Gourma mit Fada N'Gourma als Hauptstadt und eint vorübergehend die Gourma-Völker.

1200–1400 – Indische Händler mohammedanischen Glaubens machen den Hafen Cambay im indischen Gutscherat zum Handelszentrum zwischen Europa, Ostafrika, Indien und Südostasien. Sie bringen den Islam nach Malakka und Indonesien.

1238 – Von Yünnan nach Süden vordringende Thai errichten das Reich von Sukhothai, das etwa das Gebiet des heutigen Thailand umfaßt. Sie erobern das Reich der Khmer.

1249 – *LAPPEN. Die Schweden erobern Finnland in einem vor allem gegen das russische Vordringen gerichteten „Kreuzzug". – Die Finnen werden römisch-katholisch; erste Bekehrungsversuche bei den Lappen scheitern.*

~ 1250 – Dschingis Khan erobert Peking und errichtet das mongolische Weltreich.

Pulvergeschütze in Europa tragen zum Niedergang des Feudalismus bei. – Aufkommen des überregionalen Handels und Begründung einer neuen städtischen Kultur von Oberitalien aus.

~ 1280 – Der Venezianer Marco Polo begleitet seinen Vater auf einer Kaufmannsreise nach China. Er wird Statthalter des Nachfolgers von Dschingis Khan, Kublai Khan. – Nanking ist mit 800 000 Einwohnern die größte Stadt der Welt.

AKHA. Die Mongolenheere Kublai Khans dringen nach Yünnan vor. Sie vernichten das Thai-Reich Nan Chao. Die Akha fliehen vor diesem „Großen Brand" unter Aufgabe ihrer Kultur (Schrift, Städtebau) ins südliche Gebirge.

~ **1300** – Venedig und Genua beherrschen den Handel im Mittelmeer und mit Asien. Zeitweise leben 20 000 venezianische Kaufleute in Konstantinopel. – Erste Seekarten („Rumbenkarten") in Italien und Spanien.

1307–32 – Das Mali-Reich beherrscht den gesamten Westsudan.

1323 –*LAPPEN. Im Frieden von Schlüsselburg erkennt Rußland die schwedische Oberhoheit über Finnland an.*

~ **1350** – Aus einem unabhängigen Fürstentum nördlich des heutigen Bangkok entwickelt sich das Königreich von Ayutthaya, das schließlich ganz Thailand beherrscht. – Das maurische Granada in Spanien ist mit 200 000 Einwohnern größte Stadt Europas. – In Florenz sind bereits 30 000 Arbeiter in Tuchmanufakturen beschäftigt. – In Mexiko entsteht das Azteken-Reich.

1405–33 – Die chinesische Ming-Dynastie sendet auf dem Höhepunkt ihrer Macht sieben militärische Expeditionen in den indischen Ozean und in die Südsee. Die chinesische Oberherrschaft im gesamten Gebiet von Sumatra bis zur afrikanischen Ostküste führt jedoch nicht zum Aufbau von Handelsstationen.

1416 – Portugal entsendet erste Expedition an die Westküste Afrikas; damit beginnt das Zeitalter der Entdeckungen in Europa. Portugiesische Seefahrer tasten sich an der afrikanischen Küste südwärts, bis Bartolomeo Diaz 1487 das Kap der Guten Hoffnung erreicht und den Seeweg nach Indien öffnet.

1441 – Portugal beginnt den Handel mit Negersklaven aus Westafrika.

~ **1450** – In England beginnt das „Bauernlegen", d.h. die Vertreibung der kleinen Ackerbauern zugunsten einer großräumigen Schafzucht, um Wolle für die flämischen und englischen Manufakturen zu gewinnen.

1451 – Die Türken erobern das christliche Konstantinopel und erschweren damit den Handel Venedigs mit Asien.

1492 – Christoph Columbus sucht in spanischem Auftrag den westlichen Seeweg nach Indien und entdeckt Cuba und Haiti.

1493 – Das Reich der Songhai in Afrika erreicht den Höhepunkt seiner Macht. – Der Schiedsspruch des Papstes Alexander VI. teilt die Neue Welt zwischen Spanien und Portugal auf.

1498 – Der Portugiese Vasco da Gama erreicht nach Umfahren Afrikas Indien.

1500 – *ABORIGINES. Trepangfischer aus Makassar laufen regelmäßig Nordaustralien an. Sie bringen den australischen Jägern Bootsbau, Töpferei und Feldanbau bei.*

KUNA. Völker der karibischen Sprachgruppe wandern aus Zentral-Südamerika in das Land der Chibcha ein und vermischen sich mit diesen. Das Mischvolk der Cueva, der späteren Kuna, etwa 700 000 Menschen, siedelt in Darién.

Der Portugiese Pedro Alvares Cabral entdeckt die brasilianische Küste.

1500–1600 – *LAPPEN. Durch die Krise des skandinavischen Fellhandels sind die Lappen zur Ausdehnung ihrer Rentierzucht gezwungen. – Steuereintreiber aus Rußland, Schweden und Norwegen verfolgen die Lappen.*

1502/3 – *KUNA. Christoph Columbus entdeckt auf seiner Vierten Reise das amerikanische Festland und begegnet möglicherweise den Kuna.*

1509 – Der Transport afrikanischer Negersklaven nach Südamerika beginnt.

1511 – Der Portugiese Antonio d'Abreu streift Neuguinea bei seiner Entdeckungsfahrt nach den Molukken.

1513 – *KUNA. Der spanische Kapitän Vasco Núñez de Balboa durchquert die Landenge von Panama zu Fuß und erreicht den Pazifik. Er gründet die Hafenstadt Santa Maria la Antigua, wird aufgrund von Intrigen abgesetzt und 1517 hingerichtet.*

Der Spanier Ponce de Leon entdeckt auf seiner Suche nach dem „Quell ewiger Jugend" die Küste Floridas.

1514 – *KUNA. Deserteure aus der spanischen Truppe Balboas richten unter dem Hauptmann Ayora das erste Blutbad unter den Kuna an. Die Überlebenden beginnen sich in den Urwald zurückzuziehen und töten jeden Weißen.*

1521 – Der spanische Konquistador Hernan Cortes zerstört das Azteken-Reich.

1525 – Bauernkrieg in Deutschland.

1526 – *PAPUA. Der Portugiese Jorge de Meneses landet an der Vogelkop-Halbinsel im Westen Neuguineas.*

1533 – Spanier zerstören das Inka-Reich.

1535–38 – Der Spanier Jiménez de Quesada vernichtet auf der Suche nach Gold das Volk der Chibcha in Kolumbien.

1545 – *PAPUA. Der Spanier Inigo Ortiz de Retes macht bei seiner gescheiterten Reise von den Philippinen nach Mexiko auf Neuguinea Station. Er führt den Namen Nova Guinea ein.*

1549 – Portugiesen gründen Bahia (heute San Salvador) zunächst als Stützpunkt für den Ostindien-Handel. Der fruchtbare Küstenstreifen wird langsam mit Zuckerrohr- und Baumwollplantagen bepflanzt, die von importierten Negersklaven bearbeitet werden. – An der brasilianischen Küste entstehen zwölf unabhängige, von Großgrundbesitzern beherrschte „Kapitanien".

~ **1550** – In Peru und Mexiko werden ausgedehnte Silberminen entdeckt. Die peruanische Silberstadt Potosi beherbergt bis zu 200 000 indianische Arbeiter. – Beginn der europäischen Geldwirtschaft.

~ **1567** – In Südamerika sterben zwei Millionen Indianer am eingeschleppten Fleckfieber.

1569 – *PAPUA. Nova Guinea erscheint auf der Weltkarte Mercators.*

1572 – *KUNA. Der britische Freibeuter Francis Drake erobert zum erstenmal den spanischen Hafen Nombre de Dios an der panamaischen Küste.*

1580 – Spanien erlangt durch die Eroberung Portugals die größte Ausdehnung seines Machtbereichs. Bis 1590 geht durch die Loslösung der Niederlande und die Vernichtung der Flotte (Armada) durch England seine Vormachtstellung zu Ende.

1600 – Die britische Ostindien-Kompagnie mit Handelsmonopol für Südostasien wird gegründet. 1602 folgt die Niederländische Ostindien-Kompagnie. – Abenteurer aus São Paulo, die *bandeirantes*, stoßen auf der Jagd nach Indianersklaven und Gold erstmals ins brasilianische Binnenland vor.

1602 – *KUNA. Der britische Freibeuter W. Parker erobert den neuen spanischen Hafen Portobelo in Panama.*

1606 – *PAPUA. Der Spanier Luis Vaez de Torres segelt entlang der Südostküste Neuguineas durch die nach ihm benannte Meerenge. Spanien versucht, diese Entdeckung geheimzuhalten.*

1608 – Jesuiten gründen in Paraguay einen Indianerstaat.

1609 *LAPPEN. König Christian IV. von Dänemark und Norwegen bereist die Finnmark. Er gibt den Befehl, alle Lappen zu töten, die sich nicht taufen lassen.*

1611–1613 – *LAPPEN. Im Krieg zwischen Dänemark-Norwegen und Schweden-Finnland geht es im wesentlichen um die Steuerpflicht der Lappen. Nordskandinavien wird etwa den heutigen Grenzen entsprechend aufgeteilt.*

1618 – Beginn der Verwüstung Deutschlands durch den Dreißigjährigen Krieg.

1619 – Negersklaven werden jetzt nach Nordamerika gebracht.

1623 – *ABORIGINES. Der niederländische Kapitän Jan Carstensz durchfährt mit seinem Schiff „Arnhem" die Torres-Straße und entdeckt das nach seinem Schiff benannte Arnhemland in Australien.*

1633 – Galileo Galilei muß vor der Inquisition der kopernikanischen Lehre abschwören.

1641 – Von Jesuiten bewaffnete Indianer bringen den *bandeirantes* in Brasilien eine Niederlage bei.

1642 – Der Niederländer Abel Tasman entdeckt Tasmanien, Süd-Neuseeland und die Fidschi-Inseln. – Die Zahl der Menschen auf der Erde erreicht 500 Millionen.

1644 – *ABORIGINES. Der Niederländer Abel Tasman kartographiert Teile der Küste von Arnhemland. Er umsegelt Australien.*

1650 – *LAPPEN. In Nordschweden werden reiche Silbervorkommen entdeckt. Die Lappen werden zur Zwangsarbeit in den Minen herangezogen, da schwedische Arbeitskräfte in dem vom Dreißigjährigen Krieg ausgebluteten Land nicht zur Verfügung stehen.*

Die europäischen Mächte teilen die Küste Westafrikas unter sich auf. Das Gebiet liefert Rohstoffe und vor allem Sklaven für die Plantagen Mittel- und Südamerikas. Die europäischen Siedler in Nordamerika beginnen mit der Ausrottung der Indianer.

1650–1750 – *TAMBERMA. Die Gourma-Völker in Afrika müssen unter dem Druck der Songhai und anderer islamisierter Negervölker endgültig ihr Siedlungsgebiet aufgeben und wandern langsam südwärts.*

1660 – *PAPUA. Niederländer üben von Indonesien aus über den von ihnen abhängigen Sultan von Tidore formelle Oberhoheit über Neuguinea aus.*

1663 – Die britische Kolonie Carolina in Nordamerika wird gegründet.

MICCOSUKEE. Spanier beherrschen Florida; sie lassen die dort lebenden Indianer in Frieden.

1668 – *KUNA. Der britische Freibeuter Henry Morgan erobert die spanische Festung Portobelo in Panama. Die Küste von San Blas (Panama) wird zum Hauptstützpunkt der britischen Seeräuber gegen die Spanier. Die Briten verbünden sich dabei zunehmend mit den Kuna.*

1670 – Die britische Hudson's-Bay-Company wird gegründet.

1681 – *KUNA. Der britische Freibeuter Lionel Wafer beschreibt die Kuna.*

1683 – An der Küste des heutigen Togo entsteht als erste deutsche Kolonialniederlassung das kurfürstlich-brandenburgische Großfriedrichsburg.

1689 – In China wird Kanton für britische Schiffe geöffnet.

1693 – Der niederländische Außenhandel übertrifft den britischen um etwa das Dreifache. Zur Erleichterung der Geschäfte wird die britische Ostindien-Kompagnie in eine Aktiengesellschaft umgewandelt.

1700–1750 – *LAPPEN. Thomas von Westen, „Apostel der Lappen", organisiert die Christianisierung der norwegischen Lappen. Er errichtet Kirchen und bei Trondheim ein Lappenseminar.*

1707 – Die Niederländer besetzen das deutsche Großfriedrichsburg an der togoischen Küste.

1713 – Großbritannien löst Frankreich als Sklavenlieferant für Spanisch-Amerika ab.

~ **1750** – Chinamode in Europa: Porzellan, Seide, Lackwaren, Schattenbilder, Goldfische.

1763–83 – *MICCOSUKEE. Briten besetzen Florida und vertreiben die Spanier. Gegen die britischen Angriffe schließen sich die unterschiedlichen Indianerstämme Floridas als „Seminolen" zusammen. Dazu gehören auch die Miccosukee.*

1769 – Burma wird China tributpflichtig. – Beginn der Industrialisierung in England durch die Erfindung der Dampfmaschine (James Watt).

1770 – *ABORIGINES. Der britische Kapitän James Cook landet in der Botany Bay in der Nähe des heutigen Sydney und nimmt den australischen Kontinent für Großbritannien in Besitz.*

1776 – Unabhängigkeitserklärung der USA. Die Engländer geben Florida auf, das zunächst wieder an Spanien fällt. – Erster lebender Orang Utan wird in Holland gezeigt.

1778 – Erster Landvertrag der USA mit dem Stamm der Delaware.

1782 – Chakri-Dynastie in Thailand. Vorsichtige Öffnung gegenüber westlichen Einflüssen (Handel) unter Wahrung der nationalen Selbständigkeit.

1788 – *ABORIGINES. Die europäische Besiedlung Australiens beginnt mit 1000 Sträflingen. Sydney wird gegründet.*

1789 – Französische Revolution.

1793 – *ABORIGINES. Die ersten freien Siedler treffen in Australien ein. Sie leben von der Schafzucht. Die Zahl der Aborigines wird auf 300 000 geschätzt.*

PAPUA. Die britische Ostindien-Kompagnie versucht vorerst erfolglos, in Neuguinea Fuß zu fassen.

1795 – Mit der Niger-Expedition des Briten Mungo Park beginnt die Erforschung Innerafrikas durch die Europäer.

1799 – Alexander von Humboldt beginnt seine Forschungsreisen in Mittel- und Südamerika (bis 1804).

1803 – *ABORIGINES. Der britische Captain Matthew Flinders bereist auf der „Investigator" den Golf von Carpentaria im Norden Australiens.*

1811 – Kolumbien erklärt die Unabhängigkeit von Spanien.

1814 – *MICCOSUKEE. Der US-Generalmajor und spätere Präsident Andrew Jackson besiegt die Creek in Georgia und nimmt ihnen das Land zugunsten weißer Siedler. Zahlreiche überlebende Creek stoßen zu den Seminolen in Florida.*

1815 – Mit dem Sieg über Napoleon ist England endgültig Beherrscher der Weltmeere.

1816 – *MICCOSUKEE. Das Seminolengebiet in Florida wird immer mehr Zuflucht für verfolgte Indianer und entflohene Negersklaven. Andrew Jackson (→ 1814) dringt auf ihren Spuren in das Land ein. Es kommt zum ersten Seminolenkrieg (1817/8).*

1819 – Simón Bolívar vertreibt die Spanier endgültig aus Kolumbien und wird Präsident von Groß-Kolumbien.

1820 – Das chinesische Opiumverbot beeinträchtigt den britischen Handel.

1821 *KUNA. Panama wird als Teil Groß-Kolumbiens ebenfalls unabhängig. Der Druck auf die Kuna läßt nach; sie kommen allmählich aus dem Wald zurück und siedeln an der Atlantikküste.*

MICCOSUKEE. Spanien verkauft Florida an die USA. Die überlebenden Seminolen fliehen in die Mangrovensümpfe der Everglades.

1822 – Brasilien wird unabhängiges Kaiserreich.

PAPUA. Die britischen Kolonien in Australien verlangen vom Mutterland zum ersten Mal die Annektion von Neuguinea.

1823/4 – *LAPPEN. Friedrich Wilhelm von Schubert, Professor der Theologie in Greifswald, bereist Lappland. Sein etwa 1500 Seiten starker Bericht ist die bisher gründlichste Beschreibung der samischen Kultur.*

1824 – *ABORIGINES. In der britischen Kolonie New South Wales in Australien werden die Aborigines wie Freiwild verfolgt. Ihre Zahl nimmt durch Massaker schnell ab.*

Gründung des BIA („Bureau of Indian Affairs") als Teil des US-Kriegsministeriums.

1828 – *PAPUA. Die Niederlande proklamieren ihre Herrschaft über die Südküste West-Neuguineas.*

1830 – Der Indian Removal Act in den USA legalisiert den Landraub an den Indianern.

1832 – *ABORIGINES. In Bathurst bei Sydney kommt es zum größten Massaker, dem mehr als 500 Aborigines zum Opfer fallen.*

1835/43 – *MICCOSUKEE. Zweiter Seminolenkrieg in Florida unter Führung des Miccosukee Osceola. Er erobert das befestigte Fort King im Handstreich; die US-Truppen laden ihn zu Verhandlungen und nehmen ihn gefangen. Er stirbt im Hungerstreik.*

1838 – Die Chinesen vernichten illegale britische Opiumlager. Großbritannien beginnt den Opiumkrieg (bis 1842). China muß in der Folge alle Häfen öffnen und Hongkong abtreten.

Vergleichende Zeittafel

1841 – Thomas Cook organisiert erste Gesellschaftsreise.

1845 – *MICCOSUKEE. Florida wird 27. Staat der USA.*

1848 – Das Kommunistische Manifest erscheint und gibt der Arbeiterbewegung in Europa ihre theoretische Grundlage. – Revolution in Frankreich und Deutschland. – In England ist die Industrialisierung weitgehend abgeschlossen. 50 Prozent der Bevölkerung wohnen in Städten.

PAPUA. Die Niederlande beanspruchen im Namen des Sultans von Tidore auch die Nordküste West-Neuguineas.

1849 – Die Indianerbehörde BIA wird dem US-Innenministerium unterstellt.

1850 – *TAMBERMA. Deutsche Händler tauchen erneut an der Küste von Togo auf. – Die Tamberma haben mittlerweile ihr heutiges Siedlungsgebiet erreicht.*

1850–1914 – Kautschuk-Boom in Amazionien. Es gelingt, das Kautschuk-Weltmonopol der britischen Pflanzer in Malakka zu brechen und die Pflanze in der Gegend von Manaus heimisch zu machen. Der Boom führt zu verstärkter Ausrottung von Indianern durch die Weißen.

1852 – *LAPPEN. Die Grenze zwischen Norwegen und Finnland wird für den Durchgang der Rentierherden gesperrt.*

1853–64 – Die chinesischen Bauernrebellen der T'ai P'ing erobern Nanking und errichten ein egalitäres Regime.

1855–58 – *MICCOSUKEE. Dritter Seminolenkrieg in Florida. Nur 250 Indianer überleben, darunter 50 Miccosukee. – In den USA leben nur noch 300 000 Indianer.*

1857 – Erste Weltwirtschaftskrise. – Ein Aufstand in Indien führt zur Auflösung der britischen Ostindien-Kompagnie und zur Einsetzung eines britischen Vizekönigs.

1860 – Briten und Franzosen besetzen Peking, um China zur Öffnung aller Häfen zu zwingen.

1865 – Der deutsche Forscher Gerhard Rohlfs durchquert als erster Nordafrika.

1868–1910 – In einer Periode umfassender Reformen unter König Rama V. werden in Thailand mit westlichen Experten Schulsystem und Transportwesen modernisiert und die Sklaverei abgeschafft.

1869 – *ABORIGINES. Im Nordwesten Australiens wird Gold entdeckt. Die Minenstadt Palmerston (später Darwin) wird gegründet. Die in Arnhemland lebenden Aborigines werden als billige Arbeitskräfte herangezogen.*

1871 – Der Suez-Kanal wird eröffnet. – Pariser Commune. – Deutschland wird Kaiserreich.

1872 – China unterwirft Mohammedaneraufstand in Turkestan.

1873 – *LAPPEN. Die erste Zeitung in lappischer Sprache wird in Norwegen gegründet.*

1876 – Letzte Indianerkriege in den USA. Die vereinigten Sioux besiegen und töten den General Custer am Little Big Horne River. Häuptling Sitting Bull zieht sich vor der Rache der Armee nach Kanada zurück. – Rußland erobert Westturkestan.

1878 – *PAPUA. Bei Port Moresby auf Neuguinea wird Gold gefunden.*

1879 – Ferdinand de Lesseps gründet in Frankreich die Panama-Kanal-Gesellschaft.

1881 – Sitting Bull (→ 1876) kehrt in die USA zurück und wird in ein Reservat eingewiesen.

1881–83 – *PAPUA. Mehrere tausend Papua werden als Arbeiter ins australische Queensland transportiert.*

1884 *PAPUA. In Berlin wird die „Neuguinea-Compagnie" gegründet. Der Nordosten der Insel sowie die Inseln des Bismarck-Archipels werden deutsches „Schutzgebiet". Daraufhin erklärt Großbritannien den südöstlichen Teil der Insel zum britischen Protektorat.*

Deutschland wird Kolonialmacht: Carl Peters okkupiert Deutsch-Ostafrika und gründet die „Deutsche Kolonialgesellschaft". Das Reich übernimmt die von Franz Lüderitz erworbenen Gebiete in Südwestafrika. – Der deutsche Forschungsreisende Gustav Nachtigal veranlaßt im Gebiet des heutigen Togo den Ewe-Häuptling Mlapa zur Anerkennung der deutschen „Schutzherrschaft". Das deutsche Schutzgebiet reicht nur etwa 50 Kilometer ins Landesinnere.

XINGU. Der deutsche Forscher Karl von den Steinen dringt im Laufe seiner „Schingú-Expedition" in Brasilien zum ersten Mal in das Gebiet am Rio Xingu vor und beschreibt die Xingu-Indianer. Er zählt ungefähr 3000 Indianer.

1884–87 – *ABORIGINES. Höhepunkt des Goldfiebers in Australien. Mehrere Epidemien dezimieren die Aborigines von Palmerston.*

1887/88 – *XINGU. Zweite „Schingú-Expedition" v. d. Steinens (→ 1884).*

1888 – Freilassung aller Negersklaven in Brasilien.

1889 – Brasilien wird Republik.

1890 – Massaker der Weißen in den USA am Wounded Knee River unter den Reservats-Sioux. Mit der Ermordung Sitting Bulls (→ 1876) ist die „Befriedung" der Indianer abgeschlossen.

1892/93 – Die Panama-Kanal-Gesellschaft geht bankrott. Die Arbeit am Kanal wird eingestellt.

1894 – *TAMBERMA. In Konkurrenz mit den Franzosen dringen deutsche Kolonisten unter Dr. Hans Gruner und Dr. Rudolf Döring nach Norden vor. Sie erreichen das Gebiet der Tamberma.*

1897 – Etwa 6000 Dagomba und Konkomba werden in der Schlacht von Adibo im Nordwesten Togos von der deutschen Polizeitruppe geschlagen. – Hottentottenaufstand in Deutsch-Südwestafrika wird niedergeschlagen.

1898 – China muß Kiautschou an Deutschland verpachten.

1898–1902 – *TAMBERMA. Auf zahlreichen Strafexpeditionen in den Norden Togos wird auch das Gebiet der Tamberma „befriedet". – Die deutsche Kolonie trägt sich wirtschaftlich selbst.*

1899 – *PAPUA. Die Deutschen verlegen den Sitz ihrer Neuguinea-Kolonialverwaltung vom Festland nach Rabaul auf Neubritannien.*

1900/01 – Während des ausländerfeindlichen „Boxer-Aufstandes" in China werden ausländische Gesandtschaften in Peking besetzt. Der Aufstand wird in einer gemeinsamen militärischen Aktion der Kolonialmächte niedergeschlagen.

1901 – Die USA erringen in Verträgen mit dem konkurrierenden Großbritannien das alleinige Recht zum Bau des Panama-Kanals.

ABORIGINES. Der Australische Bund wird als britisches Dominion mit weitgehender Selbstverwaltung gegründet.

1903 – *KUNA. Von den USA unterstützte Revolution in Panama. Das Land wird „unabhängig" und verankert in seiner Verfassung das Recht der USA auf Intervention. Die Zone des geplanten Kanals wird der US-Verwaltung unterstellt.*

1904 – Erneuter Hottentottenaufstand in Deutsch-Südwestafrika kann erst 1908 niedergeschlagen werden. Hereros werden in die Wüste abgedrängt und kommen um.

1905 – *PAPUA. Britisch-Neuguinea wird der Verwaltung des neuen Dominions Australien unterstellt. Es bekommt den Namen Papua.*

AKHA. In Thailand entsteht das erste Dorf der Akha.

1906 – Marokko-Krise führt zu Spannungen zwischen Deutschland und Frankreich.

1907 – Großbritannien und Rußland einigen sich über die Aufteilung Persiens. – Thailand muß, um seine Unabhängigkeit zu retten, große Teile seines Gebietes an Französisch-Indochina abtreten.

1908 – Deutschland wird zweitstärkste Seemacht. – Mannesmann gewinnt Konzessionen auf Erzlager in Marokko.

1910 – *LAPPEN. Der Lappe Johan Turi veröffentlicht seine „Erzählungen der Lappen", eine Sammlung alter Geschichten.*

1911 – Zweite Marokko-Krise führt fast zum Krieg Deutschlands gegen Frankreich. – Revolution in China unter Sun-Yat-sen.

1914–18 – Erster Weltkrieg.

1914 – *TAMBERMA. Bei Beginn des Ersten Weltkriegs besetzen Engländer und Franzosen Deutsch-Togo.*

PAPUA: Mit dem Beginn des Ersten Weltkriegs landen australische Truppen in der Nähe von Rabaul und nehmen die deutsche Schutztruppe von Neuguinea gefangen.

Nach zehnjähriger Bauzeit auch mit indianischen Arbeitskräften wird der Panama-Kanal fertiggestellt. Panama drängt in der Folge immer stärker auf eine Revision der Verträge mit den USA.

1915 – *PAPUA. Der polnische Völkerkundler Bronislaw Malinowski läßt sich auf den Trobriand-Inseln an der Ostspitze von Neuguinea nieder und beschreibt die Kultur der Einwohner.*

1916 – *LAPPEN. Bei Alta wird das letzte wilde Ren Lapplands geschossen.*

1917 – Novemberrevolution in Rußland. Sowjetrepublik.

1919 – *TAMBERMA. Die deutsche Kolonie Togo wird geteilt. Der kleinere Westteil fällt an das englische Ghana, Rest-Togo untersteht französischer Kolonialverwaltung.*

Im Friedensvertrag von Versailles werden Deutschland sämtliche Kolonien genommen, insgesamt 2,9 Millionen km² mit 15 Millionen Menschen:
Deutsch-Ostafrika mit 932 000 km², Deutsch-Südwestafrika mit 836 000 km², Kamerun mit 790 000 km², Togo mit 88 000 km², Deutsch-Neuguinea mit 240 000 km². Dazu das Bismarck-Archipel, die Inselgruppen der Karolinen, Marianen, die Marschall-Inseln, Opulu und Sawai im Archipel von Samoa sowie das in China gepachtete Kiautschou.

Folgende Kolonialreiche erreichen nach dem Krieg ihre größte Ausdehnung:
Großbritannien mit 31,6 Millionen km²
Frankreich mit 11,75 Millionen km²
Portugal mit 3,01 Millionen km²
Belgien mit 2,33 Millionen km²
Niederlande mit 2,08 Millionen km²
USA mit 1,92 Millionen km² (incl. Alaska und Hawaii)

1920 – *PAPUA. Australien übernimmt die Verwaltung von Nordost-Neuguinea.*

1921 – *ABORIGINES. Im australischen Arnhemland wird zum erstenmal Öl gefördert.*

1922 – Ein Mandat des Völkerbundes sanktioniert die Aufteilung der ehemals deutschen Kolonien.

PAPUA. Ein System von Heilgehilfen (doctor boys) wird in Ostneuguinea eingeführt. Medizinische und schulische Versorgung liegen weitgehend in der Hand der zahlreichen Missionsgesellschaften.

1923 – Australien erhält als Dominion das Recht auf eine eigene Außenpolitik.

1924 – *MICCOSUKEE. Neues Ziel der US-Politik ist die Eingliederung der Indianer in die Zivilisationsgesellschaft unter Aufgabe der eigenen Kultur. Sie bekommen die US-Staatsbürgerschaft. Folglich müssen sie Steuern zahlen oder ihr Land verkaufen.*

1925 – *AKHA. Das zweite Akha-Dorf entsteht in Thailand.*

KUNA. Panama entsendet Polizisten ins Kuna-Gebiet. Viele werden getötet. Die Kuna rufen die „Republik Tule" aus und verbünden sich mit den USA. Dies führt zur vollständigen Autonomie der Kuna in der Comarca de San Blas.

LAPPEN. Die Rentierlappen geben zunehmend die bisher vorherrschende intensive Renzucht auf, die die Nutzung kleiner, zahmer Herden als Lasttiere und Milchlieferanten einschloß. Sie treiben jetzt die einträglichere extensive Zucht großer Herden allein für die Fleischproduktion.

1926 – Aufstände in Marokko gegen Frankreich und Spanien, in Java gegen die Niederlande. – Nationalisierung der Bodenschätze in Mexiko.

1929 – Weltwirtschaftskrise.

1930 – *ABORIGINES. Nur noch 60 000 Aborigines, davon 18 000 Mischlinge, leben in Australien.*

1931 – Japan besetzt die Mandschurei.

1933 – *PAPUA. Die Engländer Daniel und Michael Leahy dringen auf der Suche nach Gold für die australische Regierung als erste Weiße in die Highlands vor.*

In Deutschland beginnt das Dritte Reich.

1934 – *PAPUA. Erste Missionsstationen in den Highlands von Neuguinea.*

Die New-Deal-Politik US-Präsidents Roosevelts beendet mit dem Indian Reorganisation Act die Zwangsverkäufe. Gründung von Unterstützungs-Fonds unter dem neuen BIA-Chef und Anthropologen John Collier.

1935 – General Rondon gründet in Brasilien die Indianerbehörde SPI.

ABORIGINES. Im australischen Arnhemland wird die methodistische Missionsstation Yirrkala gegründet.

1936 – Italien erobert Äthiopien. – Revolution in Spanien. Deutschland und Italien erproben ihre Waffensysteme im Spanischen Bürgerkrieg.

1937 – Japan erobert Peking und die gesamte chinesische Küste.

ABORIGINES. Die Assimilierung der Aborigines in Australien wird staatliche Politik. Der Anthropologe Donald Thomson fordert unverletzliche Reservate für die Aborigines.

1939 – Japanische Kriegserklärung an Australien.

1939–45 – Zweiter Weltkrieg.

1940–45 – *LAPPEN. Deutsche Truppen halten Norwegen besetzt. Die Lappen haben besonders zu leiden, da ihr Gebiet mehrmals von der Front überrannt wird. Beim Abzug zerstören die Deutschen die Wohnungen und Herden der Lappen.*

1941 – In den USA wird der Chef der Indianerbehörde John Collier wegen zu indianerfreundlicher Politik zum Rücktritt gezwungen. – Indianer werden in die US-Armee eingezogen.

1942 – *XINGU. Brasilien beginnt mit der systematischen Erschließung seiner Urwaldgebiete. – Die Brüder Villas-Bôas werden ins Xingu-Gebiet entsandt und gründen die Stationen Jacaré (später Posto Leonardo) und Diauarum.*

Thailand greift auf der Seite Japans in den Weltkrieg ein und erhält seine 1907 an Frankreich verlorenen Gebiete zurück.

PAPUA. Die Japaner nehmen Rabaul ein und besetzen den größten Teil Neuguineas. Nur Port Moresby bleibt den Australiern.

1945 – Atombomben auf Hiroshima und Nagasaki führen zum Ende des Zweiten Weltkrieges.

KUNA. Immer mehr Kuna verdingen sich als Saisonarbeiter in Panama City und in der Kanalzone. Dies führt zur Untergrabung der traditionellen Gesellschaftsordnung. Die Comarca versucht, dem mit strenger Reglementierung entgegenzuwirken.

PAPUA. Nach der Niederlage der Japaner kommt der gesamte Osten Neuguineas unter einheitliche australische Verwaltung.

1947 – Beginn der Entkolonialisierung. – Auf dem indischen Subkontinent entstehen die autonomen Staaten Indien und Pakistan.

1948 – Erste Konferenz der Weltgesundheitsorganisation der UN schätzt jährliche Todesfälle an Syphilis auf 20 Millionen, Malaria 3 Millionen, Tuberkulose 4,5 Millionen Menschen.

AKHA. Birma wird von Großbritannien unabhängig. Die den Thai verwandten Stämme der Shan und Karen im Norden des Landes beginnen einen Bürgerkrieg um Selbstbestimmung, der bis heute dauert. Durch den Krieg werden die kleineren Bergvölker der Akha und Meo zur Flucht nach Thailand gedrängt. Diese Einwanderungswelle hält bis heute an.

1949 – Bundesrepublik Deutschland und DDR entstehen. – Die Kommunistische Volksarmee unter Mao Tse-tung erobert ganz China.

PAPUA. Die Niederlande behalten auch nach der Unabhängigkeit der Republik Indonesien die Herrschaft in West-Neuguinea.

1950 – Selbständigkeit der niederländischen Kolonie in Südostasien als Republik Indonesien. – Beginn des Korea-Krieges.

XINGU. Nur noch 650 Indianer leben im Xingu-Gebiet in Brasilien, davon 17 Yawalapiti. – Das südlich des Xingu-Gebiets lebende Volk der Txikão wird von Goldsuchern bedrängt und muß nach Norden ausweichen. Es kommt zu einem Kleinkrieg gegen die Xinguanos.

Vergleichende Zeittafel

1951 – Iran verstaatlicht unter Ministerpräsident Mossadegh sein Erdöl und enteignet die Anglo-Iranian Oil Company. Mossadegh scheitert (1953) an der Ölblockade durch Großbritannien.

1953 – *XINGU. UN-Projekt zur sozialen Eingliederung der sechs Millionen Indianer in Südamerika.*

1954 – Niederlage bei Dien Bien Phu beendet Frankreichs Herrschaft in Indochina. Teilung von Vietnam.

ABORIGINES. Der britische Konzern Rio Tinto beginnt mit dem Uranabbau in Queensland/Australien.

1956 – Suez-Krise. Großbritannien und Frankreich antworten auf die Nationalisierung der Suezkanal-Gesellschaft mit dem Einmarsch in Ägypten, werden aber von den UN zum Rückzug gezwungen.

1957 – Ghana wird von Großbritannien unabhängig.

1959 – Kolonialkrieg in Algerien führt in Frankreich zur Staatskrise. Die 5. Republik unter General de Gaulle erkennt das Selbstbestimmungsrecht Algeriens an und beginnt Friedensverhandlungen. Revolution in Kuba.

TAMBERMA. Die erste Schule im Tamberma-Gebiet in Togo wird in Warengo gegründet.

1960 *TAMBERMA. Togo wird von Frankreich unabhängig.*

Höhepunkt der Entkolonialisierung: 17 afrikanische Staaten werden unabhängig.

MICCOSUKEE. Sammlung der Miccosukee durch Häuptling Buffalo Tiger. Ihnen wird das Gebiet am Tamiami Trail zugewiesen.

1961 – Nigeria bricht wegen der Kernwaffenversuche in der Sahara die diplomatischen Beziehungen zu Frankreich ab.

ABORIGINES. Alle Aborigines, „die es wünschen", d.h., die sich in Wählerlisten eintragen, erhalten in Australien das Wahlrecht.

XINGU. Das Xingu-Reservat in Brasilien wird gegründet.

1962 – *TAMBERMA. Togo wird einer der Schwerpunkte deutscher Entwicklungspolitik. Der DED beginnt mit einem Programm zur Ausrottung der Lepra. Die „Deutsch-Togoische Gesellschaft" wird gegründet. – Die Bundesrepublik wird nach Frankreich Togos zweitgrößter Außenhandelspartner.*

PAPUA. Indonesische Truppen landen in West-Neuguinea. Durch die Vermittlung der UN wird ein Vertrag geschlossen, der die Angliederung von „Irian Barat", das später Irian Jaya genannt wird, an Indonesien ab Mitte 1963 vorsieht.

MICCOSUKEE. Durch ein Telegramm an Fidel Castro in Kuba erzwingt Buffalo Tiger die Anerkennung der Miccosukee als Stamm. Die Wiederauffindung eines Vertrages von 1839, in dem den Miccosukee 20 000 Quadratkilometer Land zugebilligt werden, ermöglicht einen Prozeß um die Landrechte.

1963 – 70 Prozent der Weltbevölkerung gelten als unterernährt, 95 Prozent aller Asiaten und Afrikaner.

ABORIGINES. In Groote Eylandt im australischen Arnhemland beginnt der Mangan-Abbau.

1964 – *KUNA. Aufstände in der Panama-Kanalzone gegen die USA.*

ABORIGINES. In Australien wird das Alkoholverbot für Aborigines aufgehoben.

1965 – In Indonesien versuchen Kommunisten mit Unterstützung von Teilen der Armee die Macht zu übernehmen. Bei der anschließenden Kommunistenverfolgung kommen 100 000 Menschen um.

1966 – Die USA haben 235 000 Soldaten in Südvietnam. Die nordvietnamesische Hauptstadt Hanoi wird bombardiert. Spontane Proteste in USA und Westeuropa gegen den Vietnamkrieg führen zur Studentenbewegung. – Kulturrevolution in China.

XINGU. Die 53 überlebenden Txicão werden im Xingu-Reservat angesiedelt.

1967 *PAPUA. In Papua-Neuguinea wird die Pangu Pati als Unabhängigkeitsbewegung gegründet. – In Irian Jaya entwickelt eine UN-Expertengruppe ein Entwicklungskonzept.*

TAMBERMA. Durch einen Militärputsch in Togo kommt Oberstleutnant Eyadéma an die Macht.

XINGU. Die brasilianische Indianerbehörde wird reorganisiert und bekommt den Namen Funai. – Das Xingu-Reservat wird auf seine heutige Größe von etwa 30 000 Quadratkilometer erweitert und in einen Nationalpark mit strengen Schutzbestimmungen umgewandelt.

ABORIGINES. Eine Volksabstimmung in Australien gibt dem Parlament in Canberra das Recht zur Gesetzgebung für Aborigines.

1968 – Die USA stellen Bombenangriffe auf Nordvietnam ein. Sie haben zeitweise 500 000 Soldaten in Südvietnam stationiert. – Etwa 400 Millionen Menschen sind weltweit mit Wurmkrankheiten infiziert. – Civil Rights Act in den USA führt zu Verbesserungen der Situation der Indianer in den Reservaten.

1969 – *PAPUA. Die im Vertrag zwischen Indonesien und den Niederlanden vorgesehene Volksbefragung in Irian Jaya ergibt eine Mehrheit für den Verbleib bei Indonesien. Die Befragung gilt als manipuliert.*

ABORIGINES. Der australisch-schweizerische Aluminiumkonzern Nabalco erhält von Australien das Recht, auf der Gove-Halbinsel im Reservat der Aborigines bis zum Jahre 2053 Bauxit abzubauen. Die Aborigines erhalten finanzielle Entschädigungen. – Der Kampf der Aborigines von Arnhemland um ihre Landrechte beginnt.

1971 – *LAPPEN. Schweden verabschiedet ein Gesetz zur Rentierzucht. Durch staatliche Förderung soll die Rentierzucht rentabler werden.*

XINGU. Durch den Bau der brasilianischen Staatsstraße BR 80 von Brasilia nach Manaus wird der Nordteil des Xingu-Gebiets abgetrennt. Deshalb muß der dort lebende Stamm der Txucarramãe umgesiedelt werden.

ABORIGINES. In Australien wird durch Gerichtsentscheid der Anspruch der Aborigines von Yirrkala auf ihr Land abgelehnt.

1972 – *ABORIGINES. Bei einem Treffen mit den Führern der Aborigines spricht sich der neue australische Labour-Premierminister Gough Whitlam für die Verankerung eines kollektiven Landrechts der Aborigines in der Verfassung aus.*

LAPPEN. Vor der norwegischen Küste beginnt die Erdölförderung. Die Abgaben an den Staat werden für Wohlfahrtsprogramme auch für die Lappen verwendet.

AKHA. Thailand beschließt die Gründung der Hill Tribes Foundation zur sozialen und ökonomischen Eingliederung der einwandernden Bergvölker.

Unter der Regierung von General Omar Torrijos Herrera wird die politische Ablösung Panamas von den US-Interessen angestrebt. Panama orientiert sich zunehmend an der Dritten Welt und macht sich zum Fürsprecher einer eigenständigen lateinamerikanischen Politik.

1973 – In Chile putschen Militärs unter Genral Augusto Pinochet gegen die demokratische Regierung Salvador Allendes und errichten eine Militärdiktatur. – Die letzten US-Truppen verlassen Vietnam.

PAPUA. Eine Regierung unter Führung des Chefs der Pangu Pati, Michael Somare, übernimmt die Innenverwaltung Papua-Neuguineas.

XINGU. Das brasilianische Indianerstatut, Estatuto do Indio, tritt in Kraft. – Mario Juruna, Häuptling der Xavante in Mato Grosso, wird erster indianischer Abgeordneter im Parlament und setzt einen Indianerausschuß durch.

1974 – In Portugal stürzt die Armee das diktatorische Regime und setzt eine Allparteien-Regierung ein. Sie verzichtet auf die Kolonien Angola und Mozambique, die 1975 unabhängig werden.

LAPPEN. Im norwegischen Kautokeino wird das Nordische Lappen-Institut eröffnet. Es dient der Erforschung und Erhaltung der Kultur der Lappen.

Nordvietnamesische Truppen marschieren in Saigon ein und beenden den Vietnamkrieg.

XINGU. Das Volk der Kreenakroré wird im brasilianischen Xingu-Gebiet angesiedelt.

Indonesische Truppen besetzen die portugiesische Kolonie Ost-Timor, die sich auf die Unabhängigkeit vorbereitete. Vor deren Küste werden umfangreiche Erdölvorkommen vermutet. Es kommt zu Massakern in der Hauptstadt Dili. Bis 1984 kommen in dem andauernden Unabhängigkeitskampf etwa 200 000 der 550 000 Bewohner von Ost-Timor um, die meisten durch Verhungern.

PAPUA. Papua-Neuguinea erhält die volle Unabhängigkeit und wird Mitglied der UN. – In Irian Jaya kommt es zu Aufständen der Papua gegen die Indonesier.

Die Insel Bougainville, deren Kupferbergbau mehr als 70 Prozent des Exporterlöses von Papua-Neuguinea ausmacht, droht mit der Sezession. Die Regierung muß weitgehende Zugeständnisse an die Autonomie Bougainvilles machen.

1976 – Im Johannesburger Getto-Vorort Soweto in der Südafrikanischen Republik werden bei Aufständen schwarzer Jugendlicher gegen die Apartheid-Politik etwa 500 Menschen getötet.

1977 – Die USA willigen in einen Vertrag mit Panama ein, der ein Auslaufen der US-Rechte in der Kanalzone bis zum 1.1.2000 vorsieht. Panama erhält einen Kredit von 200 Millionen Dollar und eine jährliche Kanaleinnahmen-Pauschale von 60 Millionen (bis dahin 2,3 Millionen).

1978 – *ABORIGINES. Der australische Aboriginal Land Rights Act gesteht den Ureinwohnern im Northern Territory ein kollektives Landrecht zu. Sie haben jedoch noch immer nicht die Möglichkeit, Bergbau wirksam zu verhindern. – Geologische Untersuchungen ergeben, daß schätzungsweise 20 Prozent der Uran-Reserven der westlichen Welt im Northern Territory liegen, meist in den Aboriginal-Reservaten.*

PAPUA. Indonesien beschließt ein Programm zur Umsiedlung von 2,5 Millionen Javanern, unter anderem auch nach Irian Jaya.

1979 – In Nicaragua vertreiben die Revolutionäre der Sandinistischen Befreiungsfront den von den USA unterstützten Diktator Anastasio Somoza. – Sowjetische Truppen marschieren in Afghanistan ein. – In Rhodesien (Simbabwe) wird die Regierung der Weißen durch die schwarzen Befreiungsfronten abgelöst. Das Land ist gegenüber Südafrika mit einer halben Milliarde Mark verschuldet.

LAPPEN. Das norwegische Parlament beschließt den Bau eines Wasserkraftwerks am Alta-Kautokeino-Fluß mitten im Wandergebiet der Rentierlappen. Es kommt zu gemeinsamen Demonstrationen von Lappen und Naturschützern.

1980 – Der Anteil der Länder der Dritten Welt an den globalen Rüstungsausgaben beträgt bereits 16 Prozent (1970: 9 Prozent). 71 Prozent der Waffenexporte stammen von den Supermächten USA und UdSSR. Weltweit werden 500 Milliarden Dollar für Rüstung ausgegeben. Die Aufrüstung hat auch den Weltraum erfaßt. Die Sowjetunion schickt 89, die USA schicken 14 Satelliten mit militärischen Aufgaben ins All.

XINGU. Txucarramãe-Häuptling Raoni erschlägt in Brasilien an der Spitze von 150 Kriegern elf Farmarbeiter, die im vertraglich zugestandenen Niemandsland Bäume fällen.

1981 – *KUNA. Gouverneur der panamaischen Comarca de San Blas wird erstmals ein Kuna: Eligio Alvarado.*

Die brasilianische Bischofskonferenz zählt allein in der ersten Jahreshälfte 916 Zusammenstöße zwischen Großgrundbesitzern und Landsuchenden.

MICCOSUKEE. Urteil von Tallahassee in Florida bestätigt den Anspruch der Miccosukee auf ihr Land.

1982 – *MICCOSUKEE. Drei Ölfirmen beginnen Bohrungen im Miccosukee-Gebiet in Florida gegen eine Gewinnbeteiligung von 30 Prozent.*

Panama übernimmt von den USA die Polizeihoheit und das Justizwesen in der Kanalzone.

AKHA. Thailand beginnt eine Militäroffensive gegen das Drogenimperium des „Opiumkönigs" Khun Sah im goldenen Dreieck. Planmäßig wird die Zerstörung der Mohnkulturen in den Dörfern des Nordens begonnen.

ABORIGINES. Der australische Bundesstaat Queensland will die Anerkennung von Reservaten für die Aborigines mit zeitlich begrenzten Pachtverträgen koppeln. Dies würde zur Auflösung der Reservate führen.

1983 – *ABORIGINES. Im australischen Bundesstaat New South Wales wird ein Landrechtsgesetz verabschiedet, das keinerlei Einspruchsrecht der Ureinwohner bei Bergbau vorsieht. Der Land Council der Aborigines lehnt dieses Gesetz als unzureichend ab.*

1984 – Die Verschuldung der Länder der Dritten Welt zwingt zu immer neuen Umschulungsaktionen, die vom Internationalen Währungsfonds (IWF) vermittelt werden. Der IWF schreibt den Regierungen drastische Sparprogramme vor, die vor allem Sozialmaßnahmen treffen.

PAPUA. Bereits 400 000 Indonesier leben in Irian Jaya. – 45 Prozent der Kupfereinfuhr in die Bundesrepublik stammen aus Papua-Neuguinea.

Präsident Eyadéma in Togo organisiert Feiern zum 100jährigen Jubiläum der deutschen Schutzherrschaft, an denen zahlreiche Wirtschaftsführer und der bayerische Ministerpräsident Strauß teilnehmen.

XINGU. Der Indianerkongreß in Brasilien fordert einstimmig den Rücktritt des brasilianischen Funai-Präsidenten. – Häuptling Raoni nimmt Geiseln und blockiert den Verkehr über den Rio Xingu. – Die Regierung ernennt Jurandy Fonseca zum neuen Funai-Präsidenten, sein engster Mitarbeiter wird der Indianer Marcos Terena. Raonis Neffe Megaron wird neuer Direktor des Xingu-Nationalparks, in dem jetzt etwa 2000 Indianer leben.

Folgende Länder besitzen noch Kolonien:
Großbritannien: Westindische Inseln (assoziiert, d.h. im Übergang zur Unabhängigkeit), Montserrat, Cayman-Inseln, Falkland-Inseln, Bermuda-Inseln; Diego Garcia; Gibraltar; Hongkong; Pitcairn-Inseln, Sankt Helena; Turks- und Caicos-Inseln, British Virgin Islands.
Frankreich: Französisch-Guayana, Guadeloupe, Martinique, Réunion, Saint Pierre und Miquelon, Mahoré. Beschränkte Selbstverwaltung haben: Französisch-Polynesien, Neukaledonien, Wallis und Fortuna.
Portugal: Macao
Niederlande: Niederländische Antillen
USA: Puerto Rico (autonome Innenverwaltung); Virgin Islands of the United States, Panama-Kanal-Zone, Guantanamo, Guam, Nördliche Marianen, Midway-Inseln, Samoa-Inseln, Wake und andere Inseln im Pazifik.

Stichwort-Verzeichnis

(Kursive Seitenzahlen verweisen auf Bilder)

Stichwort-Verzeichnis

Bildnachweis

Fotos: Michael Friedel

sowie
Bayerische Staatsbibliothek München: 85, 133 links, 176, 334;
Göteborgs Etnografiska Museum: 94;
Walter Imber: 156/157;
Rainer Joedecke: 68;
Daniel Leahy: 248;
Linga Bibliothek der Freien und Hansestadt Hamburg: 48, 52, 86;
Museum of Victoria, Melbourne: 208;
Sammlung Friedel: 83 unten, 134;
Adam Woolfitt/Woodfin Camp: 76/77

Kartographie:
Studio für Landkartentechnik
Detlef Maiwald

Wissenschaftliche Mitarbeit:
Gesellschaft für bedrohte Völker, Göttingen

Literatur zum Thema

XINGU

Gregor, Thomas; Mehinaku, The Drama of Daily Life in a Brazilian Indian Village, Chicago und London, 1977

Steinen, Karl von den; Unter den Naturvölkern Zentral-Brasiliens, Berlin 1894

Villas, Bôas, Orlando und Claudio; Xingu, The Indians, Their Myths, New York 1973

KUNA

Nordenskiöld, Erland; An Historical and Ethnological Survey of the Cuna Indians, Göteborg 1938

Wassen, Henry (Ed.); Original Documents from the Cuna Indians of San Blas, Panama, Göteborg 1938

MICCOSUKEE

Garbarino, Merwyn S.; Big Cypress – A Changing Seminole Community, Chicago 1972

Peters, Virginia Bergmann; The Florida Wars; Hamden/Conn. 1979

LAPPEN

Ingold, Tim; Reindeer Laps, Cambridge 1980

ABORIGINES

Howard, Michael C.; Aboriginal Power in Australian Society, St. Lucia, London, New York, 1982

Lippman, Lorna: Generations of Resistance – The Aboriginal Struggle for Justice, Melbourne 1981

Peterson, Nicholas (Ed.); Aboriginal Land Rights – A Handbook, Canberra 1981

PAPUA

Beier, Ulli (Ed.); Voices of Independence, Queensland 1980

Kiki, Albert Maori; Ich lebe seit 10 000 Jahren, Frankfurt 1969

Strathern, Andrew (Ed.); Ongka, London 1979

AKHA

Time-Life-Buch; Siedler der Thai Wälder, Die Akha, Amsterdam 1982

TAMBERMA

Knoell, Arthur; Togo under Imperial Germany 1884–1914, Stanford 1978

Mercier, Paul; Tradition, Changement, Histoire, Les „Somba" du Dahomey Septentrional, Paris 1968

BÜCHER VON GEO Bisher in gleichem Format und gleicher Ausstattung erschienen:

Uwe George
Die Wüste
Vorstoß zu den Grenzen des Lebens.
356 Seiten mit 270 Farbfotos.
Format 20,5×28 cm.
Leinen.
ISBN 3-570-01665-X
Ausgezeichnet mit dem Kodak-Fotobuchpreis

Joachim W. Ekrutt
Die Sonne
Die Erforschung des kosmischen Feuers.
368 Seiten mit 274 Farbfotos.
Format 20,5×28 cm.
Leinen.
ISBN 3-570-01720-6

Peter-Hannes Lehmann/ Jay Ullal
Tibet
Das stille Drama auf dem Dach der Erde.
374 Seiten mit 357 Farbfotos.
Format 20,5×28 cm.
Leinen.
ISBN 3-570-01721-4

Peter Schille/ Hans W. Silvester
Bedrohte Paradiese
Erkundungen in Europas schönsten Naturreservaten.
350 Seiten mit 287 Farbfotos.
Format 20,5×28 cm.
Leinen.
ISBN 3-570-04955-8
Ausgezeichnet mit dem Kodak-Fotobuchpreis

Uwe George
Geburt eines Ozeans
362 Seiten mit 278 Farbfotos.
Format 20,5×28 cm.
Leinen.
ISBN 3-570-07030-1
Ausgezeichnet mit dem Kodak-Fotobuchpreis

Loren A. McIntyre
Die amerikanische Reise
Auf den Spuren Alexander von Humboldts.
368 Seiten mit 378 farbigen Abbildungen.
Format 20,5×28 cm.
Leinen.
ISBN 3-570-07029-8

Erwin Lausch
Der Planet der Meere
Forscher entschlüsseln die Geheimnisse der Tiefe.
382 Seiten mit 440 farbigen Abbildungen.
Format 20,5×28 cm.
Leinen.
ISBN 3-570-02058-4

Dankwart Grube/ Thomas Höpker
Die New York Story
Wie aus Manna-hatin eine Weltstadt wurde.
384 Seiten mit 483 meist farbigen Abbildungen.
Format 20,5×28 cm.
Leinen.
ISBN 3-570-02056-8

Wolf Schneider/ Guido Mangold
Die Alpen
Wildnis – Almrausch – Rummelplatz.
364 Seiten mit 304 farbigen Abbildungen.
Format 20,5×28 cm.
Leinen.
ISBN 3-570-02380-X

Eine neue Reihe
Paperback in Farbe

Egmont R. Koch/ Fritz Vahrenholt
Die Lage der Nation
Umwelt-Atlas der Bundesrepublik. Daten, Analysen, Konsequenzen.
464 Seiten mit 197 farbigen Karten, Diagrammen, Tabellen sowie 176 Farbfotos.
Format 14×21 cm.
ISBN 3-570-03870-X

Georg Meister/ Christian Schütze/ Georg Sperber
Die Lage des Waldes
Ein Atlas der Bundesrepublik. Daten, Analysen, Konsequenzen.
352 Seiten mit 100 farbigen Karten, Diagrammen, Tabellen sowie 152 Farbfotos.
Format 14×21 cm.
ISBN 3-570-02141-6

Indianerin der Kuna von San Blas, Panama

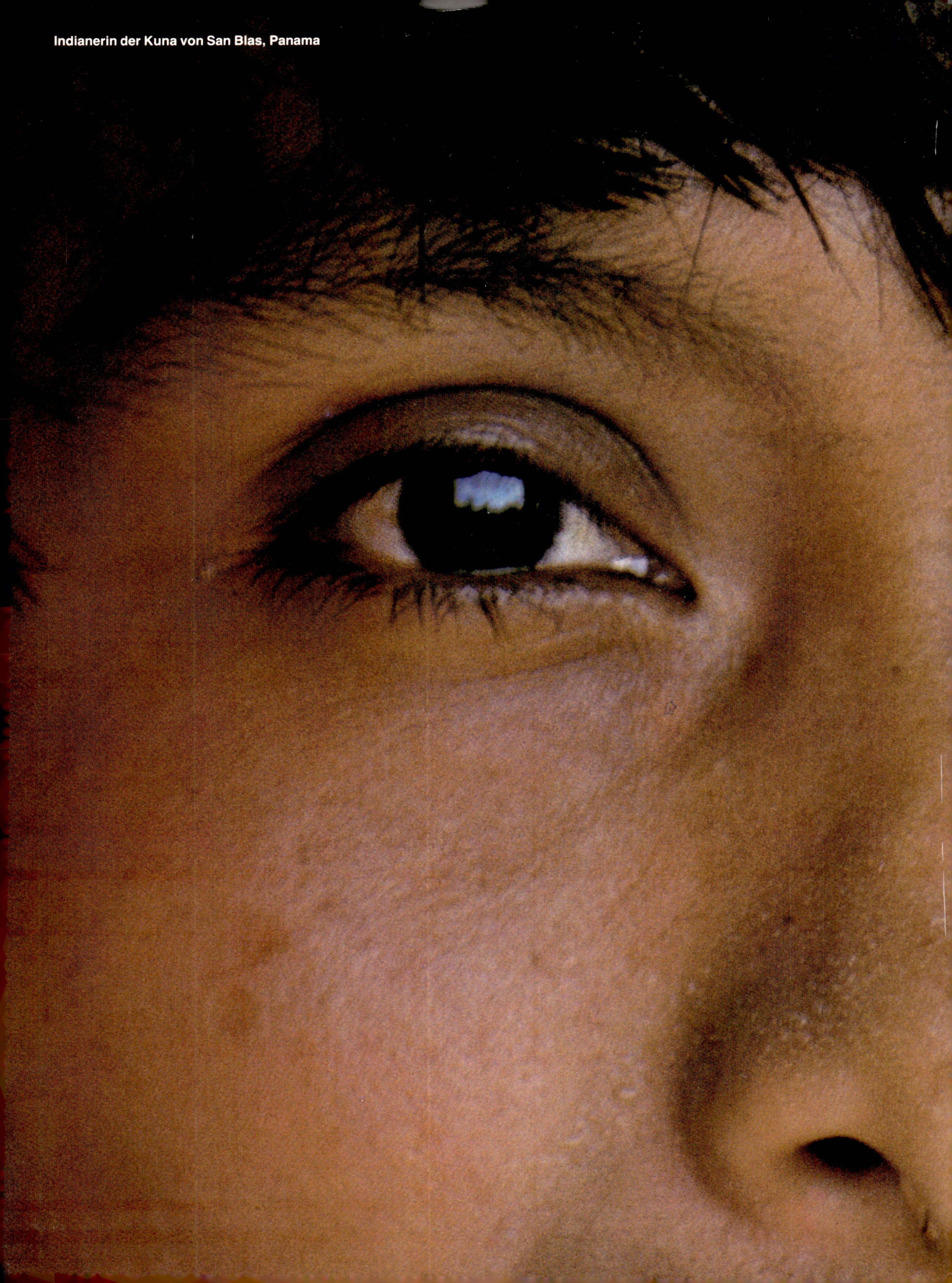